KEMAN

Wege ins Licht
Teil III

Das Spiel der Seelen

KEMAN

Wege ins Licht
Teil III

Das Spiel der Seelen

Plejadische Übermittlungen zum Wandel des Seins

1. Auflage   Januar 1998
2. Auflage Februar 1998
3. Auflage April 1998

D-93010 Regensburg
Postfach 10 10 20
Tel. 09 41/ 79 38 42
Fax. 09 41/ 79 49 10

ISBN 3-926563-77-X

Inhalt:

Vorwort des Autors

Mit diesem Buch der Reihe - „Wege ins Licht“, ist diese Trilogie abgeschlossen.

Für mich persönlich war das Schreiben dieser Bücher sehr intensiv und von einer Vielzahl von Wandlungs- und Erneuerungsprozessen verbunden, die nicht immer einfach waren. Vieles von dem, was in diesen drei Büchern beschrieben und eingeleitet wurde, „durfte“ ich erleben, bevor ich es schreiben konnte.
In diesem Zusammenhang möchte ich mich gern bei all den Menschen und Wesenheiten (wo ist da der Unterschied?) bedanken, die mich in „positiver“ oder „negativer“ Weise dabei „begleitet“ und somit auch zur Entstehung dieser Bücher beigetragen haben.

Nachdem ich mehrfach darauf angesprochen wurde, möchte ich in diesem Vorwort darauf hinweisen, daß diese Bücher in der BRD entstanden sind. Ich lebe hier seit meiner Geburt und habe unser (schönes?) Land bis auf kurze Unterbrechungen nicht verlassen.
Des weiteren möchte ich darauf hinweisen, daß in allen drei Büchern bis auf wenige Ausnahmen immer „männliche“ Anrede erfolgt.
Ich möchte die weiblichen Leser bitten dies nicht als persönlichen Affront zu betrachten. Die Anrede bezieht sich immer auf „den Menschen“, auf „der Mensch“ oder auf „der EINE“. Die Formulierung „All-Es“ schafft ein wenig Verbindung zu der „Geschlechtslosigkeit“ des EINEN.
Ab einer gewissen Stufe der Bewußtwerdung ist die Geschlechtlichkeit ohnehin nicht mehr von Bedeutung. Bis dahin ordnet sich eine Wesenheit, die sich hier inkarniert eben aus bestimmten Gründen der Polarität in Form des einen oder anderen Geschlechtes unter.

Dann möchte ich gern darauf hinweisen, daß immer wieder Rechtschreibregeln gebrochen oder nicht eingehalten wurden, oder Sätze in bestimmten Wortfolgen formuliert wurden, die dem heute üblichen Sprachgebrauch nicht entsprechen.
Einige Formulierungen waren einfach nicht zu verändern. Auch hier bitte ich um Verständnis.

Sollten Sie mich persönlich erreichen wollen, können Sie dies gerne tun. Beachten Sie dazu bitte die Information über das Alcyonecentrum oder die Council of Light Selbsthilfegruppe. Dort finden Sie die Anschrift.

Nun wünsche ich noch viel Freude und viele Erkenntnisse beim Lesen dieses „informationsgeladenen" Buches.

Alles Licht und alle Liebe dieser Erde für euch.

Keman

Einleitung

Seid gegrüßt Menschen des Planeten Erde in der Liebe des EINEN! Wir sind Alciae, Wesenheiten von Alcyone. Wir sind ein Kollektiv von Wesenheiten und somit eine Wesenheit. Dennoch existiert ein jeder von uns als Einzelbewußtsein innerhalb des Kollektives.

Wir sind wiederum bei euch, um euch Geschichten zu erzählen. Niemals erzählen wir eine Geschichte ein zweitesmal. Dennoch erzählen wir im Prinzip ein jedesmal dieselbe Geschichte.
Energie ist Information und Information ist Bewußtsein. ALL-Es jedoch ist das Bewußtsein des EINEN.
Niemals erzählen wir die Wahrheit, denn die Wahrheit setzt eine Form der Objektivität voraus, die nirgends in den Weiten des ALL-Es zu finden ist. Die Wahrheit ist so wandelbar wie alles Existierende. Objektive Wahrheit setzt voraus, daß es eine Institution gibt, die Maßstäbe festlegt.
Da jedoch ALL-Es Bewußtsein des EINEN ist, und der EINE selbst eine subjektive Wesenheit, die der Ursprung alles existenten Bewußtseins ist, kann die tatsächliche Objektivität nicht existent sein.

Somit wird die scheinbar vorhandene Objektivität, die auf eurem Planeten Gültigkeit hat wiederum durch Maßstäbe festgelegt, die auf den subjektiven Meinungen eurer Führer beruhen.

Somit beruht Wahrheit auf einem Zustande, der jeweils an den derzeitig gültigen Maßstäben und Wissenstandarts gemessen wird.

Sicherlich ist es euch inzwischen gelungen, euch selbst und die Menschen innerhalb eures Umfeldes aufgrund unserer Aussagen, als Lichtarbeiter, sich entwickelnde Seelen oder als Ur-Schöpfergötter zu klassifizieren.
Es sei euch gesagt, daß wir uns erlaubt haben, euch ein wenig hinters Licht zu führen, wie ihr zu sagen pflegt. Ihr selbst werdet sehen, daß eure Klassifizierung den tatsächlichen Gegebenheiten nur in den seltensten Fällen entsprochen hat.

Durch bestimmte Umstände ist es nicht möglich, euch im Vorfeld ausführlich und detailliert über die zukünftigen Ereignisse zu berichten, bevor nicht das Kollektiv aller sich auf eurem Planeten befindlichen Wesenheiten aus sich selbst heraus die Geschehnisse eingeleitet hat.
Dennoch vermögen unsere Geschichten für euch von Bedeutung zu sein, da viele Geschehnisse durch den unbewußten Teil eures Bewußtseins eingeleitet werden und ihr selbst, als menschlich inkarnierte Lebewesen, in eurem bewußten Bewußtsein mit den Auswirkungen dieser Vorgänge konfrontiert seid.

Da viele von euch noch immer nicht wissen, was nun „richtig" und was „falsch" ist und viele von euch nicht wissen, ob wir euch nun „wahre" oder „unwahre" Information übermitteln, so sei euch gesagt, daß es nicht möglich ist euch Geschehnisse vorauszusagen, da dies ein immenser Eingriff in eure freie Entscheidungsfindung bedeuten würde.
Möglich jedoch ist, euch auf Geschehnisse hinzuweisen, sie euch bewußt zu machen, nachdem unbewußt sie bereits eingeleitet wurden.

Somit mag es euch möglich sein, das Unbewußte bewußt werden zu lassen und durch diesen Vorgang mehr und mehr Geschehnisse bewußt einzuleiten.

Die Zeit der Bewußtwerdung neigt sich mehr und mehr dem Ende zu und die Zeit des „bewußt-Seins" tritt mehr und mehr in den Vordergrund.

So mögt ihr nun unsere Geschichte hören.
Hört sie mit eurem Herzen, und laßt euren Verstand verständig sein.
In euch tragt ihr bereits das, was wir euch erzählen. Und wollt ihr wissen, was Wahrheit oder Täuschung ist, so fragt eurer Herz.

Ihr seid das Salz dieser Erde. Ihr könnt euch lediglich nicht mehr daran erinnern.

Ihr selbst, jeder einzelne von euch, ist der Schlüssel zu sich selbst und somit zu ALL-EM, was ist.

Gelingt es euch, all eure Ängste und Nöte hinter euch zu lassen, so werdet ihr an euch selbst erfahren, daß ihr euch an eine höhere Ebene eures kollektiven, morphogenetischen Informationsfeldes ankoppelt.
Dann wird es euch gelungen sein, eure Intuition, den Ausdruck eures Geistes, bewußt zu erleben und zu erfahren. Eure Intuition, das Instrument eurer Existenz, das bisher durch die Linearität eures Verstandes kontrolliert und somit für euch „unbrauchbar" gemacht wurde, wird euch fortwährend zur Verfügung stehen.
Ihr werdet dann nicht mehr mit eurem Verstand verstehen müssen; ihr werdet dann ohne jeden Zweifel **w i s s e n**.
Ihr werdet nicht mehr darauf angewiesen sein, dem falschen Weltbild eurer Wissenschaft, Politik und sonstigen Machtinstitutionen zu vertrauen und zu gehorchen.
Ihr werdet wissen und ihr werdet tun.
Aus den tiefen Ebenen eures Bewußtseins heraus. Ohne Zweifel und ohne Furcht.

Lernt also eure Zweifel und Ängste hinter euch zu lassen, damit ihr werden könnt, was ihr schon immer wart.

So könnt ihr lernen, eure Existenz spielerisch zu erleben und zu erfahren und erlebt bewußt **das Spiel der Seelen**..............................

Die einzig wahre Wahrheit

Die Wahrheit möchtet ihr wissen. Ihr möchtet erfahren, wer ihr seid und was ihr seid. Ihr möchtet wissen, warum ihr auf diesem eurem Planeten in dieser Dimension lebt. Ihr wollt wissen, was die Dimensionen sind und was die Dimensionen darstellen. Ihr wollt wissen, was euch die Zukunft bringt und wollt erfahren, warum ihr wohin gehen werdet.

Euer Wissensdurst, eure „Neu-***gier***“ ist nahezu unstillbar.

Dennoch, so fragen wir euch, was würdet ihr mit der Wahrheit tun?

Die Wahrheit ist lediglich eine Täuschung. Sie ist eine materiell nicht existente Projektion, so, wie jeder einzelne von euch, euer Planet, euer Sonnensystem, eure und unsere Galaxis und wir auch selbst eine tatsächlich nicht existente Täuschung sind.

Verwirrende Worte?

Die Wahrheit ist für euch verwirrend, da ihr sie mit euren komplexen und unüberschaubaren Denkstrukturen nicht oder kaum nachzuvollziehen könnt. Die einzig wahre Wahrheit ist einfach und unkompliziert.

Energie oder Bewußtsein haben eine für euch Menschen unvorstellbare Anzahl von Erscheinungsformen.

Ihr könntet auch sagen, daß Energie oder Bewußtsein eine unglaubliche Vielzahl von „Schwingungsbändern“ hat.

Die Existenz der Dreidimensionalität, die Form der Körperlichkeit, die ihr im Augenblick erleben könnt, hat den gleichen Ursprung wie unsere Existenz, obgleich wir uns in einem, von eurer Warte aus gesehen, höheren Schwingungsband befinden.

Unsere Körperlichkeit unterscheidet sich von der euren lediglich durch die schnellere Rotation unserer physischen Bestandteile um sich selbst.

Unsere Physis ist, aus eurer Existenzebene aus betrachtet, bereits feinstofflich. Für uns, die wir uns permanent in einem hohen Schwingungsband aufhalten und bewegen, ist unsere Existenz jedoch dennoch physischer, also materieller Natur.

Die Qualität der Materie, in der wir uns bewegen, hat mit eurer drei- oder vierdimensionalen Materie allerdings nichts mehr gemein.

Von eurer Warte aus gesehen, ist unsere Physis für euch nicht erkennbar. Würdet ihr uns begegnen, so würdet ihr unter bestimmten Umständen lediglich Licht wahrnehmen können. Das, was für euch als Licht wahrnehmbar ist, ist für uns körperliche Existenz, also materieller Ausdruck.
Unsere Körper sind für unseren Geist ebenso Begrenzungen, wie eure Körper für euren Geist Begrenzungen sind. Unsere Körper sind jedoch nicht an Materie in dem Sinne gebunden, wie ihr Materie definiert.
Auch wir „haben" Materie. Eure Materie unterscheidet sind von der unseren lediglich dadurch, daß eure Materie Energie ist, deren Eigenschaft es, ist langsamer zu schwingen,, als die unsere dies tut.

Nun könnten wir sagen, daß wir, unsere Spezies weitaus höher entwickelt ist als die eure. Dies wäre tatsächlich ein Teil der Wahrheit.
Was jedoch, wenn ihr euch aus bestimmten Gründen von einer hohen Schwingungsebene, die der unseren gleich oder ähnlich ist, in die langsam schwingende Materie begeben hättet?
Wären wir dann immer noch die euch „überlegende" Spezies?

Was ist die Wahrheit?
Ist die Wahrheit diejenige, daß ihr umgeben seid von einer Vielzahl von Wesenheiten?
Ist die Wahrheit diejenige, daß ihr euren Teil materieller Existenz transformieren, also umwandeln werdet?
Ist die Wahrheit, daß ihr euren Planeten verlassen müßt, um ihm die Gelegenheit zu geben, sich selbst „unbelastet" von euch, in eine höhere Schwingung zu entwickeln?
Ist die Wahrheit, daß ihr, auf eurem Planeten seid, um alles selbst zu gestalten?
Was, um alles in der Welt, ist die Wahrheit?

Glaubensüberzeugungen als Mittel zum Zweck

Ist es euch gelungen, euch aufgrund unserer Aussagen selbst neu zu klassifizieren? (Bezug auf das Buch Wege in Licht - Teil II - Die Rebellion der Götter, Anm. d. Verfassers)
Habt ihr es geschafft, euch selbst den Schöpfergöttern, den Lichtarbeitern oder den Menschenwesen zuzuordnen, die den „Aufstieg" in höhere Dimensionen „schaffen" oder nicht „schaffen" werden?
Ihr werdet im Zuge dieser unserer Geschichte verstehen lernen, daß die Klassifizierung, aufgrund der ihr selbst euch zugeordnet habt, definitiv ***nicht*** der Wahrheit entspricht.
Ihr alle und alle sonstigen humanoiden und nichthumanoiden Lebensformen entstammen der EINEN und EINZIGEN Quelle.
Somit entstammt ihr der einen und einzigen Liebe und tragt diese eine und einzige Liebe in euch. Ihr seid niemals aus dem EINEN getrennt gewesen und seid Teilaspekt des EINEN, so wie jede Lebensform, jeder Gegenstand oder auch jede Situation Teilaspekt der Gedankenwelt des EINEN ist.

Ihr habt euch bereits über für euch unvorstellbare „Zeit-räume" wieder und wieder in Körpern unterschiedlicher Schwingungsebenen auf verschiedenen Planeten inkarniert um euch fortzubilden, euer Wissen, eure Erkenntnisse und eure Erfahrungen zu ergänzen. Eure Absicht war und ist es, euch mehr und mehr wieder zu der Quelle zurückzubegeben, aus der ihr einst entsprungen seid.

Nachdem ALL-Es aus der einen Quelle entspringt ist ALL-Es, was euch zu begegnen vermag ebenso dieser einen Quelle entsprungen.
Im Prinzip tragen alle anderen Wesenheiten die euch begegnen, alle Gegenstände und Situationen das Potential der einen Quelle in sich.
Doch bisher war es euch nicht oder nur ansatzweise möglich, dies zu erkennen.
Damit ihr euch unter den Bedingungen selbst erkennen könnt, die nun ebenen einmal in eurer dritten Dimension herrschen, ist es für euch selbst von allergrößter Bedeutung, daß ihr den Eindruck habt, von allem abgetrennt und somit auf euch selbst gestellt zu sein.
Wäre dies nicht so, wäre es euch möglich, euch in jeder Situation

auf eure göttliche Abstammung zu berufen und euch somit „selbst an den Haaren aus dem Sumpf zu ziehen“ ohne tatsächlich die Erfahrung zu machen.
Dadurch, daß ihr scheinbar allein und verlassen und somit scheinbar verstoßen aus eurem göttlichen Ursprung dort seid, wo ihr nun gerade einmal seid, müßt ihr selbst Schritt für Schritt gehen und unter „erschwerten Bedingungen“ den Weg selbst finden.
Es ist durchaus von allergrößter Bedeutung für euch, daß ihr bisher den Eindruck haben mußtet, abgetrennt oder „verstoßen“ zu sein.

Damit ihr unter diesen scheinbar „harten Bedingungen“ eure Erfahrungen sammeln konntet, war es von wesentlicher Bedeutung in euer persönliches Informationsfeld eine Form der Fehlinformierung einzufügen, die es euch ermöglichte, euch selbst den Eindruck zu vermitteln, daß ihr „nicht-göttlichen“ Ursprunges seid, daß ihr abgetrennt aus der Quelle seid.
Bevor ihr nun jedoch wieder auf die „bösen“ Außerirdischen schimpft, die euch diese Suppe eingebrockt haben, solltet ihr wissen, daß eure Vervollkommnung einem höheren Plane dient, an dessen Entwicklung ihr selbst mitgewirkt habt. Somit geht es in diesem Zusammenhang keineswegs um manipulative Vorgänge, sondern es geht lediglich darum, daß ihr selbst einen Weg finden wolltet, der es euch ermöglicht, euch selbst zu erkennen und zu erfahren.
Ihr wolltet euch als menschliche Lebewesen erfahren und erleben, und so mußtet ihr eure göttlichen Überzeugungen und euer göttliches Wissen durch dreidimensionale „irdische“ Überzeugungen und dreidimensionales „irdisches“ Wissen ersetzen.

In dem Augenblick, indem der Körper gezeugt wird, der euch für eure Inkarnation zur Verfügung stehen wird, befindet sich bereits ein Anteil eures Selbst in unmittelbarer energetischer Verbindung.
Je mehr dieser Körper sich entwickelt, desto intensiver wird der Anteil eures Selbstes mit diesem Körper verbunden.
Bereits in dieser Zeit „klinkt“ ihr euch in das Massenbewußtsein eures planetaren morphogenetischen Feldes ein.
Werdet ihr geboren, so ist der Anteil eures Selbstes, der an euren Körper gebunden ist und der sich seiner Herkunft noch bewußt ist,

verschwindend klein.
Damit dieser Anteil des Wissens ob eurer Herkunft mehr und mehr verschwindet, werdet ihr nach und nach immer mehr mit „irdischen“ Programmierungen vollgestopft, bis ihr euch nicht mehr erinnern könnt.
Diese „irdischen“ Programmierungen bezeichnet ihr als Denk- oder Glaubensmuster.
Diese „Muster“ oder Programmierungen sind die Bewußtseinsanteile in euch, die euch eure irdische Inkarnation, als „Fortbildungslehrgang“ erst tatsächlich ermöglichen.

Wären diese Programmierungen nicht wesentlicher Anteil eures Bewußtseins, so könntet ihr euch nicht in dieser Intensität, in diesem „Eingebunden-sein“ erfahren.
Hättet ihr nicht all eure Ängste und Nöte, eure Sorgen und Probleme, so wäre es für euch niemals „not-wendig“, den Weg der Bewußtwerdung in der dritten Dimension zu gehen.

Nun jedoch steht ihr an der Schwelle gigantischer und phänomenaler Veränderung. Dies wiederum hat zur Folge, daß ihr aus verschiedenen Gründen mit Energien und somit mit Bewußtsein des EINEN zu tun habt, das euch teilweise durch eure äußere Welt zugeführt wird.

So beginnt für euch mehr und mehr eine Qualität der Zeit, in der ihr mit euren „irdischen“ Programmen konfrontiert seid. Es beginnt für euch mehr und mehr eine Zeit, in der ihr immer wieder und immer intensiver auf euch selbst „zurückgeworfen“ werdet, damit ihr mehr und mehr eure „irdischen“ Programme erkennen könnt und somit auch damit beginnen könnt, diese Programmierungen durch andere weiterführende zu ersetzen und schließlich, im Laufe der Zeit, auch (er)lösen könnt.

Je mehr ihr damit beginnt, euch eures „Ur-sprunges“ bewußt zu werden, desto mehr ist es euch möglich, eure Göttlichkeit auch in eurer Seinsebene in euer tagtägliches Leben mit einzuflechten.
Somit könnt ihr Schritt für Schritt lernen, daß ihr göttliche Wesen seid.

Ist das nicht phantastisch?

Die einzig wahre Wahrheit ist der EINE.

„Als der EINE sich selbst erkannt hatte und sich selbst erfahren wollte, und Er sich daraufhin in die Schöpfergötter der einen Energie und der anderen Energie aufgeteilt hatte, so war er dennoch nach wie vor als der EINE existent.
Und als er sie hinausschicken wollte, auf daß er sich selbst durch sie erfahren konnte, mußte er erkennen, daß er sie nicht hinausschicken konnte in die Weiten des ALL-Es, da ER selbst ALL-Es war.
So erkannte der EINE, daß er die Schöpfergötter in die Weiten des ICH BIN schicken mußte, das ja ALL-Es war, wollte er sich selbst durch sie erfahren.
So erschuf der EINE die Schöpfergötter in der Welt seiner Gedanken.
Und so gingen sie hinaus, die Gedanken des EINEN, die die Schöpfergötter waren, in die Weiten des ALL-ES, daß das ICH BIN des EINEN war und taten, was zu tun, er sie geheißen hatte.

Sie erschufen die 12 Stufen der Materie, und alles Bewußtsein, in das sie selbst sich aufteilten, mußte die 12 Stufen der hohen und niederen Schwingung des ALL-ES des EINEN durchlaufen, um zurückkehren zu können, zu dem ICH BIN des ALL-ES des EINEN.
So waren die Schöpfergötter, die lediglich die Gedanken, die Phantasien des EINEN waren, gefangen in der begrenzten Unbegrenztheit des EINEN. Denn immer dann, wenn sie die unbegrenzte Begrenztheit des EINEN verlassen wollten, kehrten sie an den Anfang ihrer Reise zurück.
So wurde der Beginn, der Anfang ihrer Reise ebenso wieder zu ihrem Ziel.
Und als die Schöpfergötter erkannten, daß ALL-ES innerhalb des EINEN liegt, hörten sie auf, die Weiten des ALL-ES zu durchstreifen, erschufen sich einen Ort namens ak-a-sha und begannen dort, sich der Erkenntnis des ICH BIN des EINEN zu widmen.
Da sie den Ort nicht verlassen konnten, da das Alpha und das Omega, der Anfang und das Ende ein und dasselbe sind, widme-

ten sie sich dem Spiel der Erkenntnis des SELBST, für das der EINE die Schöpfergötter aus sich selbst erschaffen hatte.
So, wie die Schöpfergötter ein Gedanke des EINEN waren und sind, so ist ALL-Es ein Gedanke des EINEN. ALL-Es ist Energie, Bewußtsein, Schwingung, Information. ALL-ES ist die LIEBE, das Bewußtsein des EINEN.
Da die Schöpfergötter sich selbst erfahren sollten, begannen sie sich miteinander und durch einander zu erfahren und zu erleben. Durch die imaginäre Kraft ihrer Gedanken und der unendlichen Liebe, die in ihnen war, erschufen sie die Dimensionen, Kosmos und Chaos, Universen, Galaxien, Sonnensysteme, Planeten und Monde.
Sie erschufen in ihren Gedanken aus dem Bewußtsein des EINEN Lebensformen in unendlicher Vielfalt.
Je mehr sie erschufen, die Gedanken des EINEN, die die Schöpfergötter waren und sind, durch die Kraft ihrer Gedanken, desto komplexer wurde die materielle Form des EINEN. So erhielt der EINE SEINE scheinbar materielle Existenz in vielen Schwingungsebenen, die ohne Ausnahme aus SEINEM Bewußtsein besteht.
Die Schöpfergötter initiierten das Spiel der Seelen.
Und so ist ALL-ES, was je existierte, existiert oder jemals existieren wird nicht anderes als ein Gedanke des EINEN, der durch das Spiel der Schöpfergötter in lebendiges Bewußtsein umgesetzt wird."

Die einzig wahre Wahrheit ist, daß ALL-Es, was existiert, ein Gedanke des EINEN ist, aus dem die Seelen entstanden, als sich selbst bewußt gewordene Existenzformen, deren Bedürfnis, sich selbst zu erfahren, Materie in unbegrenzter Vielfalt existent werden läßt.
ALL-Es ist ein Gedanke des EINEN.
ALL-Es dient lediglich dem Spiel der SELBST-Erkenntnis.
Wenn jedoch ALL-Es, was jemals existierte, existiert und jemals existieren wird, lediglich ein Gedanke des EINEN ist, der sich in seiner IHM eigenen Gedankenwelt selbst erfahren will, was seid dann ihr?

Solange ihr versucht mit den begrenzten Möglichkeiten eures Verstandes, dem „Geheimnis“ eures Lebens auf die Spur zu kommen, werdet ihr daran scheitern.
Es wird euch nicht möglich sein, die „wahren“ Zusammenhänge zu begreifen, da euer Verstand an rein materiell vorhandene „Dinge“ gebunden ist.
Erst die „Ent-wicklung“ eurer Intuition wird es euch ermöglichen, die tatsächlichen Zusammenhänge zu begreifen und für euch erlebbar zu machen.

Gedanken sind Energie. Eure Gedanken könnt ihr mittels technischer Geräte, als sogenannte Enzeophalogramme, sichtbar machen.
Ihr erzeugt durch eure Gedanken also Energie.
Was jedoch geschieht mit dieser Energie, die ihr mit euren Gedanken erzeugt habt?
Wohin geht diese Energie und was verursacht sie?

Kehren wir zurück zu den Ur-Schöpfergöttern.
Die Ur-Schöpfergötter sind Wesenheiten, die dem EINEN in einer Form von Hierarchie, die nichts mit eurer Definition dieses Wortes zu tun hat, am nächsten stehen. Diese Art der Hierarchie hat jedoch nichts mit Machtstrukturen, in irgendeiner Form zu tun. Es handelt sich bei dieser „Rangordnung“ lediglich um über- und untergeordnete Existenzstrukturen.
Die Ur-Schöpfergötter sind diejenigen, die sich in der zwölften Dimension befinden.
Dennoch, und dieser Aspekt darf nicht übersehen werden, sind sie tatsächlich **nicht** existent
Die Ur-Schöpfergötter sind Wesenheiten, deren Existenz lediglich auf den Gedanken des EINEN beruht.
Sie ***sind*** Gedanken des EINEN.

Im Prinzip verhält es sich so, daß die Ur-Schöpfergötter zu dem Zwecke in der Gedankenwelt des EINEN geschaffen wurden, damit sie die Gedankenimpulse des EINEN „in die Tat umsetzen“.
Dies könnt ihr so verstehen, daß die gedanklich existenten Ur-Schöpfergötter die Gedankenimpulse des EINEN aufgreifen und

weitere Details hinzufügen.
Es geschieht also im Prinzip nichts anderes, daß Gedanken des EINEN, also die -Schöpfergötter, weitere Gedanken hinzufügen und so eine „scheinbar“ existente Materiestruktur erschaffen.
Scheinbar deshalb, da sich ohne Ausnahme ALL-Es in der Gedankenwelt des EINEN abspielt.

Durch diese rein gedanklich stattfindenden Schöpfungsakte, werden die Gedankenstrukturen immer komplexer und umfassender, je weiter sie sich aus der Gedankenwelt des EINEN hinaus über die „Gedankenhierarchie“ der Schöpfergötter und weitere Gedankenhierarchiestrukturen bis hin zu beispielsweise eurer Existenzebene bewegen.
Auf dem Wege von dem EINEN bis hin zu eurer Seinsebene durchläuft die einstmals einfache und unkomplizierte Gedankenenergie des EINEN eine Vielzahl von „Gedankenschaltstellen“, die immer wieder Details hinzufügen, so daß die vormals hochschwingende Energie immer langsamer schwingt.
Die einstmals leichte und freie Gedankenenergie des EINEN wurde durch die Vielzahl der zwischengeschalteten Schaltstellen immer weiter „heruntertransformiert“, solange, bis sie eine drei- oder vierdimensionale, langsam schwingende Energieform erreicht hat, die als Impuls im kollektiven morphogenetischen Feld eures Planeten angelangt ist und dort Veränderungen initiiert.
Im weiteren Verlauf unserer Erzählung werdet ihr begreifen lernen, daß diese Beschreibung ein stark vereinfachtes System zu eurem Verständnis ist, das bei vielen von euch zu grundlegenden Veränderungen führen kann.
Jeder Gedankenimpuls, den ihr scheinbar von außen erhaltet, ist nichts anderes als ein Gedanke des EINEN der zu euch gelangt, nachdem er immer weiter heruntertransformiert wurde, damit ihr ihn aufgreifen und verwirklichen könnt.

Ihr wart und seid niemals aus dem EINEN getrennt gewesen.
Euer Ursprung ist die für euch unvorstellbar umfassende Bibliothek der AK-A-SHA, die verwaltet wird von den Ur-Schöpfergöttern.
Ihr alle, jeder einzelne von euch war, ist und wird immer untrenn-

bar mit dem EINEN verbunden sein.

Welcher Sinn steckt dahinter?

Da ALL-Es der Selbsterkenntnis des EINEN dient, erschuf der EINE ein System der Information und der Erfahrung, das IHM die Möglichkeit bot, sich in der Vielzahl SEINER einzelnen Vorstellungen oder Aspekte jeweils einzeln zu erfahren und zu erleben.

Jedoch waren zu Beginn die Möglichkeiten SEINER Vorstellungen begrenzt. Durch das Erschaffen einer Vielzahl von Realitäten und relativen Möglichkeiten, wurde die Phantasie des EINEN in einem unbeschreiblichen Maße gefördert und entwickelt, da sich aus all seinen einzelnen Gedanken und Vorstellungen ein unerschöpfliches Maß an Möglichkeiten bot.

„Als die 12 Schöpfergötter, von denen jeder einen Teilaspekt des EINEN repräsentierte, jeweils sechs von ihnen konstruktive und destruktive Aspekte des EINEN, begonnen hatten, sich selbst zu erfahren und diesen Vorgang der Selbsterkenntnis über ein gigantisches Zeitmaß ausgedehnt hatten, erkannten sie, daß es weitere Möglichkeiten gab, sich selbst zu ergründen, wenn sie sich aus ihrer unendlich hochschwingenden Form materieller Existenz loslösen würden und eine Form der Existenz wählten, die ihnen zwar weitaus weniger geistige Bewegungsfreiheit bieten würde, jedoch aufgrund ihrer langsamer schwingenden Energie sich mehr der physischen Existenz und den damit verbundenen Erfahrungen und Erkenntnismöglichkeiten zuwenden würde.

So erschufen die Schöpfergötter in der Welt ihrer kollektiven Gedankenverbindung die elfte und die zehnte Dimension.
In dieser Ebene jedoch konnten sie nicht mehr alle einzelnen Aspekte ihrer Schöpfergötterexistenz in sich vereinen und waren gezwungen, sich in Teilaspekte ihrer selbst aufzuteilen, um selbst den Gesetzmäßigkeiten zu entsprechen, die sie in der Welt ihrer kollektiven Gedanken erschaffen hatten.
So wurden die Schöpfergötter, die sich nach wie vor in der zwölften Dimension aufhielten, zu Einzelindividuen, die bereits in der elften und zwölften Dimension vieler ihrer Ursprünglichen Fähigkeiten und Möglichkeiten beraubt waren.

Die in der zwölften Dimension, als Verbindung von zwölf kollektiv miteinander verbundenen Schöpfergöttern existenten Wesenheiten, wurden vielfältige Einzelindividuen, die nur noch in bestimmten Teilbereichen kollektiv miteinander bewußt verbunden waren.
Destruktivität und Konstruktivität, also Schöpfung und Zerstörung, waren bereits in diesen Bereichen voneinander getrennt und wurden von einzelnen Wesenheiten gelebt und erfahren.
Dennoch verfügten auch die Wesenheiten der elften und zehnten Dimension über für euch unvorstellbare Fähigkeiten und Möglichkeiten.

Die Schöpfergötter der zweiten Hierarchieebene, bereits aus ihrer Kollektivität getrennt, erschufen ebenfalls wiederum die Details dieser Dimensionen in der Welt der Gedanken.

So setzte sich die Hierarchie der Schöpfergötter immer weiter fort, bis in die tiefen Ebenen der ersten Dimension.

Dennoch ist tatsächlich nichts getrennt aus dem Bewußtsein des EINEN.
Denn ALL-Es, was die Wesenheiten in den Weiten des ALL-Es erleben und erfahren, sind lediglich die Gedankenstrukturen des EINEN.
Somit ist ALL-Es miteinander verbunden und nichts ist tatsächlich getrennt.“

Jeder von euch ist tatsächlich ein Aspekt des Kollektives der Ur-Schöpfergötter und somit ein Aspekt des EINEN.
Jeder einzelne von euch hat sich lediglich so weit aus seinem Ursprung in die tieferen Ebenen der Schwingungsenergie begeben, daß euch diese Verbindung nicht mehr bewußt ist.
Dennoch habt ihr euch nie aus eurem Kollektiv der Zwölf und des EINEN tatsächlich herausbegeben.
Ihr seid der denkende Gedanke des Gedankens, der sich selbst denkt
Der Weg jeglicher sich selbst bewußter Existenzform ist es, sich

dieser kosmischen Gegebenheiten bewußt zu werden und somit die Voraussetzungen zu schaffen, einstmals zu seinem Ursprung zurückzukehren.

Wenn Materie, und dabei ist es vollkommen „gleich-gültig", ob es sich nun um hochschwingende Materie oder um niedrig schwingende Materie handelt, jedoch nur ein Gedanke des EINEN ist, warum macht euch die dreidimensionale Materie dann so zu schaffen?

Euer Geist erschafft die Materie. Euer Geist wird durch das Spiel der Seelen erschaffen. Somit seid ihr selbst und ALL-Es, was existiert lediglich Gedanken, die sich selbst weiterdenken.
Verändert ihr diese Gedanken, die ihr selbst seid, so verändert ihr ALL-Es.

Es ist euch möglich.

Cha sm os der nir

Der EINE seid ihr

Gedankenenergie

Gedanken stellen ein bedeutsames Energiepotential dar.
Energien sind immer schöpferisch, und dabei spielt es keinerlei Rolle, ob es sich um destruktive oder konstruktive Schöpfung handelt.
Wird ein Gedanke gedacht, so trägt er immer das Potential des EINEN in sich und strebt somit nach Realisierung.
Daran hat sich in den Äonen seit der Ur-Schöpfung nichts geändert.
Dies ist das Prinzip der Schöpfung, die in ihrem gesamten Ausmaß ausschließlich aus der Gedankenenergie des EINEN besteht.
Wird ein Gedanke gedacht, so strebt er, nachdem er formuliert wurde, sofort und ohne Verzögerung ohne Berücksichtigung des Faktors Zeit nach Realisierung.
Das Denken eines neuen Gedankens ist bereits ein Schöpfungsakt höchster Potenz, der sich, je nach seiner Komplexität, in das gesamte umfassende Gedankengebäude der sichtbaren und unsichtbaren Realität einfügen wird. So bilden sich aufgrund des gedachten Gedankens unter Umständen Auswirkungen, die einen Menschen auf eurem Planeten veranlassen, sich von der einen Seite des Erdballes zur anderen Seite zu bewegen, nur um dort zu einer bestimmten Qualität der Zeit einen Menschen an einem bestimmten Ort zu treffen.
Um dies tatsächlich geschehen zu lassen, müssen wiederum im Leben beider betroffenen Menschen Ereignisse eintreten, damit diese Menschen zu einer bestimmten Qualität der Zeit an einen bestimmten Ort zusammentreffen können.
Ist der Mensch, der sich um den Erdball bewegen müßte, damit die gedachten Geschehnisse sich tatsächlich auch ereignen können, in sich selbst jedoch nicht bereit, diese Reise auch tatsächlich anzutreten und entscheidet sich erst in der letzten Sekunde dazu, seine Reise nicht anzutreten, so werden dadurch die eingeleiteten Ereignisse widerrufen oder kommen nicht in ihrem vollen Ausmaße zum tragen.
Wäre also die Begegnung zweier Menschen, von denen einer eine weite Reise auf sich genommen hätte für irgendwelche Ereignisse oder Geschehnisse von Bedeutung gewesen, so hätten diese Ereignisse nicht stattfinden können.

Der ursprüngliche Impuls für all diese Ereignisse, ob sie nun zum Erfolg führen oder nicht, war der Gedanke eines Menschen, der eine Anzahl von Ereignissen eingeleitet hat.
Hätte dieser Mensch nun, einige Tage nachdem er den ersten Gedanken formuliert hat, diesen in seinen Gedanken widerrufen, beispielsweise durch den Gedanken: "Das funktioniert sowieso nicht", so würde auch dieser Gedanke nach Verwirklichung streben und somit dem ersten formulierten Gedanken entgegenwirken.
Daraufhin wären alle durch den ersten formulierten Gedanken eingeleiteten Ereignisse durch den zweiten, entgegengerichteten Gedanken ganz oder teilweise widerrufen worden.
Aus einem einzigen gedachten Gedanken ergeben sich wiederum eine unglaubliche Vielzahl von Möglichkeiten und möglichen Wahrscheinlichkeiten. Selbst wenn unser „Beispiels"-Mensch seinen Gedanken nicht widerrufen hätte, wäre es immerhin möglich gewesen, daß der andere vermieden hätte, um die bestimmte Zeitqualität an dem bestimmten Ort zu sein, usw., usw.

Betrachtet einmal die Details eures eigenen Lebens. Ihr werdet immer wieder auf Geschehnisse stoßen, in denen Gedanken sich innerhalb kürzester Zeit tatsächlich realisiert haben, und ihr werdet auf eine weitaus größere Anzahl von Ereignissen stoßen, bei denen nicht einmal ansatzweise der Grundgedanke Tendenz zur Realisierung zeigte.
Seid ihr nicht immer wieder bei all denjenigen „Dingen" gescheitert, die umfassende Veränderungen in euer Leben gebracht hätten? Seid ihr nicht immer dann „erfolgreich" gewesen, wenn es um die „kleinen" Dinge eures Lebens ging, die im Prinzip wenig Bedeutsames für euch in sich bargen?

Nun scheint es doch nicht so einfach zu sein, wie wir euch glauben machen wollen.
Oder doch?

Solange ihr euch in einer Gedankenwelt bewegt, die sich an den

scheinbaren Gegebenheiten eurer Existenzform, also der Drei- und Vierdimensionalität ausrichtet, werdet ihr keinen **bewußten** Zugang zu der Gesetzmäßigkeit der Gedankenenergie finden.

Erst wenn es euch gelingt, euer Herz zu öffnen und ihr somit die geistige und materielle Welt miteinander vereint, seid ihr in der Lage geschehen und somit den „Dingen“ ihren Lauf zu lassen.
Dann gelangt ihr in einen Zustand, in dem ihr ganz bewußt einen Gedanken denkt und diesem Gedanken auch die Zeit und die Möglichkeit laßt, sich in der Form zu realisieren, die für das gesamte Gedankengebilde eurer Existenzform die idealste Lösung bietet.

Wenn ihr lernt, eure Ängste und Nöte hinter euch zu lassen, so werdet ihr aus euch selbst heraus erkennen, daß ihr über unbegrenzte Möglichkeiten verfügt und es euch allein überlassen ist in welchem Ausmaße ihr diese Möglichkeiten für oder wider euch nutzt.

Was auch immer ihr tut oder laßt, es hat die gleiche Gültigkeit, es ist gleich-gültig und dient immer und ohne Ausnahme der Selbsterkenntnis des EINEN.

Zeit

Zeit ist ein paradoxes Phänomen.

Im Prinzip existiert Zeit als linearer Faktor nicht.

Da alles, was jemals geschehen ist, geschieht oder jemals geschehen wird, lediglich eine Gedankenstruktur des EINEN ist und sich, von der Warte des EINEN aus gesehen, im Bruchteil einer Sekunde abspielt, ist der Faktor Zeit tatsächlich nicht existent.
Universen werden geschaffen und vergehen im Bruchteil einer Sekunde, gemessen an den Werten des EINEN.
Die Universen in sich jedoch bestehen über Äonen weiter, da ihnen der Faktor Zeit, als mehr oder weniger lineare Größe, zur Verfügung steht.
Die Ur-Schöpfergötter verhelfen den erdachten Universen zu tatsächlichem Leben, da sie es sind, die sie bis ins Detail konstruieren und entstehen lassen und sie geben diese Gedankenstrukturen wiederum an die ihnen untergeordneten Gedankenstrukturen oder -hierarchien weiter.

Zeit ist im Prinzip nichts anderes, als Hilfe zur Informationsfindung.
Euer Zeitsystem beruht zwar in Prinzip auf „natürlichen" Strukturen, die Zeitunterteilung jedoch wurde rein willkürlich durch eure Machtstrukturen gewählt.
Ihr rechnet eure Zeit nach dem Zeitpunkt der Geburt einer Wesenheit, die ihr als Jesus von Nazareth bezeichnet.
Theoretisch könntet ihr euch ein Zeitrechnungssystem wählen, das sich anhand kosmischer Gegebenheiten definiert oder jedes andere beliebige Zeitrechnungssystem.

Die einzelnen Dimensionen und gewisse Zeitabschnitte sind untrennbar miteinander verbunden.
So ist es beispielsweise durchaus ohne großartigen technischen Aufwand möglich, durch die Zeitebenen einer Dimension zu reisen. Hierbei stößt der Zeitreisende jedoch auf „Zeitgrenzen" in der Vergangenheit und in der Zukunft, die nicht zu überwinden sind.

So existiert eine Zeitgrenze in eurer nahen Zukunft, die etwa im Jahre 2010 bis 2020 eurer Zeitrechnung liegt.
Die tatsächliche Jahreszahl an der diese Grenze liegt, ist etwas variabel, da der Zeitpunkt der Zeitgrenze, die den Übergang in eine andere Schwingungsebene definiert, ebenfalls variiert.
Da von eurer Warte aus gesehen die Zukunft ein unbeschriebenes Blatt ist, das durch die Handlung und Nichthandlung eines jeden von euch gestaltet wird, ist es durchaus möglich, daß die tatsächliche Realisierung eines Geschehnisses sich innerhalb kürzester Zeit immer wieder in der Zeit nach vorne oder hinten verschiebt, da ihr als unbewußtes Kollektiv in jedem Augenblick des JETZT die Ereignisse der näheren und fernen Zukunft einleitet.

Ihr selbst, jeder einzelne für sich und ihr gemeinsam als kollektives Bewußtsein, oder anders formuliert: **Ihr, als kollektiver Gedanke des EINEN in Verbindung mit den Ur-Schöpfergöttern, gestaltet eure Zukunft selbst**.

Aus der Warte des EINEN gesehen, geschehen Vergangenheit, Gegenwart und Zukunft in ein und demselben Augenblick, da ALL-Es lediglich ein Gedanke des EINEN ist, der lineare Faktor Zeit also tatsächlich für den EINEN nicht existent ist.

Anders verhält es sich mit den Existenzebenen, die dem EINEN **und** den Ur-Schöpfergöttern untergeordnet sind.
Da wir aus eurer Zukunft zu euch sprechen, seid ihr Teil unserer Vergangenheit.
Wir könnten euch, aufgrund unseres kaum beschränkten Zuganges in unsere kollektiven Erinnerungsspeicher, detailliert eure nähere und fernere Zukunft beschreiben.
Jedoch gibt es hierbei eine wesentliche Beschränkung: Während für uns eure Gegenwart und gewisse Anteile eurer Zukunft Teil der Vergangenheit ist, ist von eurem Standpunkt aus die Zukunft ungeschrieben.
Leitet ihr also im HIER und JETZT Veränderungen ein, so verändert ihr unsere Vergangenheit.
Aus dieser veränderten Vergangenheit verändert sich konsequenterweise auch **unsere** augenblickliche Gegenwart, die im Prinzip eure Zukunft ist.

Würde sich in eurer fernen Zukunft also ein Kollektiv von Wesenheiten entschließen, sich in die ferne Vergangenheit zu begeben und sich dort in einen Inkarnationszyklus begeben, so würde dieses Kollektiv dies tun, um Veränderungen in seiner Gegenwart einzuleiten.

Da sich das in der Zukunft existente Kollektiv von Wesenheiten dennoch den gültigen Gesetzmäßigkeiten nicht entziehen könnte, so wäre mit Eintritt in den Inkarnationszyklus die Erinnerung für die Dauer des Zyklus gelöscht.

Zugegeben, all dies scheint für euch im Augenblick noch sehr verwirrend zu sein.
Dennoch, seid versichert: Ihr werdet verstehen ....

Die individuelle Wahrheit

Seht euch selbst einmal an.
Geht in eurer Vergangenheit 3, 5, 10 Jahre zurück. Wart ihr zu jener Zeit in eurer Vergangenheit so, wie ihr heute seid?
Haben all die Überzeugungen, denen ihr während dieser Vergangenheitsepoche eures Lebens gefrönt habt, noch heute ihre Gültigkeit für euch?
Nein? So habt ihr euch also verändert, ihr habt euch ent-wickelt, ihr seid reifer geworden. Wart ihr vor 10 Jahren noch von diesen oder jenen Gegebenheiten absolut überzeugt, so mag sich dies für euch bis zum heutigen Tage durchaus verändert haben.
Mit anderen Worten gesagt: Was noch vor 10 Jahren für euch Wahrheit war, kann sich durchaus innerhalb dieser 10 Jahre zur ***Unwahrheit*** entwickelt haben. Durch eure persönliche Bewußtseinserweiterung habt ihr euren geistigen Horizont erweitert und konntet euch von einem Zustand eurer „Wahrheitsempfindung" zu einem anderen Zustand eurer Wahrheitsempfindung bewegen.
Nicht die Wahrheit hat sich gewandelt, sondern ihr selbst.
Ihr habt durch eure Lebenserfahrung Informationen gesammelt, die es euch ermöglicht haben, einen anderen Standpunkt der Betrachtung von Gegebenheiten und Situationen einzunehmen.
Alles ist im Prinzip immer noch so, wie es vor nur 10 Jahren gewesen ist. Lediglich eure persönliche und erweiterte Form der Wahrnehmung läßt euch die „Dinge" anderes sehen.

Nun, wenn ihr auf der Suche nach der einen und einzigen Wahrheit seid, werdet ihr früher oder später die Erfahrung machen müssen, daß ihr diese eine und einzige Wahrheit ***niemals*** werdet finden können.
Welche eine und einzige Wahrheit soll nun für euch Gültigkeit haben, wenn ihr euch fortwährend weiterentwickelt?
Soll es der Teil der Wahrheit sein, den ihr von uns erhaltet?
Soll es der Teil der Wahrheit sein, den euch Meister und Gurus vermitteln?
Soll es die Wahrheit sein, die von den Himmeln auf euch regnet?

Erhaltet ihr Botschaften von „geistigen" Wesen, die euch die

Wahrheit mitteilen, so werdet ihr früher oder später erkennen müssen, daß diese Wahrheiten immer und ohne Ausnahme die Wahrheit darstellt, die ***eben dieses Wesen*** für sich selbst als Wahrheit erkannt hat.
Laßt ihr euch von Meistern unterrichten, so werdet ihr früher oder später erkennen müssen, daß diese Meister wiederum nur den Teil der Wahrheit an euch weitergeben, die ***eben diese Meister*** für sich selbst als Wahrheit erkannt haben.

So kommt ihr nicht umhin euch von einer Wahrheit, die nicht eure eigene ist, zu einer weiteren Wahrheit, die wiederum nicht eure eigene ist, zu bewegen, bis ihr für euch selbst erkennt, daß die für jeden von euch einzig gültige Wahrheit die euch eigene ist.

Würdet ihr, die ihr unsere Geschichten lest, uns nun absolut vertrauen und würden wir euch nun eine Prognose der näheren und ferneren Zukunft übermitteln, so würdet ihr alle gemeinsam eben genau diese Vision der Zukunft erleben.
Nicht deshalb, weil wir eure Zukunft genau vorhersehen können, sondern deshalb, **weil ihr die Zukunft nach eben genau unseren Vorstellungen, aus eurer tiefen Überzeugung uns glauben und vertrauen zu können,** ***gestalten würdet!***

Die einzig wahre Wahrheit ist die Existenz des EINEN.
Darüber hinaus ist die Wahrheit eine Frage eurer persönlichen Überzeugungen.

Spiele mit Worten

Wir haben euch bereits mehrmals darauf hingewiesen, daß Bewußtsein, Information, Energie oder Licht unterschiedliche Begriffe für ein- und dasselbe Phänomen sind.
Bewußtsein ist nichts anderes, als die Gedankenenergie des EINEN, die über eine Vielzahl von „Schaltstellen", Dimensionen oder wie immer ihr es bezeichnen wollt, soweit „heruntertransformiert" wurde, daß sie der dritten / vierten Dimension entspricht.
Um Mißverständnisse auszuschließen: Nicht die Gedankenenergie des EINEN hat sich der dritten oder vierten Dimension angepaßt, sondern die Gedankenenergie des EINEN ***ist*** die dritte und vierte Dimension.
Die Gedankenenergie des EINEN enthält alles an Information, was der EINE selbst weiß und ist.
Dennoch ist es eine in sich selbst neutrale Energieform, die ALL-Es beinhaltet und ALL-Es ist, die jedoch lediglich vorhanden ist und selbst nicht agiert.
Die Gedankenenergie des EINEN, die sich selbst bewußt ist, wird als Wesenheit oder Lebewesen bezeichnet und repräsentiert einen sich selbst bewußten Aspekt des EINEN.
Gleichwohl besteht auch jegliche Lebensform wiederum „nur" als Gedankenenergie des EINEN und ist ein untrennbarer Teil des EINEN, da ja nichts existent ist, als der EINE selbst.

Jeglicher sich selbst bewußter Teilaspekt des EINEN, also jede sich selbst bewußte Lebensform, dient in seinem bestreben nach Selbsterkenntnis und Selbstverwirklichung, als eine Form von „Bewußtseinstranformator".
Jede Wesenheit, jede Lebensform „erweckt" also die in sich ruhende Gedankenenergie und formt sie, aufgrund ihrer Bewußtseinsinhalte, zu „Realität".
Ist die Lebensform Teil eines kollektiven, planetaren Bewußtseins, so initiiert der Bewußtseinsinhalt der einzelnen Lebensform die tägliche Realität ihres eigenen Lebens. Diese Lebensform, als Teil des kollektiven Bewußtseins, fügt fortwährend durch ihre Bewußtseinsinhalte ihren Anteil dem Kollektivbewußtsein hinzu.

Der Schlüssel zu der Realität des Einzelwesens ist also der bewußte und unbewußte Bewußtseinsinhalt eben dieser Wesenheit. Ebenso dient dieser Vorgang dazu, daß sich dieses Einzelwesen, meist unbewußt, in die Gesamtrealisation des Kollektives einbringt.
Verändert nun ein Einzelwesen seine Bewußtseinsinhalte, so verändert es zunächst seine eigene Realität, indem es andere Möglichkeiten aus der Gedankenenergie des EINEN formt.
Des Weiteren verändert dieses Einzelwesen jedoch auch seinen Anteil am Kollektiv der Wesenheiten.
Somit haben auch andere die Möglichkeit verändertes Bewußtsein, aus dem morphogenetischen „Speicher" abzurufen und in sich zu integrieren.

Wird nun Bewußtsein verändert, indem das Kollektiv in seiner Gesamtheit fehlinformiert wird, so wird es durch seine bewußten und unbewußten Bewußtseinsinhalte eine Form der Realität generieren, die dem entspricht, wovon das Kollektiv bewußt und unbewußt überzeugt ist.

Dennoch ist jedes Einzelwesen der absoluten und uneingeschränkten Freiheit der Entscheidung unterworfen. Somit hat jedes Einzelwesen die Möglichkeit sich selbst, aus dem Massenbewußtsein ded morphogenetischen Feldes „auszuklinken" und nach neuen uneingeschränkteren Möglichkeiten zur Selbstverwirklichung und Selbsterfahrung zu suchen.

Somit müssen zur absoluten Kontrolle eines planetaren Kollektivbewußtseins Voraussetzungen geschaffen werden, bei denen die Möglichkeiten der freien Entscheidungen soweit eingeschränkt werden, daß die Einzelwesen selbst glauben, sich den **scheinbaren** Gegebenheiten unterwerfen zu müssen.

Die Gedankenenergie des EINEN unterscheidet nicht zwischen dem, was an der Oberfläche eures Bewußtseins an Gedanken und Gefühlen und was sich in den tiefen, euch oftmals nicht zugänglichen Schichten eures Bewußtseins an Gedanken und Gefühlen befindet.
Die Gedankenenergie des EINEN arbeitet nach dem Prinzip, daß

Bewußtheit und Unbewußtheit ein und dasselbe ist. Bewußtheit ist immer und ohne Ausnahme verbunden mit „Ich-Bewußtsein“ oder Ego, und Unbewußtheit strebt danach, sich selbst bewußt zu werden. Bewußtheit stellt in ihrer Idealform immer eine harmonische, also eine absolut ausgeglichene Verbindung zwischen dem „EGO“ und dem „ICH BIN“ dar.
Somit läßt sich sagen, daß die Gedankenenergie des EINEN nicht wertet und beurteilt und somit jeder Lebensform in ihrer Gesamtheit zur Verfügung steht.

Ihr lebt nun in einem planetaren Kollektiv, das sich die Aufgabe gestellt hat, sich aus der manipulativ gefärbten Begrenztheit in die schwindelerregenden Höhen unbeeinflußten Bewußtseins zu erheben.
Zu diesem Prozeß gehört untrennbar, daß jedes Einzelwesen sich entschließt, sich aus der Dumpfheit und Dunkelheit der Unbewußtheit herauszubewegen und aus sich selbst heraus zu erkennen, wo die einzelnen Begrenzungen liegen.

Da, wie bereits erwähnt, die Gedankenenergie des EINEN nicht nach Bewußtheit und Unbewußtheit fragt, sondern im gleichen Maße beides als Realität projiziert, wäre es an der Zeit für euch, so ihr euch in euch selbst verändern wollt, euch dieser Vorgänge bewußter zu werden.

Eure Sprache hält für euch eine Vielzahl von „Stolpersteinen“ bereit.
Ihr verwendet eine Vielzahl von Worten, mit denen ihr Begriffe definiert, deren tatsächlicher Ausdruck eurer Absicht der Formulierung entgegen läuft.
Anders ausgedrückt verhält es sich so, daß ihr Worte sprecht und somit ein bestimmtes Bewußtsein definiert. Durch die Wahl eurer Worte jedoch fügt ihr ein völlig anderes Bewußtsein hinzu.

So sprecht ihr Beispielsweise von euren Regierungen und gebt ihnen die Macht euch zu „verwalten“.
Die Silbe „Re“ definiert in eurem Sprachgebrauch weitläufig das

Wort „rück“ oder „zurück“.
Mit dem Wort „Regierung“ definiert ihr im Prinzip eine Organisation, die dazu führt euch zu „re-gieren“, euch also der Gier zurückzuführen.

Ähnlich verhält es sich mit eurer Vorsilbe „De“. Seid ihr „dehydriert“, besagt dies, daß ihr enormen Flüssigkeitsverlusten unterlegen seid und der Mineralhaushalt eures Körpers zusammenbricht.
Seid ihr „deplaziert“, so befindet ihr euch am „falschen“ Ort.
Seid ihr „degeneriert“, so wird das Spiel schon lustiger. Dieses Wort würde im Prinzip schon beinhalten, daß ihr „generiert“, also „aus etwas anderem heraus entstanden“ seid.
„De-generiert“ seid ihr ja dann eigentlich schon wieder „rückgeneriert“.
Noch lustiger wird es bei dem Wort „Demut“, das so vielen von euch am Herzen liegt.
In diesem Zusammenhang bitten wir euch bereits jetzt um „Verz(w)eihung“, daß „unsere“ Definition eures Wortes für hitzige Diskussionen unter euch sorgen wird.

„Mut“ ist ein Wort, mit dem ihr die Eigenschaft beschreibt, die euch hilft Angst zu überwinden.
Ist dann die „Demut“ nicht etwas, das euch hilft, so etwas wie „rück-mütig“ zu sein.
Und während ihr euch große Mühe gebt demütig zu sein, euch also in der geplanten Absicht des Wortes „dem Göttlichen unterordnet“, drückt ihr jedoch in der tatsächlichen „Funktion“ dieses Wortes aus, daß ihr keinen Mut habt.

Das Bewußtsein, das ihr Worten hinzufügt, hat oftmals nichts mit dem zu tun, was ihr tatsächlich ausdrücken wollt.
Somit hat das, was ihr durch eure Sprache ausdrückt und das, was an Bewußtseinspotential in euren Worten steckt in vielen Bereichen völlig gegensätzliche Aussagekraft.
Somit erzeugt ihr mit jedem Wort und mit jedem Satz, den ihr sprecht, Bewußtsein, das sich gegenseitig aufhebt oder völlig ande-

res projiziert als das, was ihr durch eure Worte projizieren wolltet. Dennoch scheint es vielen von euch wesentlich wichtiger zu sein, daß eure Worte sich den Regeln eurer Gesellschaft entsprechend, auf das Papier fügen, als das, was die Worte tatsächlich ausdrükken.

Vermögt ihr den Mechanismus der Ablenkung zu verstehen, der dahintersteckt?
Doch wie gesagt: Dies war nur ein Spiel mit Worten. Es ist keineswegs vonnöten, daß ihr nun aufhört miteinander zu sprechen.

Es gibt eine Sprache, deren Worte die Form des Bewußtseins definiert, das tatsächlich „dahintersteckt". Ihr werdet immer wieder zwischen den Kapiteln einzelne Sätze der „wahren" Sprache finden. Wenn ihr wollt, sprecht sie aus und versucht die Schwingung der „wahren" Sprache zu spüren.

Sen mer kon der non ob cha

Sprecht das Bewußtsein und nicht die Worte

Dualität und Trinität

Bisher ist es euch immer nur möglich gewesen, Situationen aus zwei gegensätzlichen Blickrichtungen gleichzeitig zu betrachten. Bisher war für euch die Polarität oder Dualität von Bedeutung, die sich entweder an dem einen oder anderen Extrem dieser polaren Ausdrucksweise anlehnen mußte, um somit euch jeweils die eine oder andere Möglichkeit als Lösung zu belassen.
Bestenfalls ist es euch gelungen, die Extremschwankungen eurer polaren Welt nicht bis ins letzte Detail ausleben zu müssen.
Der Begriff „Gott“ und dessen Definition ist für euch nicht vorstellbar, also seid ihr dazu übergegangen, Gott in der einen oder anderen Weise zu personifizieren.
Die Definition dessen, was ihr als „Gott“ bezeichnet, ist durchaus irreführend. Aus diesem Grunde haben wir die Bezeichnung der „EINE“ gewählt, um damit die letztendlich allerhöchste, bekannte „Instanz“ in einen Begriff zu kleiden.
Gleichermaßen verhält es sich mit dem „Gegenteil“ von Gott, nämlich dem Bewußtsein, das ihr den „Teufel“, das „Biest“, „Luzifer“ oder wie auch immer nennt.
Auch der Teufel hat in euren Mysterien personifizierte Gestalt. Euren Mysterien entsprechend, verbreitet der Teufel Gestank von Schwefel, hat einen Pferdefuß, Hörner und sonstige „Gerätschaften“, die von ihm eher ein unangenehmes Bild entstehen lassen.
Dennoch wird der Teufel als der „Lichtbringer“ bezeichnet.
Eure Mysterien sprechen davon, daß es sich um einen Engel handelte, der das Licht bringen sollte, jedoch den Versuchungen der Menschen unterlegen war und aufgrunddessen verstoßen wurde.

In eurer dualen oder polaren Vorstellungswelt muß es zu jedem Begriff einen „gegenteiligen“ geben. Im Prinzip ist dies auch die „Aufgabe“ der Dualität.

Die Bewußtseinsstufe, die an die Dualität anschließt, ist die Trinität. Die Trinität ist ein Bewußtseinszustand, der euch die Möglichkeit bietet, beide Pole der Dualität miteinander zu vereinen.

Was ist „gut“? „Gut“ sind nach eurer Wertigkeit Bewußtseinszu-

stände, in denen ihr euch wohl fühlt, die euch einhüllen in Wärme und Liebe. Situationen, denen ihr gewachsen seid und die euch scheinbar nicht überfordern.
„Gut“ sind Menschen, bei denen ihr nicht fortwährend aufpassen müßt, „übers Ohr gehauen zu werden“ oder bei denen ihr euch sicher sein könnt, nicht „ent-täuscht“ zu werden und bei denen ihr euch einfach „fallen lassen“ könnt.
„Schlecht“ ist das, was die Illuminaten tun. „Schlecht“ ist es, wenn ihr euch fortwährend nicht wohl fühlt und wenn ihr von der Art und Weise eures Lebens ständig überfordert seid. „Schlecht“ ist, wenn ihr unterdrückt seid und ihr euch fürchten müßt.

Vergeßt einmal für einen kurzen Augenblick euer bestehendes Weltbild, und folgt uns ein wenig in die Welt der Phantasie.
Würde eure Existenz in der dritten Dimension und auf eurem Planeten tatsächlich der Vervollkommnung eures höheren Selbst oder eurer Seele dienen, so wärt ihr einzig und allein aus dem Grunde inkarniert, um zu lernen.
Lernen wiederum könntet ihr nur dann, wenn Voraussetzungen geschaffen wären, die euch Lernmöglichkeiten im Sinne eures höheren Selbst bieten würden. Grundvoraussetzung dafür wäre „selbst-verständlich“ ein absoluter Erinnerungsverlust.
Seid ihr durch eure Inkarnation des Vergessens anheimgefallen, so müßten Mechanismen vorhanden sein, damit ihr in „Zwänge“ geratet, die euch nach Alternativen suchen lassen, welche über das scheinbare Weltbild hinausgehen.

Ein derartiger Mechanismus könnten beispielsweise die „bösen Jungs“, die Illuminaten sein. Deren Aufgabe wäre es in diesem Falle euch in Situationen zu bringen, in denen ihr derartig verzweifelt seid, in denen ihr derartig leidet, so daß ihr zu irgendeinem Zeitpunkt eures Lebens beginnt, nach Auswegen und anderen Möglichkeiten zu suchen, die über eure scheinbar vorhandenen Möglichkeiten hinausgehen.
Ist es nicht so, daß ihr erst dann beginnt, ernsthaft nach Wegen und Möglichkeiten zu suchen, wenn ihr nicht mehr weiterwißt, wenn ihr „am Ende“ seid?
Je mehr ihr eingeengt und begrenzt werdet, desto intensiver begebt

ihr euch auf die Suche. Eure Suche beginnt ihr unter „normalen" Umständen immer im Außen. Ihr sucht nach Wegen, die euch scheinbar zunächst Hilfe geben. Ihr sucht nach Möglichkeiten, die euch zunächst scheinbar weiterhelfen, bis ihr zu einem Punkt geratet, an dem ihr nicht mehr anders könnt, als die Suche **in** euch selbst fortzusetzen.
Habt ihr zu irgendeinem Zeitpunkte in euerer Entwicklung begriffen, daß ihr nichts in eurer äußeren Welt finden könnt, was ihr nicht auch selbst in euch habt, fangt ihr an die „tatsächliche Wahrheit", nämlich eure eigene Wahrheit zu finden.
So verhelfen euch die scheinbar „Bösen", die Söhne und Töchter des Teufels, des „Lichtbringers", die weder über Hörner noch sonstige abstoßende „Gerätschaften" verfügen, den Weg der Selbsterkenntnis zu gehen.
Die Irrungen und Wirrungen, die die „Bösen" entwerfen und initiieren, sind die Instrumente, die euch helfen, wiederum ihr selbst zu werden.

Dann, wenn ihr nach Alternativen sucht, beginnt ihr euch den scheinbar „Guten" zuzuwenden. Dort könnt ihr wiederum feststellen, daß viele der scheinbar „Guten" doch wieder nur „verkappte Böse" sind, die euch wieder einmal in die Irre führen. Dieses Spiel betreibt ihr dann auch wieder so lange, bis es euch reicht, bis ihr Esoterik und Spiritualität hinter euch laßt und endlich, endlich damit beginnt euer Leben mit all dem Wissen und mit all den Erkenntnissen aus eurer Zeit der Suche und des Findens in euch zu integrieren und einfach euer Leben zu leben.
Dann beginnt ihr, euch in einem Ausmaße selbst zu erleben und zu erfahren, wie es vielen von euch heute noch unerreichbar zu sein scheint.

Könnte es nicht sein, daß die „Lichtbringer", also die „Bösen", nichts anderes sind als Wesenheiten, die auch aus der gleichen Quelle entspringen, wie ihr selbst?
Könnte es nicht sein, daß diese scheinbar „bösen" Wesenheiten in dem Schauspiel der Seelen lediglich die Rolle übernommen haben, euch zu fesseln und zu knebeln, um euch auf diese Art und Weise zur Suche nach euch selbst zu bewegen?

Könnt ihr euch vorstellen, welches Maß an bedingungsloser Liebe notwendig ist, um eine derartige Rolle spielen zu können?
Könnt ihr euch vorstellen, welches Maß an Liebe vorhanden sein muß, um unbeschreibliches Leid zu veranlassen, einzig und allein zu dem Zwecke, daß jedes einzelne inkarnierte Wesen sich früher oder später auf die Suche nach dem „Da-muß-doch-noch-mehr-sein" begibt?

Die „Guten" wiederum sehen es als ihre Aufgabe an, Information zur Verfügung zu stellen, um den „eingeengten" und „unterdrückten" Menschen bei ihrer Bewußtwerdung weiterzuhelfen, indem sie ihnen Informationen „geben" oder andere Möglichkeiten der Unterstützung zur Verfügung stellen.

Im Prinzip arbeiten die „Guten" und die „Bösen" Hand in Hand, obgleich beide „Parteien" bis in sehr hohe Ebenen der Schwingung durchaus zweigeteilt sind. Dennoch dient „ALL-Es" lediglich der Bewußtwerdung des EINEN.

Aus der polaren oder dualen Sichtweise ist eine derartige Beurteilung oder Bewertung nicht möglich, da die Dualität lediglich den einen, beispielsweise den „guten" oder den anderen, beispielsweise den „bösen" Zustand zuläßt. Aufgrund eurer Bewertungsschemen seid ihr lediglich in der Lage, eine Situation als eher „gut" oder eher „böse" zu bewerten und zu beurteilen.

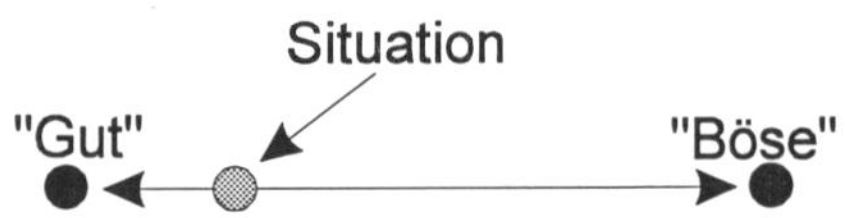

Im Laufe eurer Inkarnation lernt ihr, die „Dinge" gelassener zu sehen, und die Schwankungen in euren emotionalen Zuständen wirken sich nicht mehr so extrem aus.
Aus der polaren oder dualen Perspektive heraus seid ihr lediglich in der Lage, Situationen unter der Berücksichtigung des einen und des anderen Punktes zu beurteilen und zu bewerten.
Dennoch ist diese Art der Gelassenheit nicht zu vergleichen mit dem Zustande der Trinität.

Die Trinität erlaubt eine Form der Betrachtung, die ihr als „höhere" Sichtweise bezeichnen würdet.

Dabei ist jedoch das Wissen die Voraussetzung, daß „Gut“ und „Böse“ oder andere Formen der polaren Beurteilung tatsächlich nicht existent sein können, da es sich bei beiden „Extrembewertungen“ lediglich um Bewußtseinszustände handelt, die aufgrund persönlicher Lernprozesse, Programmierungen und Erfahrungen, respektive aus einer Kombination dieser drei Komponenten bestehen. Dies bedeutet wiederum, daß die Auslegungen von „Böse“ oder „Gut“ immer und ohne Ausnahme individuell geprägt sind und lediglich religiöse, kulturelle oder gesellschaftliche Glaubensprägungen für eine Verallgemeinerung dieser Begriffe sorgen.

Eine Person, die aufgrund ihrer Prgrogrammierungen aus ihrer Kindheit, ihren Lebenserfahrungen und durch ihren tagtäglichen Umgang zu der Überzeugung gelangt ist, daß der einzige Weg für sie der ist, sich das zu stehlen, was sie für ihr tägliches Leben benötigt, wird diesen Zustand für ihr Leben als relativ „normal“ bezeichnen.
Aufgrund eurer gesetzlichen und gesellschaftlichen Gegebenheiten ist diese Person jedoch als „Verbrecher“ einzustufen.
Der tatsächliche Grund zu stehlen jedoch, ist für die bezeichnete Person derjenige, daß sie nicht weiß, welche alternativen Möglichkeiten ansonsten für sie bestehen würden. Das „Fehlverhalten“ dieser Person resultiert aus der Tatsache, daß ihr Informationen oder Erfahrungen nicht zugänglich sind, die dieser Person durchaus helfen könnten, andere Wege zu gehen, um ihr Leben „bestreiten“ zu können.

Könntet ihr euch nun erinnern, wer ihr tatsächlich seid, wüßtet ihr welche Möglichkeiten in jedem Einzelnen von euch wohnen, so wäre es keineswegs mehr „not-wendig“ für euch, daß ihr euch Gedanken darüber macht, wovon ihr Leben sollt, womit ihr euch Kleidung kaufen sollt und wie ihr eure Probleme lösen könnt.

Euer tatsächliches Wissen habt ihr ersetzt und überdeckt durch die unglaublich beschränkten Möglichkeiten eurer dreidimensionalen Sichtweisen. Der Hauptteil eurer Wahrnehmung ist begrenzt durch die linearen Möglichkeiten eures Verstandes.
Gelingt es euch, euch aus der Polarität eures Verstandesdenkens zu

erheben, so erreicht ihr einen Zustand, der sich als Trinität bezeichnen läßt. Der Zustand der Trinität fügt der Dualität / Polarität einen weiteren Aspekt hinzu.
Es verhält sich zwar im Prinzip durchaus so, daß diese Dreiheit seit jeher Bestandteil eures Seins war, der euch durch die begrenzten und einengenden Fähigkeiten eures Verstandes jedoch nicht bewußt und somit nicht zugänglich war.
Die Trinität ist die Vorstufe zu multidimensionalem Bewußtsein, da sie die Fähigkeit in sich birgt, „Dinge“ und Situationen aus einer anderen Sichtweise, als aus eurer bisherigen, zu bewerten und zu beurteilen.
Die Trinität erweitert euer Verständnis für die Allgegenwart des Bewußtseins des EINEN, über das wir an anderer Stelle noch ausführlich berichten werden.

Obgleich in der Trinität beide gegensätzlichen Pole der polaren oder dualen Betrachtungsweise nach wie vor vorhanden sind, gibt es einen „übergeordneten“ Punkt.

Von diesem Punkt aus ist es möglich, die beiden Bewertungspunkte eurer polaren Betrachtungsweise miteinander zu verbinden und als zwei untrennbar miteinander verknüpfte Teile eines Ganzen zu sehen.

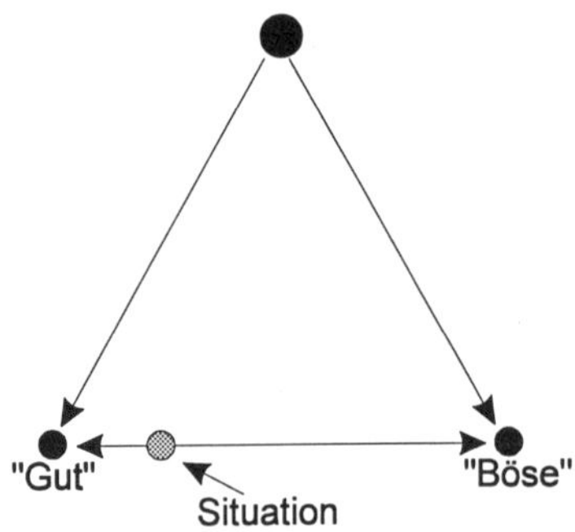

Es wird euch kaum möglich sein, einfach zu sagen: „Gut, dann denken und empfinden wir ab heute einfach der Trinität entsprechend.“
Die Trinität setzt das tiefe und unzweifelhafte Verständnis des tatsächlichen Seins voraus.
Solange ihr jedoch einem Weltbild anhängt, das diese Möglichkeit nicht beinhaltet, wird euch dieses Verständnis nicht erreichbar sein.

Die Schöpfergötter

„Der EINE ist ALL-Es. Der EINE ist der Gedanke, der ALL-Es ist.
Um sich selbst erfahren zu können, mußte der EINE Leben erschaffen. Da der EINE der Gedanke ist, der ALL-Es ist, so dachte der Gedanke: „Es seien die Ur-Schöpfergötter“, und die zwölf Ur-Schöpfergötter entstanden aus der Energie seines Gedankens.
Jeder der zwölf Ur-Schöpfergötter, die der Gedanke des Gedankens waren, repräsentierte einen Hauptaspekt des EINEN.
Die Ur-Schöpfergötter waren und sind ein Kollektiv von Wesenheiten. Jedes dieser Wesen war und ist unmittelbarer Teil der anderen.
So erfuhren die Wesenheiten, die die Ur-Schöpfergötter waren sich selbst im Kollektiv, in der innigen Verbundenheit ihres Gesamtbewußtseins.
Nun kam jedoch der Zeitpunkt, an dem die Ur-Schöpfergötter sich selbst in ihrer Existenz erfahren hatten und so beschlossen sie, ihr Kollektiv aufzulösen und sich in eine größere Anzahl von Wesenheiten aufzuteilen, von denen jeder bestimmte Teilaspekte repräsentieren sollte.
Ein jeder der zwölf Ur-Schöpfergötter teilte sich wiederum in zwölf und so wurden sie einhundertvierundvierzig.
Nun befanden sie sich auf einer Ebene, auf der sie voneinander getrennt waren. Sie konnten sich erinnern, wer sie waren, dennoch gab es Aspekte, die der eine von ihnen hatte und der andere nicht.
So wurden sie mit zunehmender Zeit immer mehr uneins unter sich und so entschlossen sie sich in Erinnerung an ihre Verbindung zwei Ebenen zu schaffen, in denen die Schöpfergötter der Konstruktivität und die Schöpfergötter der Destruktivität sich erfahren konnten. Dennoch sollten beide Ebenen untrennbar miteinander verbunden sein, damit kein Ungleichgewicht in dem Gedankenpotential des EINEN entstand, aus dem sie entstanden waren.
Und so erfuhren sie sich selbst in den Ebenen der zweithöchsten Seinsebene. Und als sie sich selbst nicht mehr erfahren konnten,

so kamen sie wiederum zusammen und berieten, wie sie dem EINEN weiterhin dienlich sein konnten, in dessen Bestreben sich selbst zu erfahren.
Und sie legten fest, daß sie weitere Seinsebenen erschaffen wollten. So schufen sie Gesetzmäßigkeiten, denen sie alle sich aus freiem Willen unterwarfen.
Wenn sie in der Schöpferkraft ihrer Gedanken neues Leben erschufen, so sollte das Leben tausend Mal vervielfacht werden, aus dem, was sie ursprünglich waren. Ein jeder von ihnen sollte sich aufteilen in tausend Einzelaspekte, deren Gesamtheit wiederum ein jeder von ihnen selbst war.
So sollte aus dem Potential der Gedanken des EINEN Materie entstehen, und es entstand die Materie. Und die Materie sollte sich aus dem Centrum ihres Wirkens entfernen und sich selbst formen.
So begaben sie sich in die nächste Stufe des Seins und ein jeder wurde eintausend.
Und so gingen sie hinaus, einhundertvierundvierzigtausend an der Zahl und begannen ihr Wirken in den obersten Stufen der Schwingungsbereiche, in denen die Materie bereits Form hat. Sie nahmen die Materie und ließen sie rotieren, auf daß eine Form der Energie entstand, die aus der ungeformten Materie geformte Materie entstehen ließ.
Sie ließen die Gesamtheit des Kosmos entstehen. Sie erschufen Universen und Galaxien.
Und sie wollten, daß sich selbst bewußtes Leben entstand aus der Gedankenenergie des EINEN und der EINE ließ es geschehen.
Immer mehr Leben ließen sie entstehen und mit jeder Lebensform, mit jeder Energieform, die sich selbst bewußt war, mußten sie sich teilen in all das, was sie erschaffen hatten, denn noch immer war das Bestreben das Prinzip der Selbsterfahrung und der Selbsterkenntnis.

Und das Leben, das sie geschaffen hatten, vermehrte sich. Immer mehr Einzelaspekte wurden erschaffen, die jedoch immer und ohne Ausnahme Einzelaspekte der einhundertvierundvierzigtausend waren.
Und so kamen sie immer wieder zusammen, die Einhundertvier-

undvierzigtausend und berieten darüber, was sie weiterhin tun konnten, damit der EINE sich selbst erfahren konnte.
Und da sie immer mehr uneins wurden, beschlossen sie in Erinnerung daran, was sie als Ur-Schöpfergötter gewesen waren, einen Rat der Zwölf zu schaffen, der Vermitteln sollte zwischen ihnen und raten sollte, so sie uneins waren.
So kamen sie überein, daß sie Materie in der Materie schaffen wollten, da sie erkannt hatten, daß der Prozeß der Selbsterkenntnis und der Selbstfindung an Intensität zunimmt, je weiter sich das Leben von der Quelle entfernt hat.
So verbanden sie sich im Geiste und legten die Gesetzmäßigkeiten der nächsten Schwingungsebene fest.
Und immer wieder kamen sie zusammen und schufen neues Leben und neue Ebenen des Seins, bis sie an die Grenzen ihrer Phantasie stießen.

Dies sind im Prinzip stark verkürzte und eurem Sprachgebrauch angepaßte Auszüge einer kosmischen Chronik, die sehr ausschweifend und umfassend die Geschichte der Entstehung des Lebens in allen Dimensionen beschreibt.

Die Essenz daraus sollte für euch sein, daß ihr euch im Prinzip niemals von oder aus dem EINEN tatsächlich getrennt habt.
Es gibt eine Ebene des Seins, auf der ihr alle EINS seid.
Gibt euch das nicht zu denken, wenn ihr das nächste Mal in das Gesicht eines anderen Menschen blickt?

Das lange Warten

Die Existenz jeder Wesenheit beruht auf gewissen Gesetzmäßigkeiten. Diese Gesetzmäßigkeiten haben für alles existente Leben ohne jede Ausnahme Gültigkeit.
Diese Gesetzmäßigkeiten lassen sich in einigen, wenigen Worten ausdrücken:
Jede Wesenheit ist individueller Ausdruck des EINEN.
Der freie Wille einer Wesenheit kann nicht eingeschränkt werden.

Wir könnten diese Gesetzmäßigkeiten noch weiter detaillieren, halten dies jedoch an dieser Stelle noch nicht für notwendig.
Nun könntet ihr sagen, daß euer freier Wille nicht gewährleistet ist, da ihr ja unter den „bösen“ Gegebenheiten eurer Machtverhältnisse auf eurem Planeten leben müßt.
Dennoch ist es euer freier Wille unter diesen Umständen zu leben. Letztendlich hättet ihr eine Vielzahl von Möglichkeiten euer Bewußtsein zu befreien. Eine unglaubliche Vielzahl von Informationen steht euch zur Verfügung, mittels derer ihr euch aus eurem inneren und meist unbewußten Überzeugungen lösen könntet.
Ihr sagt nicht: „Ich löse mich jetzt aus den Täuschungen und Fehlinformationen!“, sondern ihr sagt: „Ich würde mich ja gern aus den Täuschungen und Fehlinformationen lösen, aber........“, und findet wiederum eine große Anzahl von Gründen, warum ihr es nicht schaffen könnt.

Hat nicht einer eurer großen Lehrer, der vor etwas zweitausend Jahren eurer Zeitrechnung lebte einmal gesagt: „Eure Rede sei ja, ja und nein, nein.“?
Heißt das denn nicht „Ja, ich tue es!“, oder „Nein, ich tue es nicht!“?

Ihr jedoch sagt: „Wenn endlich dieses oder jenes eingetreten ist, dann werde ich dieses oder jenes tun.“.
Alles wäre euch möglich. Ihr jedoch macht euch Sorgen darüber, ob ihr morgen noch den Job haben werdet, der euch seit Jahren krank macht, frustriert und in keinster Weise befriedigt.
Ihr macht euch Sorgen darüber, ob die Transformation nun mor-

gen, nächste Woche, nächstes Jahr oder in zehn Jahren stattfindet. Ihr macht euch Gedanken darüber, ob ihr gut genug seid, den Prozeß der Bewußtseinswandlung mitzuerleben oder ob ihr „armen Seelen“ zurückbleiben müßt.
Versteht ihr denn noch immer nicht, daß ihr Aspekte des EINEN seid?

Müßtet ihr eure Wohnung wechseln, würdet ihr euch selbst zurücklassen können?
Wäre es euch möglich euch selbst bei einem Wohnungswechsel zurücklassen können, so würdet ihr es sicherlich tun.
Schließlich wißt ihr ja nicht genau, ob es „richtig“ ist, wenn ihr euch selbst mitnehmen würdet, aber ganz sicher seid ihr euch dabei nicht.............

ALL-Es wäre euch möglich. Ihr könnt es nur nicht glauben. Und wenn ihr den Versuch macht, nehmt ihr euch so große Dinge vor, daß ihr mit ziemlicher Sicherheit scheitern werdet.
Die „kleinen“ Dinge sind für euch nicht von Bedeutung. Dennoch könntet ihr gerade an ihnen lernen. Lernen jedoch erfordert Zeit. Zeit allerdings habt ihr nur, wenn ihr euch sicher sein könntet, daß der Prozeß der Bewußtseinswandlung nicht doch schon morgen stattfindet. So wartet ihr lieber zunächst einmal ab, ob nicht einer kommen wird, der euch definitiv und mit absoluter Sicherheit sagen kann, was wann wo stattfindet, jedoch nur um euch hinterher doch wieder Zweifel anzueignen und weiterhin abzuwarten ob ihr für den Beweis noch einen Beweis erhalten könnt.

Auf diese Weise versäumt ihr einen Augenblick des JETZT nach dem nächsten. Damit die Zeit des Wartens und Nichtstuns nicht allzu lang wird, könnt ihr euch in der Zwischenzeit ein wenig über das „böse“ Leben, die „bösen“ Illuminaten oder sonstige Dinge beklagen.

So hat nun auch das Warten und Nichtstun seinen Preis.

Das Kollektiv

Einige von euch bringen den Begriff „Kollektiv“ auch heute noch mit gewissen politischen Gegebenheiten in Verbindung.
Unsere Definition eines Kollektivs jedoch hat nichts mit euren politischen Gegebenheiten zu tun.

Ein Kollektiv ist die untrennbare Verbindung einer Anzahl von Lebewesen, die sich zu einem bestimmten Zweck dazu entschlossen haben, miteinander einen Teil ihrer Gesamtexistenz zu verbringen.
Im Prinzip gibt es zwei Formen der Kollektivität.
Die eine Form kollektiver Existenz ist die Form, die wir gewählt haben.
Wir fungieren zwar als eine Wesenheit, setzen uns aber aus einer bestimmten Anzahl von Bewußtseinen zusammen, die den Teil der, nun sagen wir, Lebenserhaltungssysteme, gleichgeschaltet haben, jedoch die Möglichkeiten und Fähigkeiten unserer Einzelbewußtseine gemeinsam oder einzeln nutzen können.
Die andere kollektive Lebensform ist ein planetares Kollektiv. Diese Form kollektiver Existenz besteht aus gleichviel Einzelbewußtseinen, wie es körperliche Ausdrucks- oder Erscheinungsformen gibt.
Die bewußte Einbindung in diese Kollektivform richtet sich jeweils nach dem Entwicklungsstand und der Existenzebene der Wesenheiten. Oftmals existiert ein derartiges Kollektiv absolut unbewußt. In diesem Falle ist es üblich, daß jedes Lebewesen dieses Kollektivs auf sich selbst fixiert ist und die Verbindung zu den anderen mit ihm kollektiv verbundenen Wesenheiten nicht oder nur ansatzweise wahrnehmen kann.
Ihr Menschen seid euch eurer planetaren Gemeinschaft beispielsweise völlig unbewußt.
Euer Macht- und Wirtschaftssystem könnte nicht mehr existieren, wenn ihr euch bewußt werden würdet, daß in eurem planetaren Kollektiv jedes Einzelwesen Teil des Ganzen ist und somit auch jedes Einzelwesen seinen eigenen Anteil an der Gesamtheit hat.

Könntet ihr euch diesem Gedanken hingeben und ihn in die Tat

umsetzen, so wärt ihr durchaus erstaunt, wie sich eure Fähigkeiten und Möglichkeiten, über die ein jeder von euch verfügt, ineinanderfügen würden.
In eurer Unbewußtheit jedoch, seid ihr gezwungen Tätigkeiten oder Berufen nachzugehen, die im Prinzip nichts oder nur wenig mit dem zu tun haben, was ihr an Wünschen oder tatsächlichen Bedürfnissen diesbezüglich in euch tragt.

Im Prinzip wäre ein Kollektiv eine bewußte Gemeinschaft von Wesenheiten, die sich bewußt miteinander in eine bestimmte Richtung entwickeln möchten und in die sich jeder aufgrund seiner inneren „Herzenswünsche" und aufgrund seiner tatsächlichen Fähigkeiten einfügen kann, ohne dabei in seiner persönlichen Freiheit eingeschränkt zu werden.

Der Arzt wäre Arzt, weil er das Bedürfnis in sich trägt, zum „Heilsein" eines Wesens betragen zu können.
Der Bäcker, wäre Bäcker, weil er das Bedürfnis in sich trägt, aus Korn Nahrungsmittel zu produzieren.
Der Manager, der einen Produktionsbetrieb leitet, käme dieser Tätigkeit nach, da es seinen persönlichen Fähigkeiten entspricht.
Der Gärtner wäre Gärtner, weil es ihm Freude bereitet in der Natur mit pflanzlichen Lebensformen umzugehen.

Ihr wärt erstaunt, festzustellen, wie sich euer kollektives Bewußtsein miteinander verbinden würde, wärt ihr bereit dazu, euer Streben, eure Suche nach der „Wurzel des Bösen" einzustellen.
Der „Gegenstand", der euch dabei hilft, euer Kollektiv nicht zu entwickeln, wird von euch als Geld bezeichnet.

Geld ist im Prinzip ein materieller Gegenstand, wie alle anderen materiellen Gegenstände es auch sind.
Das Bewußtsein, die Überzeugungen, die ihr mit dem materiellen Gegenstand „Geld" verbindet, ist es, was euch mehr oder weniger bedingungslos akzeptieren läßt, daß ihr selbst andere versklavt oder euch, wie es den meisten von euch ergeht, mehr oder weniger bedingungslos versklaven laßt.

Möchtet ihr der Tätigkeit nachgehen, die ihr in eurer Phantasie schon lange in euch tragt, hindert euch an deren Ausübung eure Denkstruktur über die „Materie Geld".
Wie sollt ihr mit den „Dingen", die ihr gerne tun möchtet, Geld verdienen? Woher sollt ihr die Instrumente, Geräte, Hilfsmittel nehmen, die ihr unter Umständen mit Geld bezahlen müßt, über das ihr nicht verfügt?
Wie soll es euch möglich sein, die Waren zu verkaufen, deren Herstellung euch große Freude bereiten würde?
Woher sollt ihr die Ausbildung nehmen, von der ihr denkt, daß ihr sie benötigt, um euren Herzenswunsch zu realisieren?
Wie sollt ihr das, was so lange bereits in euch ist umsetzen können und damit auch noch eure Miete, eure Autos und all die anderen Dinge bezahlen, die ihr für eurer Leben braucht.
Ihr wißt es nicht.
Ihr könnt es nicht wissen, da euer Zivilisationssystem euch in eurer persönliche Freiheit einschränkt.
Es ist nicht vorgesehen, daß ein jeder von euch sich frei und ungehindert, seinen Möglichkeiten entsprechend, entwickeln kann.

Ihr habt von klein auf gelernt, daß es ein System gibt, in das ihr euch einfügen müßt, da es euch „behütet" und euch das gibt, was ihr scheinbar zum Leben benötigt.
Ihr habt es nicht durch offensichtliche Gegebenheiten gelernt, daß es sich so verhält. Ihr habt es gelernt, durch all eure Regeln, durch all euer Verstandeswissen, durch all das, was euer „Mensch-sein" scheinbar ausmacht.

Nun geratet ihr immer mehr in Situationen, in denen euch eure Begrenztheit immer bewußter wird.
Ihr sucht nach Alternativen und könnt sie in letzter Konsequenz wiederum nicht finden, da ihr verlernt habt, euer euch innewohnendes Schöpferpotential auch kreativ einzusetzen.
Durch euren Esoterikkommerz und euer Spiritualitätsverhalten habt ihr euch wiederum neue Dogmen und Begrenzungen erschaffen, die euch wiederum in das andere Extrem locken.

Früher oder später merkt ihr dann, daß auch dies nicht die ge-

wünschte Alternative war.
Dann und erst dann, wenn ihr erfahren habt, daß euch weder das eine noch das andere die tatsächliche „Erleuchtung“ zu bringen vermag seid ihr soweit gekommen, daß ihr beginnt in euch selbst zu suchen.
Dann erst entwickelt ihr eine Form des Bewußtseins, die es euch ermöglicht, zunächst sehr subtil, Teil des planetaren Kollektives zu werden.
Dann und erst dann seid ihr bereit euren Geist tatsächlich zu öffnen und eurer Geistigkeit es zu ermöglichen, Anteil in eurem Leben zu haben.

H^2O

Nehmt zwei Teile eines chemischen Elementes, das ihr als Wasserstoff und ein Teil eines chemischen Elementes, das ihr als Sauerstoff bezeichnet, werft diese Anteile in ein Gefäß, schüttelt kräftig und heraus kommt: im Prinzip nichts Bedeutsames oder Nennenswertes.
Nehmt ihr jedoch Wasser und analysiert es, so kommt dabei heraus, daß es zwei Teile eines chemischen Elements enthält, das ihr als Wasserstoff bezeichnet und ein chemisches Element enthält, das ihr Sauerstoff nennt. Des weiteren findet ihr noch eine Vielzahl von diversen anderen chemischen Bestandteilen, die jedoch im Prinzip nichts mit dem Element Wasser zu tun haben, sondern weitestgehend auf den Faktor „Umweltverschmutzung" zurückzuführen sind.
Ihr habt recht, das ist nichts Neues.

Das mit dem Wasser ist jedoch so eine Sache.
Ohne Wasser „läuft" auf eurem Planeten nichts. Fortwährend müßt ihr selbst Flüssigkeit zu euch nehmen. Tatsächlich verhält es sich sogar so, daß ihr immer mehr Wasser zu euch nehmen müßt, um euren Durst zu stillen oder euren körpereigenen Flüssigkeitshaushalt zu regulieren.
Ihr selbst, eure Körper bestehen zu einem großen Anteil aus dem für euch so bedeutsamen Element.
Ohne Wasser wachsen eure Pflanzen nicht, ihr könnt keine Häuser bauen, eure Fahrzeuge benötigen Wasser, damit die Hitze eurer Verbrennungsmotoren abgeleitet werden kann, und im Wasser selbst existieren vielfältige Lebensformen.

Was jedoch ist H^2O oder, wie ihr es landläufig nennt, Wasser?
Jegliche, auf eurem Planeten befindliche Lebensform hat in ihrem Körper einen, gemessen am Gesamtvolumen des Körpers, großen Anteil eben dieses chemischen Elementes H^2O in sich.
Eure Wissenschaftler streiten sich noch immer darum, ob der Wasseranteil bei 66,66 Prozent, zwei Dritteln oder etwas mehr oder weniger liegt.
Ein Großteil eurer Planetenoberfläche besteht ebenfalls aus Wasser

oder zumindest aus einer Flüssigkeit, die Ursprünglich einmal als Wasser bezeichnet werden konnte.

Eure Körper, also die bioelektrischen Einheiten, die durch euren Geist „beseelt“ werden, nehmen mehr oder weniger feste Nahrung zu sich, zerlegen diese in ihre chemischen Bestandteile, transportieren wichtige Anteile eurer Nahrung dorthin, wo sie eben gerade benötigt werden und produzieren daraus auch neue chemische Verbindungen, die ihr wiederum als Enzyme und ähnliches bezeichnet. Tatsächlich wären eure Körper in ihrer Ursprünglichkeit absolut fähig und in der Lage jegliches chemische Element zu produzieren, das ihr für euren Aufenthalt auf eurem Planeten benötigen würdet. Die bei euch so umstrittenen Mineralien, von denen ihr wißt, daß ihr sie dringend benötigen würdet und auch die für eure Körperfunktionen so wichtigen Vitamine, könnten eure Körper ohne jegliche Ausnahme in dem benötigten Ausmaß selbst produzieren.

Da sich jedoch im Laufe der Jahrtausende in der „Abteilung Massenbewußtsein“ eures morphogenetischen Informationsfeldes die Überzeugung breitgemacht hat, daß eure Körper anfällige Hüllen sind, denen fortwährend von außen das zugeführt werden muß, was sie nicht fähig sind selbst zu produzieren, haben eure Körper einfach verlernt, dieses und jenes selbst „zusammenzubasteln“. Sehr zur Freude der chemischen Industrie, insbesondere den Pharmakonzernen, die euch mit ihren künstlich erzeugten „Nahrungsergänzungen“ dabei behilflich sind, gerade eben so am Leben zu bleiben.
Obgleich eure Wissenschaft einige „Geheimnisse“ entschlüsseln konnte, ist es ihr jedoch lediglich möglich Symptomatiken zu bekämpfen. Die Ursachen von Krankheiten und ähnlichem bleibt eurer Wissenschaft verborgen, da sie bei der Ursachenforschung an der Tatsache nicht vorbeikommen würde, daß euch vorgegaukelte Weltbild vollständig revidieren zu müssen.
Eure Wissenschaft müßte anerkennen, daß es sehr wohl so etwas, wie eine höhere „Macht“ gibt. Sie müßte anerkennen, daß diese höhere „Macht“ der EINE ist. Dies wäre im Prinzip jedoch noch nicht das Problem. Die tatsächliche Schwierigkeit besteht darin, daß eure Wissenschaft anerkennen müßte, daß jegliche Materie ein

Ausdruck des Bewußtseins des EINEN ist, das aufgrund bestimmter Umstände die eine oder andere Form angenommen hat.
Eure Wissenschaft müßte anerkennen, daß der Stuhl des Politikers aus dem Bewußtsein des EINEN manifestiert ist, also in eine bestimmte Ausdrucksform gebracht wurde.
Eure Wissenshaft müßte anerkennen, daß eure Fahrzeuge, die in erheblichem Ausmaße dazu beitragen, daß euer Planet fortwährend mehr verunreinigt wird, Ausdruck des Bewußtseins des EINEN sind, das lediglich aufgrund bestimmter Umstände diese materielle Form angenommen hat.
Eure Wissenschaft müßte anerkennen, daß eure Körper absolut perfekte Einheiten sind, die lediglich verlernt haben, perfekt zu funktionieren.

Würde eure Wissenschaft dies öffentlich anerkennen, müßte sie euch auch ein alternatives Weltbild präsentieren.
Dies jedoch wäre ein Weltbild, das euch zeigen würde, daß ihr, jeder für sich selbst und ihr gemeinsam als Kollektivbewußtsein, allein durch die unbegrenzten Möglichkeit eurer Gedanken und Gefühle, alles manifestieren, realisieren und entstehen lassen könntet, was euch beliebt.
Was jedoch wäre mit euren Machthabern, mit euren multinationalen Konzernen und vor allem mit euren einzelnen Ländern, würdet ihr plötzlich alle gemeinsam kollektiv denken und handeln?

Dieses Weltbild, das jedem einzelnen von euch die Möglichkeit geben würde, sich selbst zu verwirklichen, ist aufgrund eurer Machtstrukturen jedoch nicht erwünscht. Wo kämt ihr denn hin, wenn jeder aus tief empfundener Liebe zu seinem wahren SELBST und somit auch aus tief empfundener Liebe zu seinem „Nächsten" handeln würde?

Doch zurück zum Wasser.
Wasser war einmal ein Informationsträger von äußerst hochschwingendem Bewußtsein.
Wasser ist im Prinzip Teil des materiellen Ausdrucks, der materiellen Erscheinungsform eures morphogenetischen Informationsfeldes. Das Wasser, das in den fortwährenden Zyklus von Verdun-

stung und Konzentration eingebunden ist, also im Prinzip an der Oberfläche eures Planeten zirkuliert, ist der materielle Ausdruck, die materielle Erscheinungsform eures Massenbewußtseins.
Dieses „Oberflächenwasser“ verhält sich gleichermaßen so, wie es die Oberfläche eures Bewußtseins tut.
Somit steht das „Oberflächenwasser“ in unmittelbarer Wechselwirkung zu eurem Massenbewußtsein. Mit zunehmender Verschmutzung eurer Wasserreserven, „verschmutzt“ euer Massenbewußtsein. So wie das Wasser eures Planeten kaum noch Fähig und in der Lage ist aufgrund seiner chemischen Trägheit, die aus seinem Verschmutzungsgrad resultiert, sich selbst zu regenerieren, so ergeht es auch vielen von euch.
Träge seid ihr geworden und bequem. Ihr lebt in der Hoffnung, daß irgend jemand schon kommen wird, der euch wiederum „reinigt“ und „aktiviert“.

Es gibt andere Wasservorräte, die für euch mit euren Technologien nicht erreichbar sind.
Diese Wassersammelbecken sind mehr oder weniger tief in eurem Planeten vor euch verborgen. Dieses Wasser hat keinen oder kaum Kontakt mit dem Oberflächenwasser. Somit ist es weitestgehend reines und klares Bewußtseinspotential.
Diese innerirdischen Wasserbecken sind die materielle Erscheinungsform des kollektiven Bewußtseins, das sich in höheren Bewußtseinsebenen befindet. Je mehr es euch gelingen wird, euch aus dem Bewußtsein der Masse auszukoppeln, desto mehr bindet ihr euch ***automatisch*** an dieses hochschwingende Bewußtseinspotential an. Somit wiederum entwickelt ihr eure euch schon immer anhaftenden Fähigkeiten und Möglichkeiten eurer geistigen Bereiche, die euch bisher nicht zugänglich waren.

Dennoch, wäre es euch möglich euch aus eigener Kraft selbst zu „aktivieren“, so würde das Wasser eures Planeten auf ähnliche Weise *„re-agieren“*.
Geist und Materie stehen in unmittelbarer Wechselwirkung. Somit ist es durchaus möglich, daß über den materiellen Ausdruck, die materielle Erscheinungsform des Bewußtseins des EINEN weltumspannende Bewußtseinstrübungen initiiert werden.

Die tatsächliche Ursache wird immer und ohne Ausnahme im Geist, im Bewußtsein gesetzt. Eure Bewußtseinsaktivierung wird umfassende Bewußtseinsaktivierungen auf dem gesamten Planeten einleiten.

Wäre es nicht endlich an der Zeit, liebe Menschen, endlich bewußt mit euch selbst und den euch zur Verfügung stehenden Ressourcen umzugehen?

Ist es euer Wunsch, euch mit diesem reinen und klaren Wasser im Erdinneren zu verbinden, so begebt euch in eurer Phantasie in das Erdinnere und macht euch auf die Suche nach den innerirdischen Wasserbecken.
Legt für diesen kurzen Aufenthalt in den innerirdischen Bereichen all das von euch ab, was euch in eurem „Mensch-Sein" belastet und berührt, da es euch ansonsten nicht gelingen wird, in eurer Phantasie die innerirdischen Wasserspeicher zu erreichen.
Ist es euch gelungen einen Speicher zu finden, so begebt euch voller Freude in das Becken und laßt euch von dem angenehm erfrischenden Wasser umhüllen. Laßt eure Haut von dem Wasser und laßt euren Geist von dem Bewußtsein berühren.
Verbleibt dort solange ihr wollt, und kehrt zurück in euer Tagesbewußtsein, wenn es euch drängt dorthin zurückzukehren.
Dehnt die Aufenthalte nicht künstlich aus, denn habt ihr einmal einen solchen Wasserspeicher in eurer Phantasie entdeckt, könnt ihr jederzeit wieder dorthin zurückkehren.

„ALL-Es“ ist der „All-umfassende“ EINE

Wir haben in unseren vorherigen Erzählungen bereits mehrmals davon gesprochen, daß Bewußtsein, Energie, Information oder Licht unterschiedliche Definitionen für ein- und dasselbe Phänomen sind.

Dabei geht es um das Phänomen des Bewußtseins des EINEN. Es mag nun durchaus euer esoterisches, spirituelles oder sonstiges Weltbild ein wenig durcheinanderbringen, dennoch verhält es sich tatsächlich so, **daß jegliches existente Leben sowie jegliche materielle Form letztendlich aus der Gedankenenergie des EINEN besteht.**

Dabei spielt es keinerlei Rolle, in welcher Schwingungsebene (Dimension) dieses Leben oder diese materielle Erscheinungsform nun angesiedelt ist.

Neues Leben entsteht aus der Notwendigkeit, eine neue Form der Selbsterfahrung und Selbsterkenntnis unter bestimmten Voraussetzungen zu kreieren.

Lebensformen sind Bewußtseinszustände des EINEN, die fähig sind, in kleinerem oder größerem Umfange, sich selbst bewußt zu sein. Lebensformen können dann als Lebensformen bezeichnet werden, wenn diese Bewußtseinszustände des EINEN einen eigenen Weg der Bewußtwerdung und der Selbsterfahrung einschlagen. Eine Lebensform, und dabei ist es völlig unerheblich in welcher Dimension sich diese Lebensform aufhält, ist immer und ohne Ausnahme, als sich selbst bewußter Anteil des EINEN, eigener Schöpfer und Erschaffer der eigenen Realität.

Diese „persönliche“ Realität wiederum, dient einzig und allein der persönlichen Selbsterfahrung.

Befindet sich diese Lebensform in einem Daseinszustand, der sie als Teil eines Kollektivs definiert, so bringt diese einzelne Lebensform ihre „persönliche“ Realität in Verbindung mit allen anderen „persönlichen“ Realitäten aller am Kollektiv beteiligten.

Somit hat das Lebewesen die Möglichkeit, sich selbst als „Persönlichkeit“ zu erfahren, aber auch in gleichem Maße die Möglichkeit sich als Teil eines größeren Ganzen, einer kollektiven Lebensform zu erfahren.

Erscheint euch dies ein wenig kompliziert?

Nun, anders ausgedrückt, verhält es sich so, daß jedes Lebewesen, gleichgültig ob Mensch, Tier, Pflanze oder sonstiges, ein sich selbst bewußter Gedanke des EINEN ist, der sich auf eigenständige „Wanderschaft" gemacht hat, um eigene Erfahrungen zu sammeln.

Damit Materie, auch hierbei spielt es keinerlei Rolle, ob es sich nun um dreidimensionale, fünfdimensionale oder sonstig strukturierte Materie handelt, entstehen kann, **muß zunächst ein Gedanke gedacht werden.**
Auch hierbei ist es nicht von Bedeutung, ob es sich dabei um einen persönlichen oder einen kollektiven Gedanken handelt. Innerhalb eines Kollektives vermag sich ein Gedanke durchaus sofort zu realisieren, auch wenn er zu umwälzenden Veränderungen führen würde. Damit dieser Vorgang eingeleitet werden kann, ist lediglich ein gewisser „Gedankenanteil" des Kollektives erforderlich.

Das Wirkungsprinzip dieser Vorgänge ist denkbar einfach.
Die sich selbst bewußte Gedankenenergie des EINEN, die Lebewesen, nehmen einen Teil von sich selbst, nämlich Gedankenenergie des EINEN und erschaffen daraus Materie, Situationen oder Gegebenheiten, die wiederum nichts anderes sind als Gedankenenergie des EINEN.
Die Gedankenenergie des EINEN steht unbegrenzt zur Verfügung, sie kann sich nicht verbrauchen oder einfach verschwinden. Sie ist jederzeit duplizierbar und wandelt unter Umständen lediglich ihre Erscheinungsform.
Es ist selbst unter den widrigsten Umständen nicht möglich, diese Gedankenenergie des EINEN zu zerstören oder tatsächlich „negativ" zu programmieren.
Diese Gedankenenergie, aus der tatsächlich alle Materie und jegliche Lebensformen bestehen, beinhaltet immer und ohne Ausnahme alles an Information oder Bewußtseinsinhalten, die dem EINEN selbst zugänglich sind.
Sich selbst bewußte Gedankenenergien des EINEN, also Lebensformen jeglicher Art, dienen durch ihre Bewußtseinsinhalte als eine Art „Projektor" für die „All-umfassende" Bewußtseinsenergie des EINEN.

Anders ausgedrückt: Jede einzelne Lebensform wandelt die Gedankenenergie des EINEN fortwährend in Geschehnisse und Realität.

Das Bewußtsein, die Gedankenenergie des EINEN ist nicht „vorhanden", alles besteht daraus.

Wenn jedoch alles aus der Gedankenenergie des EINEN besteht, so ist der Stuhl auf dem ihr sitzt das Bewußtsein des EINEN.
Ein Fernsehgerät, daß euch eine Vielzahl sichtbarer und auch unsichtbarer Informationen übermittelt, ist das Bewußtsein des EINEN.
Jeder Mensch, der euren Weg kreuzt, ist sich selbst bewußtes Bewußtsein des EINEN.
Jede Pflanze deren Schönheit ihr bewundert oder die ihr einfach brecht, um sie in eine Vase zu stellen, ist Bewußtsein des EINEN.
Jedes Tier, das ihr verhätschelt oder quält, ist das Bewußtsein des EINEN.

Gleichgültig, was ihr tut, fortwährend seid ihr mit dem Bewußtsein, mit der Gedankenenergie des EINEN konfrontiert, das die eine oder andere Ausdrucksform angenommen hat.

Auf diese Art und Weise geraten wir nun wieder zu euren „Glaubensüberzeugungen", zu euren Denkschemen und Denkmustern.
Maßgeblich für eure Weiterentwicklung ist euer Wissensstand.
Euer Wissensstand basiert wiederum weitestgehend auf eurer scheinbaren Realität. Eure scheinbare Realität beruht auf euren Bewußtseinsprogrammierungen, Denkschemen und Denkmustern.
Solange ihr versucht, euch spirituell oder ähnlich weiterzuentwikkeln und es euch nicht gelingt, euer erworbenes Wissen und eure erworbenen Kenntnisse in euer tagtägliches Leben zu integrieren, und zwar in dem Maße, als es euch selbst sinnvoll erscheint, wird sich an eurem Zustand nichts oder nur wenig ändern.

Euer Zustand ist vergleichbar mit Wesenheiten, denen es gelungen ist, eine Technologie der virtuellen Realität zu erschaffen, die so real erscheint, daß sich die Grenzen zwischen Wirklichkeit und virtueller Welt scheinbar untrennbar vermischt haben.

Ihr seid als Aspekte des göttlichen Selbst so intensiv in das Spiel der dritten Dimension „eingestiegen“, daß es euch nahezu süchtig gemacht hat.
Ihr weigert euch, obwohl die meisten von euch es inzwischen besser wissen müßten, eure „Virtual-Reality-Helme“ abzunehmen, die euch Zugang in die virtuelle Welt der dritten Dimension verschafft haben. Ihr müßtet nichts anderes tun, als euren technischen Zugang in diese scheinbare Welt, euren virtuellen Helm abzunehmen und könntet wieder werden, was ihr wart.

Ihr müßtet nichts anderes tun, als wieder zu begreifen, daß ihr göttliche Wesen seid und euch jegliche Form von göttlichem Bewußtsein zugänglich ist, die ihr selbst euch zugänglich machen wollt.

Und doch tut ihr es nicht oder nur sehr zögerlich.
Worüber also beklagt ihr euch?

Das virtuelle Weltbild

Es hat sich im Laufe der euch bekannten Geschichte eures Planeten immer wieder jemand gefunden, der euch gesagt hat, „was Sache“ ist.
Immer wieder habt ihr euch überzeugen lassen, was als „richtig“ oder „falsch“, was als „gut“ oder „schlecht“ zu gelten hat.
Ein Lebewesen, das Angst hat, das sich permanent schuldig fühlt, wird eher bereit sein, sich davon überzeugen zu lassen „was Sache“ ist als ein Lebewesen, daß sich seiner selbst (seines Selbst) sicher ist.
Ein Lebewesen, das voller Ängste und Nöte ist, wird fortwährend verunsichert sein. Ein Lebewesen, das sich ungeliebt fühlt, wird alles tun, um endlich, endlich Liebe zu erlangen.
Dennoch wird fortwährend in diesem Lebewesen der Zweifel nagen, es wird sich niemals „sicher“ sein, ob das, was es nun gerade tut „richtig“ oder „falsch“ ist und welche Konsequenzen sein Tun in sich birgt. Meist wird ein solches Lebewesen versuchen, sich möglichst ruhig und still zu verhalten, um nicht aufzufallen, um nicht aus der Masse der anderen Lebewesen herauszutreten. Immer wieder wird ein solches Lebewesen bestrebt sein sich andere Lebewesen zu suchen, an denen es sich „orientieren“ kann.
Furcht und Schuldgefühle werden dieses Lebewesen permanent hindern, sich unabhängig von anderen zu entwickeln und Denkstrukturen zu entwickeln, die es aus der Masse der anderen Lebewesen heraushebt.
Schließlich und endlich könnte dieses Lebewesen niemals wissen, ob das was es gerade plant oder tut „richtig“ oder „falsch“ ist. Die Energie, sich selbst darüber zu erheben, würde diesem Lebewesen lange Zeiträume nicht zugänglich sein, da es ständig aus seiner Furcht heraus selbst blockiert.

So wie diesem Lebewesen ergeht es auch euch.
Multidimensionale Wesenheiten seid ihr. Doch euer „irdischer“ Aspekt ist durch seine verborgenen Ängste und Nöte an die scheinbare Realität euer dreidimensionalen Welt gebunden.

Was wäre nun, wenn ihr tatsächlich Aspekte des EINEN seid und

wenn euch dieses schier unbegrenzte Potential an Schöpferenergie zur Verfügung stehen würde.
Kommt nicht gleich in euch der Gedanke auf: „Und was wenn ich diese Macht mißbrauche?“?

Seht ihr, wie tief eure Programmierungen in euch feststecken?
Glaubt ihr allen Ernstes, daß ihr eure Macht mißbrauchen würdet, wenn ihr über sie verfügen könntet?
Denkt ihr nicht, daß ihr mit dem stetigen Anschwellen dieses Machtpotentials auch eure Gesinnung, euer Bewußtsein, ändern würdet?
Könnt ihr euch nicht vorstellen, daß, wenn es für euch ohne den geringsten Zweifel eine Tatsache ist, ein Aspekt des EINEN zu sein, auch unmittelbar damit die zweifelsfreie Überzeugung in euch reifen wird, daß alles andere auch Aspekte des EINEN sind und ihr durch destruktivem Umgang mit diesem Schöpfungspotential euch lediglich selbst schadet?

Wißt ihr so wenig über euch selbst, daß die Angst in euch ist, eure Macht zu mißbrauchen?

Habt ihr noch immer nicht begriffen, daß ihr mit jedem Tag, mit jeder Minute, die vergangen ist, fortwährend euer euch innewohnendes Schöpferpotential nutzt?
Ist euer Schuldgefühl so groß, daß ihr eure Schöpferkraft dazu verwendet, euch ständig selbst Leid und Schmerz zuzufügen?

Die jedem von euch innewohnende Schöpferkraft nutzt ihr auf destruktive Art, indem ihr euch fortwährend selbst bestraft. Ist euer Leid noch nicht groß genug?
Wenn ihr selbst die Empfindung habt, genug gelitten und getrauert zu haben, wäre es doch an der Zeit, einmal nach der Ursache für eure Angst und eure Schuld zu suchen. Findet ihr nicht?

Die Linien der Zeit

Zeit rechnet ihr in Stunden, Tagen, Jahren und Jahrzehnten. Ihr seid noch nie auf den Gedanken gekommen, Zeit auch in Ebenen zu messen.
Dieser Gedanke ist euch deshalb so fremd, da in euer „virtuelles Weltbild“ nichts hineinpaßt, was in irgendeiner Form mit der tatsächlichen Realität zu tun haben könnte.

Die Vorstellung- daß „etwas“ multidimensional sein könnte, ist euch deshalb so suspekt, da Multidimensionalität mit eurem linear arbeitenden Verstand nicht erfaßt werden kann.
Multidimensionalität gliedert sich jedoch wiederum in eine für euch unvorstellbar umfassende Welt von parallel nebeneinanderliegenden wahrscheinlichen Welten auf.
Ohne bei dieser Thematik zu sehr ins Detail gehen zu wollen, werden wir einen für euch bedeutsamen Teilaspekt der Multidimensionalität herausgreifen.

Maßgeblich für diese parallel verlaufenden Realitäten ist eine Art „Hauptzeitachse“, die am Beginn der Zeit anfängt und am Ende der Zeit tatsächlich endet. Da Zeit und Raum jedoch einer gewissen Krümmung unterliegen, ist der Beginn der Zeit ebenso auch das Ende der Zeit. Nun, wir möchten es nicht zu kompliziert machen.
Anfang und Ende der Zeit sind miteinander verbunden.
Bei jedem Geschehen, das eine Entscheidung erfordert, wird unmittelbar nachdem die Entscheidung getroffen wurde, eine Parallelwelt projiziert, in der das genaue Gegenteil der Entscheidung gelebt wird. Dies ist ein informationstechnisch unglaublich komplexer Vorgang.
Der bewußte Bewußtseinsanteil des Lebewesens, das die Entscheidung getroffen hat, bleibt jedoch auf einer Art „Hauptzeitachse“.
Diese detaillierten Parallelrealitäten sind jedoch in diesem Zusammenhang nur von untergeordneter Bedeutung

Etwas genauer möchten wir auf Vorgänge eingehen, die mit großen Geschehnissen des gesamten Kollektives eines Planeten zu tun haben.

Bei derartigen Geschehnissen werden parallele Realitäten auf ei-

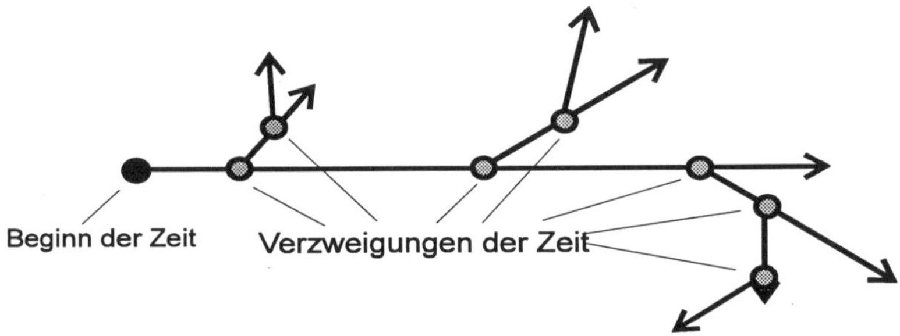

genständigen Zeitachsen initiiert, die sich im Laufe langer Zeiträume immer wieder verzweigen können.

Solche eigenständigen parallelen Zeitachsen können durchaus eines schönen Tages in einer „Sackgasse“ enden, was wiederum zu Konsequenzen führen kann, über die wir etwas später berichten werden.

Betrifft ein „großes“ Ereignis nicht nur eine einzelne Wesenheit, sondern ein Kollektiv von Wesenheiten, so teilt sich langsam aber beständig dieses Gesamtkolletiv in zwei Einzelkollektive auf, die möglicherweise noch einige Zeit miteinander lebend auf ein und derselben Zeitachse verbringen.

Ist der Zeitpunkt für das Ereignis gekommen, so werden im morphogenetischen Feld des Kollektivs die entsprechenden Anteile neu zugeordnet.

Dieses Trennungsphänomen ist in vielen Fällen von einem Bewußtseinzustand begleitet, der nur schwierig in eure Worte zu kleiden ist.

Es handelt sich dabei um eine Art körperloser Bewußtheit, bei der der Körper sehr wohl noch vorhanden ist, jedoch nicht oder nur noch teilweise wahrgenommen wird.

Dies ist jedoch nur ein kurzfristiger Zustand, der unter Umständen einige Minuten oder Tage dauern kann.

Die Dauer dieses Zustandes richtet sich nach dem jeweiligen Bewußtsein der einzelnen Wesenheiten.

Eurer Welt und eurem Kollektiv steht ein derartiges Ereignis bevor.

In vielen eurer Überlieferungen oder „aktuellen“ Prophezeihungen ist die Rede von Tagen der Dunkelheit.
Dennoch handelt es sich dabei definitiv nicht um Dunkelheit im Sinne von „Lichtlosigkeit“.
Dieser Zustand tritt ein, wenn sich das morphogenetische Feld eures Kollektives neu strukturiert.
So wie beispielsweise einer eurer Computer eine gewisse Zeit benötigt, um ein neu aufgerufenes Programm in seinen Speicher zu laden, benötigt auch das Informationsfeld für seine neue Strukturierung etwas an Zeit.

Es gibt keinerlei Veranlassung für euch, Furcht zu empfinden. Dieser von uns beschriebene Zustand vermag durchaus als überaus beglückend empfunden zu werden.
Da während dieses Überganges der Faktor Zeit seine lineare Bedeutung verliert, mag einer von euch diesen Zustand nur als Sekunden, der andere wie Stunden oder Tage empfinden.
Unter Umständen werdet ihr zunächst etwas überrascht sein und euch zunächst nicht so ganz zurechtfinden können.
Könntet ihr plötzlich von einer Sekunde zur anderen fliegen, so wüßtet ihr im ersten Moment wahrscheinlich nicht, wie ihr diese neuerworbene Fähigkeit beherrschen könnt. Es würde sich zunächst etwas Unsicherheit oder Furcht einstellen, bis ihr gelernt habt, wie es geht, Kurven zu fliegen, an Höhe zu gewinnen oder in die Tiefe zu gleiten.
Ähnlich wird es den meisten von euch in diesem Zustande ergehen.

Nichts ist, wovor ihr euch fürchten müßtet.
Viele von denen, die sich heute weder mit Esoterik, mit Spiritualität oder sonstigen „geistigen Dingen“ beschäftigen, werden durch ihre Erkenntnisse in diesen wundervollen Zustande mit euch gehen.

Laßt euch nicht durch vielerlei Prognosen verunsichern, wieviele gehen werden und wieviele nicht gehen werden.
Laßt euch nicht verunsichern durch imaginäre Daten, die den Zeitpunkt des „Überganges“ definieren. Dann, wenn alle soweit sind, wird es sein.

Chei mer den sebt don dem der keji

Fürchtet euch nicht, denn ihr kehrt Heim

Die „Grauen“

Zeit existiert parallel. Vergangenheit, Gegenwart und Zukunft existieren, linear gesehen nacheinander. Da Zeit im Prinzip jedoch gar nicht existent ist, existieren Vergangenheit, Gegenwart und Zukunft nicht nacheinander, sondern über- und untereinander. Wir und viele andere Wesenheiten befinden sich in eurer Zukunft, die unsere Gegenwart ist.
Von uns aus gesehen, befindet ihr euch in unserer Vergangenheit, die eure Gegenwart ist.
Würden wir in unserer Gegenwart feststellen, daß ein wesentlicher Anteil unserer Existenz in seiner Weiterentwicklung gehemmt ist, so würden wir nach Wegen suchen, um die Ursache dieser Stagnation festzustellen und zu verändern.
Würde es nun einer Vielzahl von Wesenheiten oder von Zivilisationen ähnlich ergehen, so würde sich unter Umständen eine Allianz bilden, die gemeinsam versuchen würde, die Ursachen der Stagnation aufzuheben.
Unter Umständen würden Spezialisten zu Rate gezogen werden und es würde ein gigantisches und phantastisches Unternehmen entstehen, bei dem eine gewissen Anzahl von Wesenheiten sich in Form eines besonderen Inkarnationszyklus in die Vergangenheit begeben würde, um dort Veränderungen in Zeit- und Ereignisabläufen herbeizuführen, die dadurch wiederum zu Auswirkungen in der Zukunft (in diesem Falle unserer Gegenwart) führen würden.
Zugegeben ein wenig kompliziert.
Sehr wahrscheinlich wäre einer der wesentlichen Zeitpunkte, die für einen derartigen „Eingriff“ prädestiniert wären, die Vorphase einer Aufgliederung der Hauptzeitachse.
Denn, da alles zur gleichen Zeit geschieht, Vergangenheit, Gegenwart und Zukunft parallel verlaufen, wäre für Wesenheiten, die in der Zukunft leben, die baldige Zeitabspaltung bereits Vergangenheit.
Wenn es jedoch Vergangenheit ist, so muß es ja bereits einmal geschehen sein. Wenn es bereits einmal geschehen ist, so ließe es sich mit einer Form der speziellen Zeitreise wieder regulieren.

Ein derartiger Eingriff jedoch müßte in Übereinstimmung aller daran Beteiligten geplant und durchgeführt werden. Dazu müßte der Rat der Zwölf, sowie der eine oder andere der „Zeitwächter“ konsultiert und mit einbezogen werden.

Durchaus denkbar wäre unter Umständen auch, daß die Wesenheiten, die nach der Abspaltung von der Hauptzeitachse ihren eigenen Weg der Bewußtwerdung auf ihrer eigenen Zeitachse gegangen sind, feststellen mußten, daß ihr Weg in eine „Sackgasse“ geführt hat.
Eine Form der Sackgasse, die im Prinzip lebensbedrohlich für die gesamte Spezies ist.
Weiterhin wäre denkbar, daß diese Wesenheiten im Zuge der Gesamtaktivitäten einen Weg gefunden hätten, der ihnen aus der Sackgasse wiederum hinaushelfen würde.

Somit sind wir bei der Überschrift dieser Teilgeschichte.
Die Wesenheiten, die seit geraumer Zeit Reden dadurch von sich machen, indem sie Menschen zu „Versuchszwecken“ entführen und die ihr als die „Grauen“ oder als „Retikulaner“ bezeichnet, sind nichts anderes als diejenigen Wesenheiten, die sich nach der euch bevorstehenden Zeitabspaltung weiterentwickelt haben.
Die „Grauen“ sind die Nachfahren jener Menschen, die sich aufgrund ihrer unabdingbaren Verstandesorientierung über Jahrtausende hinweg in der vierten Dimension dementsprechend entwikkelt haben.
Es sind die Nachfahren jener Menschen, die in euren heutigen Tagen die Existenz der „geistigen Dinge“ verleugnen und abstreiten, die über ihre intellektuelle Bewertung und Beurteilung hinausgehen. Es sind die Nachfahren der „reinen“ Verstandesmenschen, die für alles existente eine rein rationale Erklärung suchen und scheinbar auch finden.
Die „Grauen“ sind die heutigen „Genmanipulateure“, die „Ratio-Wissenschaftler“ jeglicher Couleur, die „Führer“ und „Verführer“ aus allen Bereichen und eine Anzahl von Menschen, die sich von ihnen verblenden lassen.
Sie sind es, die euch verlassen werden, um ihren eigen Weg der Selbsterkenntnis der Ratio, des Verstandes zu gehen.

Viele von denen werden den Weg der kriegerischen Auseinandersetzungen, der destruktiven Atomkraft und der selbstzerstörerischen Genmanipulation weiter beschreiten.

Nun ist es keineswegs so, daß die „Grauen“ die Monsterwesen des Universums sind. Es verhält sich keineswegs so, daß die Grauen emotionslos sind. Sie sind durchaus fähig, Gefühle wie Liebe oder Haß zu empfinden. Dennoch ist ihr „Emotionshaushalt“ ganz wesentlich gestört.
Es ist ihnen bereits in früher Zeit gelungen, sich jegliche Empfindung von Schmerz und ähnlichem „wegzuzüchten“.

Nachdem sie im Laufe der Zeit und im Zuge ihrer technologischen Entwicklungen erkennen mußten, daß eine Spezies unter derartigen Voraussetzungen nur wenig Möglichkeiten zum Überleben hat, suchten sie nach Wegen um das Überleben ihrer Rasse zu sichern.
Sie kamen zu dem Entschluß, daß ihre einzige Möglichkeit zum Überleben diejenige ist, sich genetisches Material zu beschaffen, das nicht künstlich hochgezüchtet wurde.
So haben sie in Absprache mit einigen „irdischen“ Regierungen tatsächlich Mittel und Wege gefunden, sich das „not-wendige“ Material zu beschaffen.

Den „Grauen“ sind Archive zugänglich, aufgrund derer sie feststellen können, welche Menschen ihren Weg auf der „Hauptzeitachse“ weiter fortgesetzt haben.
Die „Grauen“ trafen somit eine Auswahl der Menschen, von denen sie sich Föten (ungeborene Kinder) oder gentechnisch verwertbares Material beschaffen konnten.
Hierzu möchten wir anmerken, daß jeder dieser Menschen auf einer „nichtirdischen“ Seinsebene tatsächlich seine Zustimmung gegeben hat.

Die „Grauen“ sind dabei eine neue Rasse zu schaffen, die zu großen Teilen auf menschlichem „Erbgut“ aus eurer heutigen Zeit beruht.
Die Zeit des Wandels wird auch sie betreffen und ihre Chancen stehen gut, daß sich ihre „neuen“ Wesenheiten ebenfalls wieder in

den Hauptstrom der Zeit „einklinken“ können.

„Schuld“ und „Nicht-Schuld“

Im Zuge eurer Bewußtseinserweiterung geratet ihr immer wieder in Situationen, in denen ihr euch fragt, wer oder was nun „Schuld“ an der Misere der Menschheit ist oder hat.
Wer hat euch diese „Suppe“ eingebrockt, die ihr nun „auszulöffeln“ habt.

Stellt ihr euch nach wie vor diese Fragen, so solltet ihr zunächst einmal herausfinden, was im Prinzip hinter dem Begriff „Schuld“ steckt. Schuld hat in eurer Definition des Wortes damit zu tun, daß jemand etwas „angerichtet“ oder „angestellt“ hat, das für einige direkt Beteiligte oder unter Umständen für absolut Unbeteiligte unangenehme oder destruktive Konsequenzen hat oder hatte.
In eurem Verständnis von Schuld verhält es sich nun so, daß Schuld immer mit Strafe verbunden ist.
Sollte sich tatsächlich niemand finden, der euch für eure Schuld bestraft, so übernehmt ihr diesen Part sogar selbst und belegt euch gnadenlos selbst mit Strafe.

Die andere Seite der Medaille der Schuld ist diejenige, bei der es euch möglich ist anderen Menschen, Situationen oder sonstigem die Schuld für eure eigene Unzulänglichkeit zu geben.
Somit habt ihr einen phantastischen Weg gefunden, der euch aus der Verantwortung für euch selbst enthebt und ihr könnt beispielsweise einem anderen Menschen die Schuld für die mangelhafte Qualität eures Lebens geben. Ihr könnt auf diesem Menschen Unmut und Haß projizieren und habt euch damit selbst der Möglichkeit beraubt, einen Ausweg aus der Misere zu finden.
Euer gesamtes Energiepotential, das ihr hervorragend für die Lösung der Problematik verwenden könntet, vergeudet ihr damit dem anderen Schuld zuzuweisen.

In eine ähnliche Situation geratet ihr, wenn ihr nach den Schuldigen für euer menschliches Dasein sucht.
Es verhält sich durchaus so, daß aufgrund von Manipulationen in der frühen Menschheitsgeschichte ihr einen Weg der Verzweiflung, des Schmerzes und des Leides zu gehen hattet.

Dennoch solltet ihr wissen, wenn ihr unsere Geschichten tatsächlich gelesen habt, daß Vorgänge, die körperliche oder materielle Auswirkungen haben, immer und ohne Ausnahme eine geistige Ursache haben. Dieses Ursache-Wirkungsprinzip ist nicht an die dritte Dimension gebunden, sondern setzt sich durch alle Dimensionsbereiche fort.
Von eurem Standpunkte aus mußten viele von euch eine große Anzahl von leidvollen Inkarnationen durchleben. Vom Standpunkt eurer Seele aus gesehen, die ihr im Prinzip selbst seid, war dies eine unglaublich phantastische Möglichkeit Erfahrungen zu sammeln.

Die „Dinge“ haben ihre Ursache immer und ohne Ausnahme im Geist.
Gäbe es nun einen „Mechanismus“ der dafür sorgt, daß von jeder Wesenheit, die sehr weitreichende Eingriffe in die Lebensbereiche initiiert hat, sich ein Aspekt in genau dem Bereich zu inkarnieren hat, der von diesen Eingriffen betroffen ist, sollten diejenigen von euch, die nach Schuldigen suchen lediglich einmal einen Blick in einen Spiegel werfen.

Schuld existiert tatsächlich nicht.
Wer anderen Schaden zufügt, wird lediglich diese Form des Schadens an sich selbst erleben und erfahren dürfen. Ihr nennt dies Karma. Wir nennen es Leben.

Seht in den Spiegel und fragt euch warum ihr seid, wo ihr nun eben seid.
Wollt ihr die Antwort tatsächlich hören?

Die Funktion der Polarität

Je näher der Zeitpunkt eures Wandels rückt, desto größer wird eure Unsicherheit, eure Verwirrung und „Des-orientierung“. Interessanterweise, dies aber nur nebenbei, definiert ihr einen Zustand, der im Prinzip beschreibt, daß ihr euch nicht mehr am „Orient ausrichtet“, als eine Form der „Verwirrung“.

Was euch verwirrt und verunsichert, ist die Tatsache, daß ihr all eure Informationen, „esoterischer“ oder „spiritueller Art nicht mehr zuordnen oder einordnen könnt. All die Informationen, die zum Teil völlig widersprüchlich lauten, all die neuen Regeln und Verhaltensweisen, die propagiert werden, führen immer mehr von euch zu einer Form der „spirituellen“ Überreizung. Wonach ihr euch sehnt, ist Ruhe, Frieden und Klarheit.
Wenn ihr aufgrund eures zeitweisen „sprituell-sein-müssens“ zu dem Zustande geraten seid, in dem euch all diese mentalen Mitteilungen, Channelings, Readings und all das, was da noch so kreuchen und fleuchen möchte, absolut zuviel geworden ist, so werdet ihr zu irgendeinem Zeitpunkt beginnen, euch aus eurem esoterischen und spirituellen Kommerz auszuklinken.
Was euch dann noch bleibt, nachdem ihr auch von der Spiritualität „ent-täuscht“ wurdet, ist euer Fernsehgerät oder ihr selbst. Da die Qualität eurer Fernsehprogramme jedoch auch stark nachgelassen hat, geschieht letztendlich nur noch eines:
Ihr werdet nach all euren „Ent-täuschungen“ zur tatsächlichen Realität zurückgeholt, nämlich ein jeder von euch kehrt zu sich selbst zurück.

Dann und erst dann tut ihr das, was ihr letztendlich schon immer hättet machen können: **Ihr lebt euer eigenes Leben!**

Was euch im Prinzip helfen würde, wäre vereinfachtes und somit klares Denken und Fühlen. Doch in all dem Wirrwarr in euren Köpfen ist kaum noch Raum für Klarheit und Einfachheit.
Nun glaubt ihr alle daran, daß Großes sich ereignet.
Doch ihr wißt nicht wann, ihr wißt nicht wo, und ihr wißt vor allem nicht mit wem.

Werdet ihr nun evakuiert, wenn ja, von wem?
Kommen zunächst die „Guten“ oder die „Bösen“?
Schaffen „es“ alle oder nur wenige von euch?
Wie müßt ihr sein, wollt ihr, wie ihr es nennt, „aufsteigen“?
Warum seid ihr so allein gelassen, von den „Guten“? Und weitere hunderttausende von Fragen quälen euch.

Wie könnt ihr Klarheit erlangen, wie könnt ihr euch sicher sein, was nun der Wahrheit entspricht und was nicht, wie könnt ihr eure „Lebens-aufgabe“ erkennen und wie könnt ihr erkennen, wer ihr letztendlich tatsächlich seid?
Die Antwort auf all diese Fragen ist ebenso einfach wie unspektakulär. Dies ist vermutlich auch der Grund, warum ihr selbst auf diese Form der Antwort noch nicht gekommen seid.

Wäre es nicht möglich, daß der Begriff Polarität oder Dualität im Prinzip auch euch selbst beinhaltet?
Was bedeutet es für jeden einzelnen von euch, eine polare Wesenheit zu sein?
Müßte die Polarität nicht auch unmittelbar in euch, in eurem Bewußtsein zu Tragen kommen?
Wenn ihr in der Polarität, in der Gegensätzlichkeit lebt, müßte diese Polarität unmittelbar in euch nicht auch eine oder mehrere „Funktionen“ erfüllen?
Was jedoch ist die „Funktion“ oder der Ausdruck der Polarität in euch?
Welche Form der Polarität habt ihr in euch?

Ihr verfügt über einen männlichen und einen weiblichen Aspekt. Ihr verfügt über einen rationalen Aspekt (Verstand) und einen emotionalen Aspekt (Gefühl oder besser Intuition). Parallel dazu könnten wir nun auch noch euren Körper und euren Geist anführen. Welche Aufgabe erfüllt euer „inneres“ oben und unten, euer innen und außen für euch selbst?

Wie wollt ihr eure Verunsicherung, eure Verwirrung auflösen, wenn ihr zwar „spirituell auf dem laufenden seid“, jedoch nichts über euch selbst wißt.

Viele von euch wissen scheinbar alles über vergangene Inkarnationen. Ihr wißt, wann ihr wo und warum gelebt habt. Ihr wißt, was ihr „verbrochen“ habt und ihr glaubt zu wissen, was ihr euch aus euren vorherigen Inkarnationen mitgenommen habt, und was euch nun in dieser „aktuellen“ Inkarnation so zu schaffen macht.
Wenn es euch jedoch keinerlei Mühe macht, vergangene Inkarnationen zu erleben, warum könnt ihr keine zukünftigen erleben? Zeit ist doch nicht existent. Zukunft, Gegenwart und Vergangenheit existieren doch gleichzeitig.
Nun könntet ihr jedoch sagen, nun von uns Menschen aus gesehen existiert die Zukunft doch noch nicht.
Darauf würden wir dann antworten, daß es in euch keinen irdischen Aspekt gibt, der sich an vorherige Inkarnationen erinnern könnte. Was sich erinnern kann, ist euer Geist und dieser ist nicht „irdisch“. Eurem Geist ist eine Vielzahl von Erinnerungen zugänglich. Im Prinzip könnte sich euer Geist auch an zukünftiges erinnern.

Laßt euch nicht in die Irre führen von denen, die euch sagen, euer Karma, daß ihr in vergangenen Leben „auf euch geladen“ habt, ist „Schuld“ an eurer Situation. Jede Inkarnation zeichnet für sich selbst verantwortlich. Jede Inkarnation ist in dem Augenblick tatsächlich abgeschlossen, indem ihr euren Körper verlassen habt, also der physische Tod euren Körper ereilt hat.
So mag es nun durchaus möglich sein, daß ihr aus einer Inkarnation eine Erinnerung „mitgebracht“ habt. Diese Erinnerung mag sich durchaus in der einen oder anderen Vorliebe für etwas oder jemanden oder in einer Form der Ablehnung für etwas oder jemanden ausdrücken.
Von einigen wenigen Ausnahmen, die lediglich den Bruchteil eines Prozentes der gesamten Menschheit ausmachen mögen, ist eine Inkarnation mit dem physischen Tode des Körpers abgeschlossen.

Würdet ihr euren Sprachgebrauch ein wenig genauer überprüfen, so könntet ihr feststellen, daß der Begriff „Inkarnation“ eine Buchstabenfolge enthält, die „**karna**“ lautet. Würdet ihr das „n“ dieser Buchstabenfolge durch ein „m“ ersetzen, so würde das gesamte Wort „**Inkarmation**“ lauten.

Würde euer ständig fehlinterpretierter Begriff „Karma“ nicht eine völlig andere Bedeutung dadurch bekommen?
Wir werden uns erlauben, in der folgenden Erzählung anstelle des Begriffes „Inkar**n**ation“ die Formulierung ‘„Inkar**m**ation“ zu verwenden.

Doch nun zurück zur Polarität in euch.
Müßtet ihr nun die gegensätzlichen Begriffe männlich/weiblich, Verstand/Gefühl, Materie/Geist, oben/unten, innen/außen, denken/fühlen miteinander verbinden, wie würdet ihr das tun?
Ordnet also die einen Begriffe der Polarität der einen Seite und die anderen Begriffe der Polarität der anderen Seite zu. Aus bestimmten Gründen würden wir euch in diesem Zusammenhang bitten, den Begriff „Gefühl“ durch den Begriff „Intuition“ zu ersetzen. Macht euch also eine eigene Liste oder akzeptiert die unsere.

Verstand	Intuition
männlich	weiblich
Materie	Geist
außen	innen
unten	oben
denken	fühlen

Wenn es euch beliebt, könnt ihr diese Liste durchaus noch weiter fortführen.

Wenn also die Polarität, also die Gegensätzlichkeit, daraus besteht, daß jedem Begriff ein „gegensätzlicher“ Begriff zugeordnet werden kann, so könnten wir dieses „Spielchen“ noch etwas weiter fortführen.
Fügen wir dieser Liste noch weitere Begriffe zu. Nehmen wir dazu als „Polarisatoren“ die Begriffe „Verstand“ und „Intuition“ als Oberbegriffe, und ordnen wir ihnen weitere Begriffe zu.
Konstruktiv / Destruktiv, Kontrolle / Flexibilität, Begrenzung / Freiheit, Macht / Entwicklung, Phantasie / lineare Abläufe, Realität / Illusion, Manipulation / Information, Bewußtsein / Unbewußtsein.
Ihr werdet, wenn ihr eigene Begriffe sucht, bereits feststellen, daß es bei einigen Begriffen gar nicht so einfach scheint, den gegen-

sätzlichen Begriff zu formulieren. Sicherlich eine gute Übung für euch, um erkennen zu können, welche Stolperfallen eure Sprache für euch bereit hält.
Nun, wir werden die oben angeführten Begriffe wieder zuordnen. Nun ist es durchaus möglich, daß ihr euch mit unseren Zuordnungen nicht einverstanden erklärt. In diesem Falle bitten wir euch, daß ihr euch selbst die Mühe macht, mit einem Blatt Papier eine eigene Liste zu erstellen. Wenn ihr dies jedoch tut, so bitten wir euch in eurem eigenen Interesse, diese Liste so lange zu verändern, bis sie für euch selbst tatsächlich stimmt. Belügt euch dabei nicht wieder selbst.

Verstand	**Intuition**
männlich	weiblich
Materie	Geist
außen	innen
unten	oben
denken	fühlen
Destruktiv	Konstruktiv
Kontrolle	geschehen lassen
Begrenzung	Freiheit
Macht	Entwicklung
Illusion	Realität
lineare Abläufe	Phantasie
Manipulation	Information
Unbewußtsein	Bewußtsein
Ego	Selbst
niederes Selbst	höheres Selbst

Nun könntet ihr durchaus sagen: Nun schön und gut, doch so einfach ist das ja wohl nicht.
Darauf würden wir antworten: Warum nicht?
Wenn ihr in einer polaren Welt oder Daseinsform lebt, und jeder von euch ohne Ausnahme in sich ebenso zwei Seiten hat, so ist es lediglich ein logischer Denkvorgang, den ihr vollziehen müßt, um euch selbst ein wenig mehr auf die Schliche zu kommen.
Es sei denn, ihr seid der Meinung, daß die Polarität sich einzig und

allein außerhalb von euch bewegt.
Nun mag es durchaus sein, daß bei dieser Form der Zuordnung euer Verstand ein wenig (oder auch etwas mehr) streikt. Diese oder eine andere Form der Zuordnung von derartigen Begriffen kann euch sehr viel über euch selbst und euer Dasein vermitteln.
Versucht es einmal.

Die beiden Gefühle

Wir werden in diesem Punkt sogar noch etwas weiter gehen, als wir das bei der Funktion der Polarität ohnehin schon getan haben.
Wir gehen sogar soweit, daß wir sagen, tatsächlich sind euch nur zwei Gefühle zugänglich, die sich wiederum in eine große Anzahl von Facettierungen aufteilen.
Woraus denkt ihr entsteht Frustration, Zorn, Haß, der später durchaus in Gewalt eskalieren mag?
Woraus entsteht der Neid, die Mißgunst, die Gier, die Unterdrükkung?

Entsteht die Frustration nicht aus dem Unvermögen heraus, „Dinge" oder Situationen zu verändern?
Woraus kommt dieses Unvermögen? Es entsteht aus der Angst. Schließlich und endlich müßtest Du aus Deinem gewohnten Trott herausfinden, um Deine Situation zu verändern, Entscheidungen nicht nur treffen, sondern zu ihnen stehen und die Konsequenzen tragen.
Entsteht Dein Zorn nicht aus deiner Unfähigkeit, die vorher beschriebene Situation zu verändern?
Ist Deine Unfähigkeit, die scheinbare Unmöglichkeit Veränderungen selbst herbeizuführen, nicht wiederum eine Folge Deiner Angst?

Ist Dein Haß nicht wiederum die Folge Deiner ursprünglichen Frustration? Ist Dein Haß nicht gewachsen im Laufe der Zeit? Ist Dein Haß nicht die Möglichkeit, Deiner Angst ein anderes Gesicht zu geben, damit Du Dir nicht selbst eingestehen mußt, daß die Unfähigkeit Deines Handelns lediglich die Furcht, die Angst vor der möglichen Konsequenz ist?

Wurzelt Dein Neid nicht darin, daß ein anderer etwas „be-sitzt", das Du auch gerne „be-sitzen" würdest? Doch wenn ihr alle gleich seid und ihr alle der selben Quelle entspringt, warum hast Du es nicht? Würdest Du es tatsächlich nicht besitzen wollen, so hättest Du keinerlei Grund, Neid zu empfinden. So frage Dich selbst, wovor Du Angst hast.

Ist Deine Gier nicht Ausdruck Deiner Angst, völlig verarmt und mittellos darzustehen? Mußt Du nicht deshalb immer mehr haben, da Du Dich davor fürchtest ohne materielle oder ideelle Mittel nicht mehr der sein zu können, der Du zu sein glaubst?

Ist die Unterdrückung nicht ein Machtmittel, geboren aus der Angst Macht verlieren zu müssen, wenn der „Druck“ nicht mehr ausgeübt wird? Steht hinter der Unterdrückung nicht die Angst vor der eigenen Unzulänglichkeit, die durch die Ausübung von Macht kompensiert werden soll?

Seht euch einmal selbst an. Der Wirrwar eurer Gefühle, der für so viele von euch unübersehbar geworden ist. Seht euch an, was ihr tut und seht euch sehr genau an, wovor ihr euch fürchtet.

Glaubt ihr nicht, euren Ehemännern oder Ehefrauen etwas vorspielen zu müssen, was ihr tatsächlich gar nicht seid?
Müßt ihr nicht an euren Arbeitsplätzen den Schein wahren und euch tagtäglich verstellen?
Müßt ihr nicht fortwährend anderen Menschen „Dinge“ projizieren, die ihr im Prinzip gar nicht vorgaukeln wollt, nur um ein scheinbares Bild von euch zu erzeugen?
Müßt ihr nicht Geld, Kohle, Piepen, Zaster oder Penunsen haben, damit ihr etwas zählt?
Ist eure „Schein-zivilisation“ nicht tatsächlich auf den „scheinbaren“ Werten eures „Geld-Scheins“ aufgebaut?
Ist es in eurem Denken nicht nach wie vor so, daß ihr glaubt, Geld würde eine Vielzahl eurer Probleme lösen oder zumindest verändern?
Ist euch denn noch immer nicht klar und bewußt, daß euer Mangel an finanziellen Mitteln, die Unfähigkeit eure Einsamkeit zu überwinden oder eure Unmöglichkeit eure Krankheit gehen zu lassen, lediglich auf euren inneren Überzeugungen beruht?
Wenn ihr über ausreichende finanzielle Mittel verfügt und nun glaubt, wir würden euch auslassen, so sei euch gesagt, daß es euch aus den gleichen Gründen an Gesundheit, Selbstvertrauen, oder tatsächlicher Liebe mangelt.

So sind wir nun bereits bei dem „gegensätzlichen“ Gefühl angelangt. Was ist denn nun das andere Gefühl, das gegensätzliche „Polaritätsgefühl“ zu eurer Angst?

Es ist die Liebe.

Wir sprechen hierbei keineswegs von dem Ausdruck, den ihr immer wieder mit der Liebe verwechselt, dem „ver-liebt-sein“.
Um euch den Begriff „Liebe“ ein wenig näher zu bringen, möchten wir ihn an dieser Stelle in die Liste einfügen:

Verstand	**Intuition**
männlich	weiblich
Materie	Geist
außen	innen
unten	oben
denken	fühlen
Destruktiv	Konstruktiv
Kontrolle	geschehen lassen
Begrenzung	Freiheit
Macht	Entwicklung
Illusion	Realität
lineare Abläufe	Phantasie
Manipulation	Information
Unbewußtsein	Bewußtsein
Ego	Selbst
niederes Selbst	höheres Selbst
Angst	**Liebe**

Müssen wir euch tatsächlich noch mehr erklären?

Mensch-Sein

Würdet ihr versuchen, für euer „Mensch-sein“ eine Möglichkeit zu finden, die menschliche Existenz in ihrer Ganzheit graphisch darzustellen, so würdet ihr wiederum mit der Geometrie konfrontiert werden. Die menschliche Ganzheit setzt sich aus Körper, Geist und Seele zusammen. Ihr findet also die Dreiheit, die Dreieinheit oder die Dreieinigkeit in euch selbst. Graphisch dargestellt, wird diese Dreieinigkeit durch ein nach oben gerichtetes Dreieck. Der perfekte und unbegrenzte Zustand müßte derjenige sein, in dem alle drei einzelnen Aspekte fähig und in der Lage sind miteinander zu kommunizieren (Abb.4)

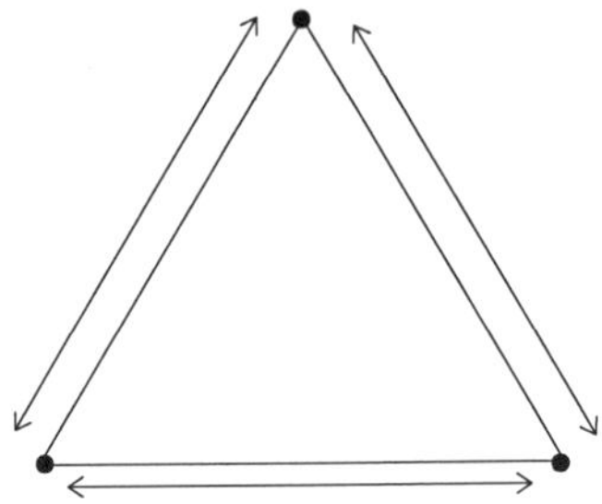

Abb.1

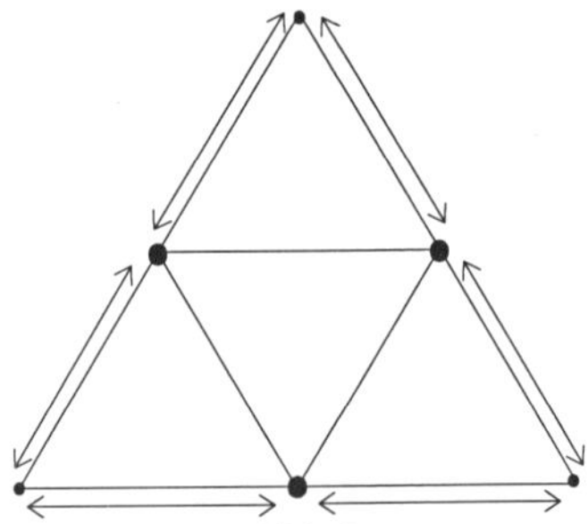

Abb.2

Wäre es, aus welchen Gründen auch immer, notwendig, diese ungehinderte Kommunikation zu unterbinden, so müßten die Kommunikations- oder Verbindungswege durch „Knotenpunkte“ unterbrochen werden. Diese Knotenpunkte würden somit zu Reglern in der Kommunikation euer Dreiheit.
Stellt ihr dieses Gebilde optisch durch eine Graphik dar, so erhaltet ihr ein Dreieck, daß durch drei Punkte, die genau mittig auf die Linien des perfekten Dreieckes gesetzt werden, eine Unterteilung in vier gleichgroße Dreiecke.

Ordnet ihr nun den äußeren Dreieckspunkten, von denen ein jeder einen Aspekt eurer Dreiheit repräsentiert, wiederum Begriffe und Zahlen zu, ergibt das Ganze auch tatsächlich Sinn.

Definieren wir den Begriff „Ego" in dem Sinne, als daß das Ego der Ausdruck der absoluten Körperlichkeit darstellt, so ist das Ego derjenige „Regler", der die Kommunikation, die Verbindung zwischen Geist und Körper beherrscht.
Der Regelpunkt „Verstand" reguliert die Kommunikation zwischen Geist und Seele und der „Regelpunkt" Intuition die Verbindung zwischen Seele und Körper.

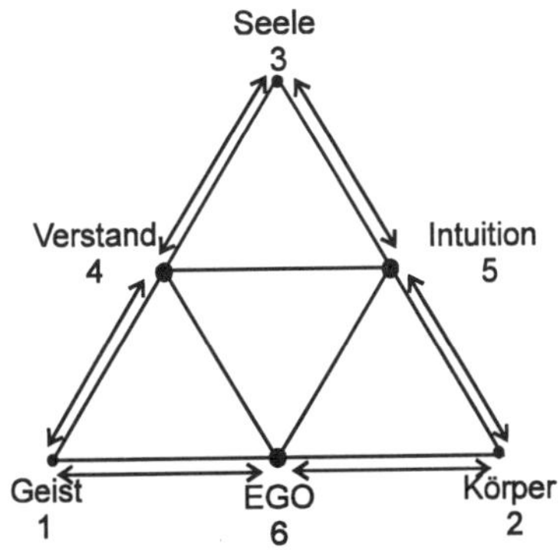

Abb.3

Der Verstand ist das Instrument eures Seins, indem all eure „irdischen" Programme, eure Denk- und Glaubensstrukturen gelagert und gespeichert sind. Euer Verstand ist euer menschliches Grundprogramm, in dem alles an dreidimensionalen Überzeugungen gespeichert ist, das ihr tatsächlich benötigt, um euch in der dritten Dimension aufhalten zu können.

Das, was ihr als Intuition bezeichnet, ist im Prinzip nichts anderes, als eine Form der Mitteilung eures höheren Selbstes oder eurer Seele, die nicht an eure „irdischen" Gegebenheiten gebunden sind.

Euer EGO, euer menschliches, euer körperliches ICH, ist im Prinzip der „Regulator" von Intuition (Geist) und Verstand (Körper). Während euch euer EGO in eurer körperlichen Ausdruckform dominiert, ist es dennoch dem ICH BIN „untergeordnet". Das ICH oder EGO ist der körperliche Anteil, während das BIN den gesitigen Aspekt definiert. Beides ist Teil eures ICH BIN, also der harmonischen Verbindung von ICH und BIN.
Dabei jedoch solltet ihr euch bewußt sein, daß aufgrund eurer fortwährenden Programmierung euer Verstand und somit alle Denk- und Glaubensstrukturen, die dort gespeichert sind, dem Verstand in dieser Verbindung **absoluten Vorrang** gewähren.

Damit ihr euch nun als Energiewesen oder Lichtwesen, die ihr im Prinzip immer noch seid überhaupt in der dritten Dimension und auf eurem Planeten aufhalten könnt, sind diese, von uns beschriebenen „Regelpunkte" absolute Voraussetzung.
Wäre euch in irgendeiner Form tatsächlich bewußt, wer oder was ihr seid und woher ihr stammt, könntet ihr eure Erfahrungen in der dritten Dimension nicht erleben.
Es wäre euch ständig bewußt, daß ihr nur eine Art Spiel spielt, und eure Erfahrungen würden jeglicher Intensität, jeglichen „Eingebunden-seins" entbehren.
So würdet ihr nur scheinbar in der dritten Dimension leben und könntet euch nicht wirklich vervollkommnen.

Eure Denk- und Glaubensstrukturen waren für euch bisher von außergewöhnlicher Bedeutung!
Nun jedoch kommt die Zeit, in der eure Erinnerung beginnt. Nun kommt die Zeit, in der nach und nach eure Glaubensmuster schwinden werden und ihr im gleichen Maße zunehmend wieder werdet was ihr seit jeher gewesen seid.

Solltet ihr jedoch glauben, daß ihr euch nur hinzusetzen und zu warten braucht, bis alles geschehen ist, so werdet ihr irgendwann feststellen müssen, daß ihr einiges versäumt habt.
Es gibt keine Regeln, für daß, was ihr zu tun oder zu lassen habt.
Jeder von euch sollte jedoch seinen Teil zu seiner eigenen Bewußtwerdung selbst beitragen, anstatt zu warten, daß alles geregelt wird.
Ein jeder tue das, was zu tun er vermag.

Ihr seid die Kinder des Lichtes und werdet unermeßlich geliebt.

Der „Raum“ im Raum

Ihr wißt nicht, was zu tun ist und ihr wißt nach wie vor nicht, wer und was ihr seid.
Nach der Lektüre eurer unzähligen Bücher ist eurem Verstand suggeriert worden, daß ihr Lichtarbeiter, Lichtrebellen, Kinder des Lichtes oder ähnliches seid.
Fragt euch jemand, ob ihr auch „dazugehört“ sagt ihr: „Nun ich denke schon, aber......“.

Ihr wißt nicht, daß ihr Kinder des Lichtes seid. Ihr glaubt, daß ihr es eventuell sein könntet! Absolut sicher könnt ihr euch dessen jedoch nicht sein!

Da muß doch noch etwas sein, daß ihr zu tun habt.
Es kann doch nicht alles sein, daß ihr nach wie vor euren Acht - Stunden - Job macht, euch über euren Lebenspartner oder über die Kinder, die Nachbarn, den Chef oder über wen auch immer ärgert.
Es kann doch nicht sein, daß ihr euch den ganzen Tag mehr oder weniger „abstrampelt“, um etwas Geld zu verdienen, das euch ohnehin hinten und vorne nicht reicht.
Vielleicht habt ihr auch resigniert und „den Weg der Arbeitslosigkeit“ gewählt(???), und stellt inzwischen fest, daß dieser euch ebensowenig „be-fried-igt“, ihr also weder auf diesem noch auf jenem Weg eurem Frieden findet.
Vielleicht äußert sich die tief in euch empfundene Sinnlosigkeit eures „Da-seins“ jedoch auch darin, daß ihr mehr oder weniger schwere, in jedem Fall aber störende und behindernde Krankheiten in euch manifestiert habt.

„Gleich-gültig“ welchen Weg ihr gewählt habt, um eure Existenz in der dritten Dimension zu „sichern“ und deren Auswirken voll auszukosten, ihr werdet nicht umhinkommen, euch auf intensivste Art und Weise damit auseinanderzusetzen.

Jeder von euch trägt den Schlüssel zu seinem persönlichen „Heilsein“, zu seiner eigenen „Heil-igkeit“ in sich selbst.

Wir haben euch in einer unserer früheren Erzählungen (Wege ins Licht-Teil II-Die Rebellion der Götter, Anm. des Verfassers) bereits berichtet, daß sich eure Entwicklung ähnlich verhält, wie es eine eurer früheren Waagen tut. Diese Waage verfügt über zwei Hebelarme und ist mit Gewichten versehen. Während die eine Waagschale das Gewicht trägt, wird auf die andere Waagschale das zu wiegende Material gelegt.
Laßt ihr diese Waage gewähren, so pendelt sie von der einen Seite zur anderen. Während die ersten Schwingungen sehr ausgeprägt sein können, werden nach einigen Pendelbewegungen die beiden Waagschalen immer weniger ausschlagen, bis die Waage im absoluten Gleichgewicht schwebt.
Durchaus ähnlich verhält es sich mit eurer Entwicklung.
Während ihr über viele Jahre fortwährend auf der Suche wart, beginnt ihr nun immer mehr damit, Esoterik oder Spiritualität nicht mehr einfach zu konsumieren, sondern ihr sucht immer mehr nach tatsächlichen Wegen und Lösungen.

Ihr fühlt die Veränderung allerorten, auch in euch selbst, und wißt nicht, was sie für euch zu bedeuten hat.
Es gelingt euch nicht, den Zusammenhang zwischen den spür- und fühlbaren Veränderungen, die in eurer äußeren Welt nur zu einem kleinen Teil bereits sichtbar geworden sind und euch selbst herzustellen.
Ihr fühlt, daß der gesamte Wandel irgendwie mit euch zu tun hat, doch ihr könnt die Verbindung nicht sehen und ihr könnt sie nicht herstellen.
Ihr fühlt, daß vieles „nicht mehr stimmt", doch ihr versteht noch nicht, „was nicht stimmt".

Ihr sucht es im Außen, doch dort werdet ihr es niemals finden können, da das, was ihr als äußere, als materielle Welt erlebt und erfahrt, nur eine virtuelle, eine scheinbar reale Welt ist.

Den Wandel möchtet ihr erleben. Doch **eure** Vorstellung des Wandels hat mit den tatsächlichen Gegebenheiten, mit der tatsächlichen Wahrheit kaum Ähnlichkeit.
Ihr habt eure früheren Glaubensüberzeugungen, die rein materiell

geprägt waren, ersetzt durch spirituelle Glaubensüberzeugungen und merkt mehr und mehr, daß diese rein geistigen oder spirituellen Überzeugungen auch nicht „das Gelbe von Ei" sind.
Eure spirituellen Überzeugungen haben euch der Wurzeln beraubt, die ihr so dringend benötigen würdet.
Sie haben euch dazu verholfen, euch in die unermeßlichen Weiten eures Geistes zu bewegen und nun stellt ihr fest, daß, wenn ihr von euren Höhenflügen zurückkehrt, sich eure materielle Welt, eure dritte Dimension noch immer nicht gewandelt hat, und ihr sucht wieder einmal nach Fluchtmöglichkeiten.
All die Lehren eurer Führer, Lehrer und Meister haben euch nicht weitergebracht, und ihr seid wiederum mit euch selbst konfrontiert.
Unter vielen von euch macht sich eine Form der „spirituellen Müdigkeit" breit. Ihr wollt nichts mehr hören, von neuen Channels, von neuen Wesenheiten oder neuen Lehren.
Viele von euch sind es Müde geworden, wiederum neue „Techniken" auszuprobieren um ihren Lichtkörper zu aktivieren, eure Chakren zu manipulieren oder sonstige „spirituelle" Dinge zu tun.

Die anderen stecken noch mittendrin und probieren aus. Sie suchen nach wie vor nach Möglichkeiten, ihre Entwicklung zu beschleunigen oder sich selbst zu aktivieren.
Gleich-gültig was ihr tut, und gleichgültig wie ihr es tut, laßt euch nicht davon abbringen. Es hat seinen Grund und ihr solltet auf die euch eigene Art weitersuchen.
Dann, wenn für jeden einzelnen von euch der „richtige" Zeitpunkt gekommen ist, werdet ihr euch selbst finden.

Was ihr dringend benötigen würdet, wäre ein völlig anderes Weltbild.
Es gelingt euch nicht, das Weltbild eures Geistes und das materielle Weltbild miteinander zu vereinigen.

Nun, wir möchten mit euch eine kleine Reise in eure Phantasie machen.
Wir werden euch nun eine Vision übermitteln und bitten euch, sie zunächst einmal zu lesen.
Unmittelbar anschließend möchten wir euch bitten, daß ihr euch

mit geschlossenen Augen hinsetzt oder hinlegt und diese Vision vor eurem geistigen Auge entstehen laßt. Versucht jedoch diese Vision nicht in einer Form zu sehen, so wie ihr einen Film seht, sondern versucht sie so zu erleben, als wäre sie tatsächlich real und ihr erlebt sie mit all den Emotionen und Erlebnissen, wie sie in euch einfach entstehen.
Vielleicht entstehen zu einem gewissen Zeitpunkt der Vision in euch andere Bilder, als die von uns beschriebenen. So laßt eure eigenen Bilder einfach gewähren und versucht sie nicht, mit eurem Verstand in gewünschte Bahnen zu lenken.
Achtet insbesondere beim Erleben der von uns beschriebenen Vision auf eure eigenen Gefühle. Achtet darauf, wie ihr euch fühlt und wie es euch bei dieser Vision ergeht.

Wenn es euch gelingt, diese Vision in eurer Phantasie entstehen zu lassen, erhaltet ihr unter Umständen aus euch selbst heraus eine Vorstellung, wie ein anderes Weltbild, eine andere Vorstellung der tatsächlichen Realität aussehen könnte.

Geht in die Ruhe und konzentriert euch auf euren Atem. Konzentriert euch so lange auf euren Atem, bis ihr ruhig und entspannt seid.
Verwendet, so ihr es wünscht, ein Hilfsmittel zur Tiefenentspannung, von dem ihr wißt, daß es euch unbeeinflußt in eure eigenen Tiefen führt. Dieses Hilfsmittel ist jedoch keineswegs zwingend erforderlich.

Stellt euch vor, ihr bewegt euch in den Tiefen des unbegrenzten Weltraumes.
Ihr verfügt sehr wohl über einen Körper. Dieser Körper ist nicht an eine feste Form gebunden, da er bereits sehr feinstofflich ist. Wenn ihr möchtet verändert eure Form. Es ist euch möglich, eure Arme länger oder kürzer werden zu lassen. Wenn ihr möchtet, könnt ihr die Form einer Kugel, eines Dreieckes oder was immer ihr wünscht annehmen. Ihr könnt in euren Körper Farben integrieren oder sie einfach annehmen.
Ihr könnt euren Körper verändern, wie ihr wollt.

Spielt mit eurem Körper. Spielt mit eurem Aussehen. Verändert es, so wie ihr es wünscht, euch sind keinerlei Grenzen gesetzt.

Wenn ihr ausreichend mit eurem Körper gespielt habt, so seht euch um.
Der Teil des „Welten - Raumes", in dem ihr euch befindet, ist völlig anders, als der den ihr von eurem Planeten aus sehen könnt. Abwohl es außer den sichtbaren Sternen kaum Lichtquellen gibt, ist der Raum nicht dunkel. Er ist warm und hell. Es scheint so zu sein, daß ihr die Helligkeit nicht sehen, sondern eher fühlen könnt. Viel weniger Sterne sind vorhanden, und sie sehen auch „irgendwie" anders aus, als diejenigen, die ihr bisher immer sehen konntet. Wenn ihr euch weiter umseht, könnt ihr immer wieder andere Wesenheiten sehen, die ebenso mit ihren Körpern spielen und sich durch den „Welten - Raum" bewegen, so wie ihr es gerade tut.
Wenn ihr es wünscht, könnt ihr mit ihnen kommunizieren. Ihr braucht nicht zu rufen, ihr braucht lediglich Gedanken zu denken und erhaltet von ihnen in der gleichen liebevollen Art Antwort, wie ihr sie angesprochen habt.

Genießt dieses Gefühl der Unbeschwertheit. Freut euch eurer unbegrenzten Möglichkeiten, und freut euch über die Zuneigung und Liebe, die die anderen euch entgegenbringen.
Wenn ihr es wünscht, dehnt euren Körper einmal soweit aus, daß ihr den gesamten „Welten - Raum" ausfüllt.

Während ihr euch so durch die Weiten des ALL-Es bewegt, könnt ihr fühlen, daß ihr euch auf ein Tor zu bewegt. Ihr könnt dieses Tor nicht sehen, ihr könnt es lediglich fühlen. Ihr wißt einfach, daß es da ist und bewegt euch immer weiter darauf zu.

Vor dem Tor befindet sich eine Wesenheit. Sie wirkt zunächst vielleicht etwas bedrohlich. Fürchtet euch jedoch nicht. Je näher ihr dieser Wesenheit kommt, desto mehr verliert sie an Bedrohlichkeit. Sie wirkt liebevoll auf euch und zuvorkommend.

Kommuniziert mit ihr auf die Art, wie ihr es bereits mit anderen Wesenheiten getan habt.

Sie wird euch erzählen, daß sie der Wächter des Tores zur dritten Dimension ist.
Wenn ihr dieser Wesenheit nun berichtet, daß ihr auf einer Phantasiereise seid, in einer Dimension von der ihr nicht genau wißt, welche es denn nun ist und ihr auf diesem Wege einmal versuchen möchtet, einen Besuch in der dritten Dimension zu machen, so wird euch diese Wesenheit mit ziemlicher Sicherheit das Tor öffnen.
Sie wird euch etwas in die Hand geben, was Ähnlichkeit mit einer Uhr hat.
Es sind nur einige wenige Minuten auf dieser Uhr eingestellt. Die Wesenheit weist euch darauf hin, daß ihr euch auf diesem Wege nur kurze Zeit dort werdet aufhalten können und daß es keinerlei Möglichkeit für eine Zeitüberschreitung gibt.

Geht nun durch das Tor.
Ihr werdet feststellen, daß ihr euch nun in einer völlig anderen Umgebung befindet.
Ihr könnt noch nicht definieren, was sich verändert hat, jedoch fühlt ihr euch nicht mehr so unbeschwert, so unbegrenzt und so überglücklich.
Ihr könnt die Vielzahl der Sterne sehen, ihr könnt die Energien, die Schwingungen fühlen, die von diesen Sonnen- und Planetensystemen ausgehen.

Magisch angezogen fühlt ihr euch von einer kleinen Sonne, die zunächst sehr weit entfernt scheint. Kaum habt ihr den Gedanken gedacht, diese kleine Sonne besuchen zu wollen, befindet ihr euch bereits in deren unmittelbaren Nähe.

Ihr könnt die Planeten dieses Sonnensystems erkennen und seht auch einen relativ kleinen Planeten, der von eurem Standpunkt aus blau zu leuchten scheint.
Kaum habt ihr ihn wahrgenommen, seid ihr schon in seiner Nähe.

Ihr taucht in seine oberen Luftschichten ein, die euch jedoch in keinster Weise bremsen oder behindern.
Ihr erkennt die Kontinente, die Meere, Flüsse und Städte.

Kaum habt ihr euch versehen, schon befindet ihr euch über eurem Heimatort. Ihr seht das Haus, das ihr bewohnt und seid bereits in den Räumlichkeiten, die eure Heimstätte sind.
Ihr seht euch selbst, wie ihr euch in den Räumen aufhaltet und beobachtet euch. Während ihr zu Beginn eurer Reise auf einem Stuhl gesessen seid oder euch entspannt auf eine Liege gelegt habt, könnt ihr euch nun selbst sehen, wie ihr euren täglichen Verrichtungen nachgeht.
Mehr und mehr jedoch stellt ihr fest, daß ihr euch nicht nur selbst sehen könnt, ihr könnt auch die Gedanken und Gefühle des menschlichen Wesens wahrnehmen, daß ihr dort vor euch seht und das ihr selbst seid.
Bemerkt ihr den Unterschied zwischen den Gedanken und Gefühlen dieses menschlichen Wesens der dritten Dimension und der Wesenheit, die sich von weit, weit außerhalb dieser dritten Dimension auf die weite Reise gemacht hat, um sich selbst zu besuchen?

Und während ihr die Gefühle und Gedanken des Menschen wahrnehmt, den ihr besucht habt, hört ihr den Wächter des Tores nach euch rufen und ihr wißt, daß ihr zurückkehren müßt.
Ihr bewegt euch aus euren Räumlichkeiten hinaus, steigt wieder höher und höher und durchquert mit einer gigantischen Geschwindigkeit den „Welten - Raum“ der dritten Dimension, bis hin zu dem Tor, an dem der Wächter euch erwartet.
Der Wächter geleitet euch wieder durch das Tor in die unermeßlichen Weiten eurer unbegrenzten Freiheit hinaus.
Ihr könnt euch nun wieder ungehindert bewegen, eure Form verändern oder die Farbe wechseln.
Ihr könnt mit euch selbst spielen und seid euch selbst genug.

Mehr und mehr jedoch zieht es euch dorthin zurück, woher ihr gekommen seid und ihr kehrt wieder zu eurem Ausgangspunkt der Reise zurück.

Ihr sitzt auf eurem Stuhl oder liegt auf eurer Liege und geht wieder in euren Körper hinein, den ihr nie tatsächlich verlassen hattet, da ihr lediglich eine Reise in eure Phantasie gemacht hattet.
Öffnet eure Augen und laßt das Erlebte noch etwas auf euch wirken.

Konntet ihr für euch selbst den Unterschied zwischen den Gedanken und Gefühlen des menschlichen Wesens, das ihr besucht hattet und der feinstofflichen Wesenheit bemerken?
Vielleicht ist die „Botschaft“, die ihr euch selbst übermittelt habt, die Erkenntnis, nach der ihr so lange gesucht habt.
Vielleicht wart ihr durch die Form eurer Reise so fasziniert, daß ihr nicht tatsächlich auf euch selbst geachtet habt.
Wenn es sich so verhält, so könnt ihr diese Reise dann wieder antreten, wenn ihr das tatsächliche Bedürfnis in euch spürt.

Tatsächlich verhält es sich so, daß der Weltraum (Welten - Raum) sich in über- oder untergeordnete „Räume“ unterteilt.
In diesem Zusammenhang kann ohne weiteres von Dimensionen gesprochen werden.
So ist es durchaus möglich, sich aus der fünften oder einer höheren Dimension in „darunterliegende“ zu bewegen.
Vielfach sind die weitreichenden Möglichkeiten einer fünf- oder höherdimensionalen Wesenheit in der dritten Dimension weitreichend begrenzt oder beschränkt. Vielfach wird mit technologischen Möglichkeiten eine Art Energiefeld erzeugt, daß annähernd dem der fünften Dimension entspricht.
Damit kann erreicht werden, das fünf- oder höherdimensionale Wesenheiten sich im dreidimensionalen Raum aufhalten können, ohne in ihren Möglichkeiten eingeschränkt zu sein.

Unmittelbare Besuche auf eurem Planeten sind daher nur mit großem technischen Aufwand möglich.
Je weiter sich jedoch euer Planet von Oktave zu Oktave der dritten Dimension auf die Schwingungsebene der fünften Dimension zubewegt, desto einfacher und unkomplizierter werden Kontakte werden.
Es kommt die Qualität der Zeit, in der ihr dies erleben werdet.

Der „Traum - Raum“

Wenn ihr nun bereits glaubt zu wissen, in eurer tatsächlichen Existenz ein Lichtwesen, ein Energiewesen, ein Engel oder wie immer ihr es bezeichnen mögt zu sein, was hat diese Tatsache dann für eine Bedeutung für euch?
Was ist es, daß euch aus den schwindelerregenden Höhen eurer unbegrenzten Möglichkeiten, in die „harte“ und „grau-same“ Scheinrealität eurer Dreidimensionalität herabholt?
Wie ist es möglich, daß ihr als unbegrenzte Lichtwesen in der absoluten Dunkelheit der Unkenntnis, in den Tiefen der Verzweiflung, Vereinsamung und „Bewußt-losigkeit“ leben müßt?

Für euch als Lichtwesen ist es eine große Herausforderung, euch aus der absoluten Freiheit unbegrenzter Möglichkeiten, uneingeschränkter Existenz und unendlicher „Selbst-Liebe“ in die Abgetrenntheit, das Dunkel und die scheinbare Unfähigkeit der uneingeschränkten Selbstliebe hinabzubegeben, um euch selbst zu erleben und erfahren. Ihr wollt selbst sehen, erkennen und erfahren, wie ihr euch fühlt, abgetrennt aus dem großen Ganzen des ALL-Es.

Die Seele jedes Einzelnen von euch besteht wiederum als Kollektiv einzelner Teilaspekte.
Während ihr in unserer vorherigen Vision einen Teil des Lebensbereiches eurer Seele erleben und erfahren konntet, ist eure Seele tatsächlich daran interessiert, sich mehr und mehr zu vervollkommnen und sich mehr und mehr wieder an die Schwingung des EINEN anzugleichen, um sich wieder mit IHM verbinden zu können.

So, wie ihr in unserer Vision erfahren konntet, betritt die Seele eine Art „Welten - Raum“ in den Weiten des ALL-Es, der ihr in einer Art Traumzustand eine scheinbare Realität vorgaukelt.
So, wie ihr in euren Träumen oftmals intensivste Erlebnisse habt, die ihr oftmals nicht unterbrechen könnt, so geht die Seele in diesen Zustand des Träumens, um die dritte oder andere Dimensionen und ihre einzelnen Lebensbereiche erfahren und erleben zu können.
So, wie ihr euch aus eurem Wohnraum in den Küchenraum begebt,

um dort eine Tätigkeit auszuführen, begibt sich eure Seele mit einem Teilaspekt von sich selbst in diesen „Traum-Raum“ und erlebt beispielsweise die virtuelle oder scheinbare Realität der dritten Dimension auf dem Planeten Erde.
Scheinbar ihrer Fähigkeiten und Möglichkeiten beraubt, erlebt sie ihre Zeugung, ihre Geburt, die Kindheit, die Jugendzeit, das Erwachsensein in seinen einzelnen Phasen, das Alter und schließlich und endlich den physischen Tod des virtuellen oder scheinbaren Körpers. Nach dem physischen Tod des Körpers begibt sich die Seele durch das Tor wiederum an den Ort ihrer Heimat zurück, um sich mit all ihren Aspekten ihres Kollektivbewußtseins wiederum zu vereinigen und das Erlebte zu verarbeiten und sich zu erholen.

In dieser Existenzebene oder Dimension, in der die Seelen beheimatet sind, existiert Zeit nicht.
Entschließt der Teilaspekt der Seele sich abermals zu inkarmieren, so wählt sie sich die dreidimensionale Zeitqualität aus, in der sie erleben und erfahren kann, was für sie von Bedeutung ist. Dabei ist es absolut unbedeutsam, ob sie sich eine Zeitqualität aussucht, die vor oder nach der vorherigen Inkarmation liegt.

Die Seele jedes einzelnen von euch ist ein unmittelbarer Teilaspekt der 12 Urschöpfergötter, der sich wesentlich weiter von der Ur-Quelle entfernt hat als die Ur-Schöpfergötter und somit unmittelbarer Teilaspekt des EINEN.

Die Seelen aller Wesenheiten sind dem fortwährenden Lernen und Erfahren unterworfen.
Der Aufenthaltsort der Seelen ist eine Art Zwischendimension oder „Zwischen-Weltenraum“, der über Verbindungsgänge in jede Dimension verfügt.

Stellt euch eine große Wohnung vor, die einen riesigen Hauptraum hat, in der sich alle Bewohner aufhalten. Links und rechts von diesem Wohnraum führen je sechs Tore in die entsprechenden „Erfahrungsräume“.
Selbstverständlich ist dies nur eine unzulängliche Beschreibung. Dennoch vermittelt sie euch ein ungefähres und schematisches Bild der tatsächlichen Gegebenheit.

Je nach Wissens- oder Erfahrungsstand der Seele hat sie Zugang zu einer gewissen Anzahl von „Traum-Räumen“.
Betritt ein Teilaspekt einer Seele einen dieser „Traum-Räume“, so macht sie eine Erfahrung, die ihren gesamten Erinnerungsspeicher mit gewissen Informationen, auf die wir später noch zurückkommen werden, überdeckt.
In diesem Moment werden alle Erinnerungen an ihre tatsächliche Existenz überdeckt. Die Seele kann sich kaum noch an sich selbst erinnern.
Dies ist der Moment, in dem die Eizelle der Frau sich mit der Samenzelle des Mannes vereinigt.
Der Teilaspekt der Seele wird in ihren „Traum“ gezogen und muß ihn gemäß ihrer entsprechenden Vorbereitungen durchleben, um ihrer Vervollkommnung näher zu kommen.

So wie es dieser Seele ergeht, gibt es eine Vielzahl von Teilaspekten der Seelen, die sich in den entsprechenden „Traum-Raum“ begeben haben, um dort die dritte oder eine andere Dimension zu erleben und zu erfahren.
Alle Seelen in diesem „Traum-Raum“ ergänzen energetisch ihre einzelnen Träume miteinander. Auf diese Art und Weise können die Seelenaspekte sich untereinander ergänzen und ihre Erfahrungen miteinander verknüpfen.

Der „Traum-Raum“ ist der Teil des ALL-Es, in dem die Seelen miteinander spielen, um sich zu vervollkommnen.

Ist das nicht wunderbar?

Ches net kos met nos ob

Alles ist vereint in der Liebe

Das Spiel der Seelen

Wie jedoch verhält sich das mit der Existenz von Inner- oder Außerirdischen?
Was ist mit all den Planeten, mit all den Sonnen und Monden?
Warum scheint die Materie so konstant zu sein?
Wie .....?
Warum ....?
Wie hängen all diese „Dinge“ zusammen?

Fragen über Fragen.
Wir, die Alciae, sind ebenso Teil eures Traumes. All die euch bereits bekannten und auch all die unbekannten Wesenheiten des euch bekannten und unbekannten Universums sind Teil des Traumes.
Grundlegend unrichtig wäre es zu denken, daß wir außerhalb des großen Traumes, des gesamten Spieles stehen würden.
Wir selbst, so wie alle anderen Teilaspekte der Seelen, befinden uns im „Traum-Raum“, um Vollkommenheit zu erlangen.

Wir sind beheimatet in der siebten Dimension. Kontakt zu euch haben wir, da es Bereiche in den „Traum-Räumen“ gibt, die Überschneidungen zulassen.
All diese Überschneidungen werden dann intensiviert, wenn es an der Zeit ist, daß viele Seelenaspekte den „Traum-Raum“ wechseln.
Oftmals verhält es sich so, daß ein „Traum-Raum“ aus bestimmten Gründen von vielen Seelenaspekten gleichzeitig verlassen wird.
Innerhalb des Traumes dieser Seelenaspekte verhält es sich dann oftmals so, daß gemeinsam gewaltige Katastrophen „geträumt“ werden, die den Seelenaspekten dann durch das Verlassen der physischen Körper die Gelegenheit geben, sich wieder zurück zum „Hauptraum“ zu begeben.

Anders ist es in eurem Fall. Für euch wird sich nach und nach im Zuge eurer weiteren Bewußtseinsveränderung ein Tor zu einem anderen „Traum-Raum“ öffnen und ihr werdet, ohne den physischen Tod zu erleben, von einem Raum in den anderen wechseln.

Ihr werdet euch in den „Traum“ der dort bereits anwesenden Seelenaspekte integrieren und auf dieser Ebene „weiterträumen“, bis der Zeitpunkt gekommen ist, auch diesen „Traum-Raum“ zu verlassen, um eine neue Inkarmation vorzubereiten.

Fühlt an dieser Stelle einmal in euch hinein. Was empfindet ihr?

Glaubt ihr noch immer darüber nachdenken zu müssen, ob ihr bei den „Auserwählten“ seid, die den Sprung in die andere Dimension erleben und erfahren werden?
Seid versichert, daß ihr derartige Geschichten, wie wir sie euch erzählen, nicht hören würdet, wärt ihr nicht unmittelbar daran beteiligt.

Ihr werdet euch gemeinsam durch den „Tunnel“ zwischen den „Traum-Räumen“ träumen. Viele von denjenigen, die sich bisher noch nicht mit „spirituellen“ Dingen beschäftigt haben, werden sich von euer neuen Qualität zu träumen anstecken lassen.
Mehr und mehr werdet ihr werden und die Erkenntnisse, die euch nach und nach zur Verfügung stehen, werden euch in ein Energiepotential unermeßlicher Intensität bringen.

Ihr werdet die Liebe zu euch selbst erfahren. Ihr werdet ihr selbst sein und euch selbst für das lieben, was ihr nun einmal seid: Unmittelbare Teilaspekte des EINEN.

Noch könnt ihr nicht nachvollziehen, von welcher Intensität der Liebe wir sprechen. Ihr werdet mehr und mehr erfahren, was es für euch bedeutet, euch selbst zu lieben.
Mehr und mehr werdet ihr von der Liebe zu euch selbst erfüllt werden, in einem Ausmaße, daß ihr zeitweise denken werdet, die Liebe in euch nicht mehr ertragen zu können.
Ihr werdet überschäumen vor Liebe zu euch selbst und somit auch zu den anderen, von denen ihr endlich, endlich wißt, daß sie nicht anders sind als ihr selbst.
Bald, ihr Menschen, bald. Ein wenig Geduld müßt ihr noch haben............

Der Tunnel des Überganges ist bereits geöffnet. Je weiter er durchschritten wird, desto mehr werden sich die Seelenaspekte derer, die den Raum wechseln von denjenigen entfernen, die in dem Raum verbleiben werden.

Die Hauptachse der Zeit teilt sich immer mehr und initiiert eine Nebenachse.
Das Wissen, die Kenntnisse und Erkenntnisse, die Erfahrungen, die ihr hinter euch gebracht habt, werden in eurem zukünftigen „Traum-Raum“ dringend benötigt.
Euer gesamtes Bewußtseinspotential, verbunden mit dem Bewußtseinspotential des fünfdimensionalen „Traum-Raumes“, wird umwälzende Veränderungen in den unteren und oberen „Traumstrukturen“ bewirken.
Eine weitere intensive Annäherung zu dem Bewußtsein des EINEN ist die Folge.

Während der Raum eures kollektiven Träumens, also die dritte Dimension, bisher völlig isoliert war, wird es zukünftig immer einen kleinen Durchgang geben, durch den die Seelenaspekte sich in den fünfdimensionalen „Traum-Raum“ begeben können, denen es gelungen ist, das Potential der wahren, bedingungslosen Liebe in sich zu erwecken.

Eure Welt ist tatsächlich nicht existent. Eure Welt und all das, was ihr sehen, riechen, fühlen, schmecken und tasten könnt, ist nicht existent.
Das Weltall ist nicht existent.
Das Wasser, die Bäume, eure Autos, eure Sorgen und Nöte, eure Krankheiten und Gebrechen und euer Schmerz und eure Not sind nicht existent.

Dennoch könnt ihr all das sehen, erleben und erfahren.
Ist es nicht vermessen, euch zu erzählen, ihr bildet euch all das nur ein?

Tatsächlich bildet ihr euch all das **nicht** ein. Tatsächlich sind all diese „Dinge“, all eure Sorgen, eure Krankheiten und Probleme existent. Ihr könnt all das schließlich Tag für Tag am eigenen Leib selbst erleben und erfahren.

Was also ist das Bindeglied, zwischen dem Traum eures Seelenaspektes und eurer täglichen Realität?

Es ist ein euch unbewußter Anteil eures Seelenaspektes, der das Bindeglied darstellt. Dieser euch unbewußte Seelenaspekt ist der schöpferische Anteil eures „Mensch-Seins".
Wir werden auf diesen speziellen Seelenaspekt nochmals zurückkommen, da er in der nahen Zukunft für euch große Bedeutung haben wird.

Wir haben euch bereits erzählt, daß eure Gedanken und Gefühle seit je her die Tendenz hatten, sich zu manifestieren, sich also aus der reinen Energieform des Gedankens oder des Gefühls in eine andere Ausdrucksform zu begeben. Die reine Energie des Gedankens oder des Gefühls nimmt eine niedrigere Schwingungsform an und zeigt sich euch früher oder später als materielle Erfahrung.
Dieser Vorgang ist für eure materielle Existenz von grundlegender Bedeutung, da ihr nur auf diese Art und Weise zu euch selbst finden und euch nur so selbst erkennen könnt.
Denkt ihr nun einen Gedanken absoluter Klarheit und Reinheit und zieht ihr diesen Gedanken nicht einmal ansatzweise in Zweifel, so setzt ihr Gedanken- oder Bewußtseinspotential frei, das nach Realisierung strebt.
Bei dem Weg nach Realisierung werden zunächst einmal eure derzeitigen Lebensumstände in Betracht gezogen und eventuelle Veränderungen eingeleitet.

Hierbei gilt es nun bereits den ersten „Stolperstein" zu überwinden. Zieht dieser Gedanke eine Veränderung der Lebensumstände nach sich und ihr werdet mit diesen Veränderungen konfrontiert, so ist es euch wiederum möglich diese Veränderung zu blockieren.
Somit habt ihr das einstmals reine und klare Bewußtseinspotential bereits wieder verändert, da ihr die Realisierung blockiert und verhindert.
Der erste Gedanke wird durch das Hinzufügen weiterer Gedanken

verändert und strebt wiederum nach Realisierung.
Selbst wenn ihr die angestrebte Realisierung selbst nicht verhindert, so ist es möglich, daß ein oder mehrere andere Menschen in die Veränderung mit einbezogen sind.
Diese Menschen haben ebenfalls die Möglichkeit, die Realisierung des Gedankens zu verändern, und zwar in dem Ausmaß, wie sie selbst davon betroffen sein könnten.
Meist sind dies euch unbewußte Vorgänge.

Dies ist auch der Grund, warum ihr nicht gezielt mit eurem Gedanken- oder Bewußtseinspotential umgehen könnt, um eure Realität zu verändern.
Ein weiterer Aspekt, der in unglaublich vielen Fällen die Realisierung von Gedankenpotential verhindert, sind eure euch unbewußten Glaubensüberzeugungen.

Es wäre euch durchaus möglich, den Traum eurer Seelenaspekte, die ihr selbst seid, in die eigenen Hände zu nehmen. Was euch daran hindert, ist einzig und allein die Tatsache, daß ihr dies nicht zu glauben vermögt.

Das Potential eurer Gedanken

Die Energie der Gedanken und Emotionen ist im Prinzip die einzig reale Form von Energie.

Da alles Existierende lediglich aus dem Grunde existieren kann, da der EINE denkt, ist alles Existierende Gedanken- und Emotionsenergie des EINEN !

Alles existiert innerhalb des EINEN und kann niemals aus IHM entfernt sein.

Wenn ihr dies tatsächlich verstanden habt und es diesen Worten gelungen ist in euer Herz zu gelangen, so könnt ihr *niemals* mehr in irgendeiner Form Leid erfahren!

Wenn ihr also unterdrückt seid, so seid ihr unterdrückt, da ihr es geschehen laßt.
Wenn ihr Mangel an was auch immer leidet, so erleidet ihr den Mangel, da ihr es geschehen laßt.
Wenn ihr an Krankheit leidet, so leidet ihr nur deshalb an Krankheit, da ihr es geschehen laßt.
Wenn ihr einsam seid, so seid ihr nur deshalb einsam, da ihr es geschehen laßt.
Wenn ihr euch manipuliert fühlt, so könnt ihr nur manipuliert werden, da ihr es geschehen laßt.
Wenn ihr euch voller Freude fühlt, so könnt ihr nur voller Freude sein, da ihr es geschehen laßt.
Wenn ihr voller Liebe seid, so könnt ihr nur voller Liebe sein da ihr es geschehen laßt.
Wenn ihr Überfluß habt, so nur deshalb, da ihr es geschehen laßt.
Wenn ihr glücklich seid, so könnt ihr nur glücklich sein, da ihr **selbst** es geschehen laßt.

Ihr selbst seid der Schlüssel zu eurem Glück oder eurem Unglück.
Ihr selbst seid der Schlüssel zu eurer Freude oder zu eurem Leid.

Hätte der EINE euch nicht in seinem Plan der Selbsterfahrung „in-

tegriert", so wärt ihr selbst, so wäre eure Seele nicht existent.
Ihr seid aus der einen und einzigen Quelle entsprungen.
Wenn ihr jedoch direkte Abkömmlinge des EINEN seid, warum leidet ihr dann?

Wo liegt der Sinn eures Leides, wenn ihr unmittelbare Teilaspekte des EINEN seid?

Seht in euch hinein!
Jetzt!
Vertraut uns nicht blind.
Hat euch eure Blindheit nicht immer wieder geschädigt?
Lernt euch selbst zu vertrauen und fragt euch jetzt selbst nach der Antwort auf die Frage:
„Wo liegt der Sinn eures Leides, wenn ihr unmittelbare Teilaspekte des EINEN seid?"

Denkt darüber nach"

Jetzt!

Der Sinn eurer Existenz liegt einzig und allein in der Tatsache, euch selbst kennenzulernen.
Der Schlüssel zu all euren Sorgen, Nöten und Problemen liegt darin, daß ihr euch nur selbst kennenzulernen braucht.
Ihr braucht nichts anderes zu tun, als in euch selbst zu sehen.
Dort sind die Antworten auf all eure Fragen auf einem goldenen Tablett für euch selbst bereitgelegt!

Betrachtet euer Leben!
Gab es nicht immer wieder Situationen, in denen ihr erfahren konntet, daß eure Gedanken sich tatsächlich immer wieder in der Art manifestierten, in der ihr sie gedacht hattet?

Konntet ihr nicht in der näheren Vergangenheit feststellen, daß die Tendenz eurer Gedanken sich zu manifestieren in gewaltigem Ausmaß zugenommen hat?

Habt ihr nicht auch festgestellt, daß eure Gedanken sich ohne jede Bewertung manifestieren?

Eure Gedanken fragen nicht, ob es gut oder schlecht ist, was ihr denkt. Ihr denkt es, und eure Gedanken bringen eure Bewußtseinsinhalte an den Tag.
Wenn ihr es jedoch seid, die eure Gedanken denken, und diese eure Gedanken sich wiederum manifestieren, was ist dann der Schlüssel zu eurem Glück oder Unglück?

Mehrfach haben wir bereits in unseren vorhergehenden Erzählungen darauf hingewiesen, daß eure bewußten und unbewußten Gedanken- und Gefühlsinhalte, also euer gesamter Bewußtseinsinhalt, das ist, was sich euch in eurem „Traum des Seelenaspektes" als Realität zeigt.

Ihr selbst seid der Schlüssel. Das, was ihr über euch selbst denkt und fühlt, ist das, was euch voranbringt oder euch hemmt.

Wenn ihr dies tatsächlich verstanden habt und dies in euer Herz gelangt ist, werdet ihr euch nicht mehr durch alle möglichen und unmöglichen „Dinge" von euch selbst ablenken müssen.
Dann seid ihr fähig und in der Lage, euer Leben bis ins letzte Detail selbst in die Hand zu nehmen und eine Qualität des Lebens zu erfahren, die ihr euch nicht einmal vorstellen könnt.

Dann seid ihr unabhängig von den scheinbaren, äußeren Lebensumständen und seid euch bewußt, daß das Leben, die Realität, die ihr fortwährend erlebt, lediglich die Konsequenz dessen ist, was ihr denkt und fühlt.
Dann werdet ihr in der Lage sein, all die Probleme, die euch begegnen werden, als das zu sehen, was sie tatsächlich sind: Diskrepanzen zwischen dem, was ihr an Vorstellungen in euch tragt und dem, was ihr selbst euch **erlaubt** zu erleben und zu erfahren.

Der größte Teil eurer Probleme entsteht dadurch, daß ihr etwas möchtet, aber aufgrund eurer inneren Überzeugungen über das Erwünschte nicht verfügen dürft!

Wir werden auf diese spezielle Problematik zu einem späteren Zeitpunkt noch mehr eingehen.

Um euch das Wirkungsprinzip eurer Gedanken- und Gefühlswelt zu verdeutlichen, werden wir das Ganze der Einfachheit wegen etwas schematisieren.
Dieses Beispiel entspricht keinesfalls den tatsächlichen Gegebenheiten, es dient lediglich eurem besseren Verständnis der Zusammenhänge!

Damit wir „unseren" Gedanken immer wieder finden können, erhält er einfach eine Art Codenummer.
Das „Bged" steht für den bewußten Gedanken, und das „Bgef" steht für das bewußte Gefühl, während das „Uged" für den unbewußten Gedanken und das „Ugef" für das unbewußte Gefühl steht.
Die an die Buchstabenfolge anschließende Zahl bezeichnet einfach den einzelnen Gedanken oder das einzelne Gefühl, das damit im Zusammenhang steht.
Des weiteren erhält jeder Gedanke einen Wert einer imaginären Werteskala, die die Intensität des Gedankens oder des Gefühls bezeichnet.
Wir werden Werte von „1" bis „12" verwenden, wobei die „12'" die höchste Intensität des Gedankens oder Gefühls darstellt. Die Werte erhalten ein (+) für einen konstruktiven Gedanken oder Gefühl und ein (-) für einen destruktiven Gedanken oder Gefühl.

Überseht keinesfalls die Tatsache, daß Gedanken und Gefühle Energien sind, die ihr aus eurem eigenen Existenzpotential erzeugt!

In unserem Beispiel werdet ihr mit einer Situation konfrontiert, auf die ihr nicht vorbereitet wart.

Nachdem ihr es nach Jahren harter Arbeit geschafft habt, euch beruflich einigermaßen „wohl" zu fühlen und es euch gelungen ist, mit dem, was ihr verdient einigermaßen auszukommen, erfahrt ihr von heute auf morgen, daß euer Betrieb in einigen Wochen schließen muß:

Bged-01: Warum muß das jetzt passieren? (-10)
Bgef-01: Trauer, Frustration, Selbstmitleid, Zukunftsangst (-10)
Uged-01: ???
Ugef-01: ???

Bged-02: Was soll ich jetzt nur tun? (-10)
Bgef-02: Verzweiflung, Zukunftsangst (-10)
Uged-02: ???
Ugef-02: ???

Bged-03: Wie soll ich meinen finanziellen Verpflichtungen nachkommen? (-10)
Bgef-03: Verzweiflung, Zukunftsangst, Frustration, Selbstmitleid (-10)
Uged-03: ???
Ugef-03: ???

Bged-04: Na ja, irgendwie wird es schon weitergehen (+2)
Bgef-04: Hoffnung, leichte Zuversicht (+3)
Uged-04: ???
Ugef-04: ???

Zugegeben, ein konstruiertes Beispiel. Es ist in diesem Zusammenhang auch unmöglich, die Gedanken von jedem einzelnen hier wiederzugeben, da ein jeder von euch grundlegend unterschiedlich mit einer derartigen Situation umgehen würde.

Auch die Angaben über Gedankenpotential „positiver" oder „negativer" Art können hier nicht jedem einzelnen gerecht werden.

Zudem ist es durchaus möglich, daß ihr euren Job schon vor langer Zeit verloren habt oder ein eigenes Geschäft habt.

Insofern also, wie bereits erwähnt ein konstruiertes Beispiel. Dennoch könnt ihr, so ihr es wünscht euch einmal eine eigene Liste nach euren Vorstellungen machen, um selbst einmal für euch zu sehen, wie ihr in derartigen Situationen reagiert habt und welches Bewußtseinspotential ihr euren eigenen Reaktionen zuordnet.

Unerheblich dabei ist, ob ihr erfahren habt von einer schweren Krankheit befallen worden zu sein, einen Partner oder Kind verloren zu haben, ob ihr existentielle Probleme habt oder was auch immer euch ansonsten noch zugestoßen sein mag oder was ihr euch noch betrachten wollt.

Jeder von euch kennt eine oder mehrere Situationen in seinem Leben, in denen ihr mit schmerzvollen Ereignissen konfrontiert wart, die euch zunächst „aus der Bahn geworfen haben".
Jeder von euch kennt die Verzweiflung, die Not und die Angst.
Solltet ihr das für euch nicht so sehen, so fragen wir euch, warum ihr unsere Geschichte überhaupt lest?

In unserem Beispiel könnt ihr erkennen, daß eure bewußten Gedanken und Gefühle sich im Zusammenhang mit dieser Situation vorwiegend im „Negativbereich" abspielen.
Was völlig „im Dunkeln" liegt, sind eure unbewußten Gedanken und Gefühle. Da sie euch eben unbewußt sind, habt ihr keinerlei Möglichkeit Bezug zu ihnen herzustellen. Dennoch sind sie wesentlicher Bestandteil eures gesamten Bewußtseinsinhaltes.
Aufgrund der zu euren Gedanken und Gefühlen zugeordneten Werte könnt ihr nun anhand eines einfachen Rechenexempels einfach die Werte zusammenzählen und erhaltet folgendes Ergebnis:

Bged-01: (-10)
Bgef-01: (-10)
Uged-01: ???
Ugef-01: ???

Bged-02: (-10)
Bgef-02: (-10)
Uged-02: ???
Ugef-02: ???

Bged-03: (-10)
Bgef-03: (-10)
Uged-03: ???
Ugef-03: ???

Bged-04: (+2)
Bgef-04: (+3)
Uged-04: ???
Ugef-04: ???

Der Einfachheit halber zählen wir alle Werte zusammen, so erhalten wir einen Wert von (Minus 55), wobei aufgrund der Unkenntnis der unbewußten Gedanken und Gefühle ein erheblicher Dunkelwert besteht.
In jedem Fall ist der Gesamtwert bereits jetzt schon extrem „negativ“.

Für die Manifestation der Realität ist der Augenblick des JETZT von grundlegender Bedeutung, da immer nur im Augenblick des JETZT das gesamte Bewußtseinspotential nach Realisierung strebt.
Da aufgrund der im Beispiel beschriebenen Situation im Augenblick des JETZT fortwährend „negatives“ Bewußtseinspotential vorhanden ist, wird die nächste Zukunft dementsprechend gestaltet werden.

Nun könnt ihr beginnen, euch durch beispielsweise Suggestionen oder Affirmationen einzureden, die Situation wäre gar nicht so schlimm oder ähnliches.
Die alles entscheidende Frage dabei ist jedoch: Würdet ihr es euch in dieser Situation tatsächlich selbst glauben?
Wenn ihr diese Frage nicht einwandfrei mit „JA“ beantworten könnt, werdet ihr wiederum etwas tun, was ihr in eurem Leben immer wieder gemacht habt, nämlich euch einreden, das alles hätte schon seine Richtigkeit und würde schon nicht so schlimm werden.
Dies wird sicherlich die Intensität des Bewußtseinspotentials etwas verändern, dennoch wird es euch einer tatsächlichen Lösung nicht näher bringen.

Nun könntet ihr euch auch tatsächlich darüber freuen, daß ihr euren Job verloren habt, da euch dies endlich die Möglichkeit für einen Neuanfang gibt.
Doch seid ihr dazu wirklich fähig?
Würde es euch tatsächlich gelingen, tiefe Freude über dieses Ereignis zu empfinden, so würde ein sehr hohes konstruktives Bewußtseinspotential freigesetzt werden.
Dennoch, wenn ihr vor euch selbst nur so tut, als würdet ihr euch freuen, so belügt ihr euch wiederum selbst.
Damit habt ihr jedoch wieder ein Problem, denn ihr könnt allen

anderen Menschen etwas vorgaukeln, euch selbst jedoch nicht. Denn eure mit dieser Vorgehensweise verbundene Selbsttäuschung ist wiederum Teil eures Bewußtseinsinhaltes und strebt auch wieder nach Verwirklichung.

Wo also ist die Lösung?

Das unbewußte Bewußtseinspotential

Im Leben jedes einzelnen von euch gibt es so etwas wie eine Grundproblematik, so etwas wie einen „roten Faden", der sich immer wieder in Form einer oder mehrerer spezieller und individueller Problematiken zeigt.
Dieser rote Faden und all die damit verbundenen Thematiken und Facetten, die sich immer wieder in eurem Leben als Erfahrungen spiegeln, sind wesentlicher Teil eurer Lernthematik dieser eurer Inkarmation.

In unseren vorhergehenden Geschichten haben wir euch bereits erzählt, daß es unabdingbare Voraussetzung für eine Inkarmation ist, eine Lernthematik „mitzunehmen".
Es ist jedoch keineswegs erforderlich, diese Lernthematik über die gesamte Spanne der Inkarmation auszudehnen.

Im Prinzip ist für viele von euch die Qualität der Zeit gekommen, eure Lernthematik jetzt oder in naher Zukunft mehr und mehr aufzuarbeiten, damit ihr fähig seid, eure tatsächlichen Fähigkeiten und Möglichkeiten „ent-wickeln" zu können.
Dennoch, überseht nicht, daß ihr Schritt für Schritt lernt.

Wesentlich für die Aufarbeitung eurer Lernthematik sind eure unbewußten Bewußtseinsinhalte.
Als Bewußtseinsinhalt könnt ihr das gesamte Informationspotential bezeichnen, daß in eurem individuellen Bewußtseinsspeicher für euch verfügbar ist.
Im Prinzip enthält euer Bewußtseinsspeicher alle Informationen aus der Vergangenheit, der Gegenwart und der Zukunft, die auch eurer Seele in ihrer Gesamtheit zur Verfügung stehen, da ihr selbst Teilaspekt eurer Seele seid.

Was ist nun jedoch ein Teilaspekt.
Im Prinzip existiert alles multidimensional, das heißt alles existiert zur gleichen Zeit und auf allen Schwingungsebenen.
Um Erfahrungen nicht nur als Phantasie, sondern tatsächlich real erleben und erfahren zu können, ist es notwendig, einen linearen

Faktor zur Verfügung zu haben, der das Phänomen des gleichzeitigen Erlebens aufhebt.
Dieser Faktor ist die Zeit.
Entscheidet sich eine Seele nun dafür, Erfahrungen in der dritten Dimension zu machen, so legt sie bereits vorher fest, in wievielen Zyklen sie die Erfahrungen zu machen wünscht.
In diesem Zusammenhang kreiert sie aus ihren vielfältigen Fähigkeiten, Vorstellungen und Charaktereigenschaften so etwas wie eine Teilkopie von sich selbst.
Ihr könnt euch diesen Vorgang vielleicht besser ausmalen, wenn ihr euch vorstellt, ihr möchtet den Auszug einer Zeitung kopieren.
Um dies zu bewerkstelligen, beklebt ihr das gesamte Zeitungsblatt mit weißem Papier und läßt nur den Ausschnitt frei, den ihr herausziehen möchtet.
Obwohl nun fast die gesamte Seite mit weißem Papier überklebt ist, sind sämtliche Informationen nach wie vor auf der Seite vorhanden. Sie sind lediglich in diesem augenblicklichen Zustand nicht mehr sichtbar.
Um all diese Informationen wieder hervorzuholen, müßtet ihr das Papier und den verwendeten Kleber wieder ablösen. Somit könntet ihr wieder auf alle Informationen auf unserer imaginären Zeitungsseite zugreifen.

Die Seele erstellt also im Prinzip eine Teilkopie von sich selbst, die sie dann in einen der „Traum-Räume" schickt.
Diesen Teilaspekt der Seele könnt ihr als „**höheres Selbst**" bezeichnen. Das höhere Selbst ist der Seelenanteil, der euch in eurer Inkarmation zur Verfügung steht und nach euren Maßstäben gerechnet, über eine unglaubliche Vielfalt von Fähigkeiten verfügt.
So wie die Seele einen Teilaspekt von sich selbst gestaltet hat, kann sie beliebig viele Teilaspekte von sich selbst anfertigen und sie dorthin inkarmieren, wo es ihr nach den bereits beschriebenen Voraussetzungen möglich ist.
Der Seele ist es auch möglich, mehrere Teilaspekte von sich selbst in ein und denselben „Traum-Raum" zu entsenden.
Meist haben die Seelen eine Vielzahl von Teilaspekten in den entsprechenden „Traum-Räumen" inkarmiert. Die Seele fungiert dann in einer ähnlichen Funktion, wie es ein Zentralcomputer tut, der

über eine Vielzahl von „Workstations“ verfügt. Die Seele verarbeitet all die Informationen, die sie von ihren Teilaspekten erhält. Da die Seele unmittelbarer Aspekt des EINEN ist, stehen all diese Informationen unmittelbar dem EINEN zu SEINER eigenen Vervollkommnung bereit.

Euer höheres Selbst, der unmittelbare Teilaspekt der Seele, ist also derjenige Teil eurer Existenz, der eure Anbindung an den EINEN selbst ist.
Damit es euch möglich ist euch scheinbar abgetrennt aus der einen Quelle in eurer Dimension bewegen und aufhaltenzu können, wird durch einen besonderen Vorgang wieder das „Prinzip des abgedeckten Zeitungsblattes“ angewandt.

Durch eine Art Programmierungsvorgang wird euer höheres Selbst bis auf einige wenige „Zeilen des Blattes“ durch andere Programme überdeckt. Nichtsdestotrotz sind die ursprünglichen Programme, also in diesem Falle die Fähigkeiten, Charaktereigenschaften und Möglichkeiten eures höheren Selbst, nach wie vor vorhanden.

Sie sind lediglich überdeckt.

Wenn ihr nun, liebe Kinder des Lichtes, für euch selbst all das, was wir euch bisher erzählt haben, annehmen könnt, so werdet ihr im weiteren Verlauf unserer Geschichte mehr über euer höheres Selbst und über euch selbst erfahren.
Maßgeblich dafür ist jedoch, daß ihr in euch selbst so etwas wie ein leichtes und leises Schwingen empfindet.

Könnt ihr euch mit dem, was wir euch bisher erzählt haben, zumindest Teilweise tatsächlich identifizieren?
Dann und nur dann, solltet ihr unsere Geschichte weiter lesen.

............und behauptet hinterher nicht, wir hätten euch nicht gewarnt!

Ches mer do nor sebt

Leben ist der Sinn des Lebens

Die Programmierung des höheren Selbst

Würdet ihr euch inkarmieren und hättet all eure Möglichkeiten und Fähigkeiten zur Verfügung, wie könntet ihr euch dann selbst erfahren?
Worin läge der Sinn eurer Inkarmation, würdet ihr geboren werden und wärt im Prinzip nicht-menschlich, da ihr alle Möglichkeiten und Fähigkeiten eures höheren Selbstes von Anfang an verwenden könntet?

Es wäre ein Verstoß gegen die Regeln des Spieles, und derartige Verstöße sind aufgrund bestehender Gesetzmäßigkeiten unmöglich. Jedoch sind immer wieder kleinere und größere Ausnahmen möglich, wenn es in den Gesamtzusammenhang des Spiels der Seelen paßt und es allgemeine Übereinstimmung über einen derartigen Vorgang gibt.
Eine und wohl die bekannteste Ausnahme war der Seelenaspekt, der euch als der Nazaräer oder Jesus Christus bekannt ist.

Dies jedoch sind die absoluten Ausnahmen im Spiel der Seelen.

Das höhere Selbst, der Teilaspekt der Seele, hat im Augenblick der Befruchtung der weiblichen Eizelle mit dem männlichen Samen bereits intensive Verbindung zu seinem Körper, der ja zunächst nur aus einer Verbindung aus Ei- und Samenzelle besteht.

Im Laufe der Zeit entwickelt und wächst der menschliche Körper heran.
Das Wesentliche dieses Wachstums ist jedoch, das sich der Körper des Seelenaspektes, also das höhere Selbst, aus einer weiblichen Eizelle und der männlichen Samenzelle entwickelt. In diesen beiden Grundaspekten des neu entstehenden menschlichen Körpers befinden sich sämtliche Informationen des Vaters und der Mutter, die unmittelbar auf den entstehenden Körper übertragen werden.
Alle Ängste, Sorgen und Nöte der beiden Menschen, die das Kind gezeugt haben, sind in diesem Moment bereits Teil des neu entstehenden Menschen geworden.
Das neu entstehende Leben ist bereits durch all die Bewußtseinsin-

halte der beiden Eltern geprägt worden, lange bevor es überhaupt das Licht der Welt erblickt hat.

War die Mutter ein ängstlicher Mensch, der beispielsweise unter Höhenangst leidet oder zumindest während der Schwangerschaft litt, so ist die Wahrscheinlichkeit sehr groß, daß auch das Kind unter dem gleichen Phänomen leidet oder zumindest eine Zeitlangleiden wird.
Das höhere Selbst des sich im Mutterleib entwickelnden Kindes wird bereits in der Phase der Verbindung von Ei- und Samenzelle mit den „menschlichen“, den materiellen, den körperlichen Inhalten der beiden Elternteile „programmiert“.
Wir kommen später nochmals zu diesem Thema zurück.

Um euch diesen Vorgang zu verdeutlichen, könnt ihr ein Experiment machen. Nehmt eine Magnetbandaufzeichnung, die ihr nicht mehr benötigt und haltet sie einige Minuten in unmittelbare Nähe einer Glühbirne oder besser noch in die unmittelbare Nähe eines Transformators in einem Elektrogerät. Notfalls könnt ihr diese Magnetbandaufzeichnung auch einige Zeit auf die Rückseite eines alten Fernsehgerätes halten.
Ihr werdet beim Abhören dieses Bandes anschließend feststellen, daß die Qualität der Magnetbandaufzeichnung mehr oder weniger intensiv gestört ist. Unter Umständen hört ihr starkes Hintergrundrauschen, einen Brummton oder könnt von eurer ursprünglichen Aufnahme kaum noch etwas hören.
Dieses Experiment beschreibt im Prinzip das, was mit einem ungeborenen Kind und somit dem höheren Selbst dieses Kindes geschieht.
Das ursprüngliche Wissen und die ursprünglichen Kenntnisse eures höheren Selbst, also vergleichsweise die Originalaufnahme auf eurem Magnetband, werden überlagert durch mehr oder weniger intensives „Rauschen“ oder „Brummen“.

All die Glaubensüberzeugungen eurer Eltern werden auf euch durch den Vorgang eurer Zeugung übertragen und sind somit Teil eurer eigenen Persönlichkeit!
All die Minderwertigkeitsgefühle, die Unzulänglichkeiten, all die

Selbstlügen und all die Selbstverleugnung, das scheinbare „Pflichtbewußtsein“, Sturheit, Neid, die Unfähigkeit Aggression, Sexualität oder Selbstvertrauen zu erlangen, alle diese Eigenschaften und Unfähigkeiten und noch weitaus mehr als hier beschrieben, werden auf jeden einzelnen von euch allein durch den Vorgang eurer Zeugung übertragen.
Ihr, euer höheres Selbst, werdet durch all das geprägt, was eure Eltern von ihren Eltern übernommen haben und somit an euch weitergeben bzw. weitergegeben haben.
Das, was die Eltern der Eltern eurer Eltern auf deren Kinder übertragen haben, ist Teil eures Selbstes.
Diese Kette von Programmübertragung im negativen Sinne setzt sich von Generation zu Generation fort und hindert euch daran zu sein, was ihr in eurem Ursprunge wirklich sein könntet.

Die Vorgehensweise eurer teilweise selbstzerstörerischen Programmierungen setzt sich auch dann noch weiter fort, wenn ihr das Licht der Welt erblickt habt.
Dann erfahrt ihr die Unzulänglichkeiten und Unfähigkeiten eurer Eltern am eigenen Leib.
Ihr lernt von klein auf, daß Liebe nicht bedingungslos ist, denn es gibt Verhaltensregeln, die ihr einhalten müßt. Verstoßt ihr gegen diese Verhaltensregeln, so werdet ihr, je nach den Wertigkeiten eurer Eltern, bestraft. Ihr lernt also mehr oder weniger intensiv, daß ihr nur dann liebenswert seid, wenn ihr euch nach bestimmten Regeln verhaltet.
Das, was ihr als Kinder am notwendigsten brauchen würdet, die unmittelbare und bedingungslose Liebe eurer Eltern, wird euch präsentiert als Liste von Reglements, die es einzuhalten gilt, da ihr sonst eben „böse“ seid. Wer also gegen die Regeln verstößt, ist „Böse“ und muß somit bestraft werden.
Im Laufe eures weiteren Lebens werdet ihr nach und nach immer mehr programmiert. Die Fähigkeiten und Möglichkeiten eures höheren Selbstes werden also immer weiter beschränkt und beschnitten.
Teilweise geht der Vorgang der Programmierung so weit, daß euer höheres Selbst nicht mehr bis zu euch vordringen kann.

In euch entsteht ein gigantischer Energiestau, der sich im Laufe eures weiteren Lebens und der Vielzahl von Erfahrungen, die eure Programmierungen für euch selbst immer wieder bestätigen, an einer bestimmten Stelle eures Körpers als Krankheit manifestiert.
Das ist dann der Zeitpunkt, an dem ihr einen Herzinfarkt, einen Gehirnschlag oder Krebs bekommt oder was auch immer an Erkrankung bei euch ausbricht.
Unter Umständen habt ihr Rheuma, Gicht, intensive Rückenprobleme, die euch daran hindern eure körperliche Beweglichkeit zu genießen.

Bevor ihr nun unsere Aussagen beiseite schiebt, in dem Bewußtsein, daß all diese Aussagen auf alle anderen Menschen durchaus zutreffen könnten, auf euch jedoch nicht, weil bei euch alles anders war, solltet ihr diesen Gedanken auch noch etwas beiseite schieben.

Man och der kes mit en dob kos kon der men beij

Erkenne Dich Kind des Lichtes und sei, wie Du warst

Der „Realitätsspiegel“ des „Traum-Raumes“

Obwohl sich euer Seelenaspekt, also das höhere Selbst, in einem „Traum-Raum“, der im Prinzip auch als „Spiel-Raum“ bezeichnet werden könnte, aufhält und eure dritte Dimension eure Erlebnisse und Erfahrungen „nur“ träumt, erfahrt ihr eure Realität am eigenen Leib. Eure erlebte Realität wird von euch nicht als Traum empfunden.
Dies soll ja eigentlich auch der Zweck der „Übung“ sein.

All diese Informationen könnten jedoch, wenn ihr sie als Wahrheit für euch selbst akzeptieren könnt, euer gesamtes Leben und Erleben grundlegend verändern, denn selbstverständlich haben all die von uns erzählten Geschichten auch informative Hintergründe.

Betritt das höhere Selbst den „Traum-Raum“ und somit gleichzeitig seinen heranwachsenden Körper, so wird der Gesamtbewußtseinsinhalt des höheren Selbst sofort in zwei Teilbereiche unterteilt.
Es bildet sich ein rein „irdischer“ oder rein materieller, geistiger Aspekt des höheren Selbstes und es bildet sich ein „geistig“, geistiger Aspekt des höheren Selbstes.
Der materielle Aspekt kann in diesem Zusammenhang als das Ego bezeichnet werden.

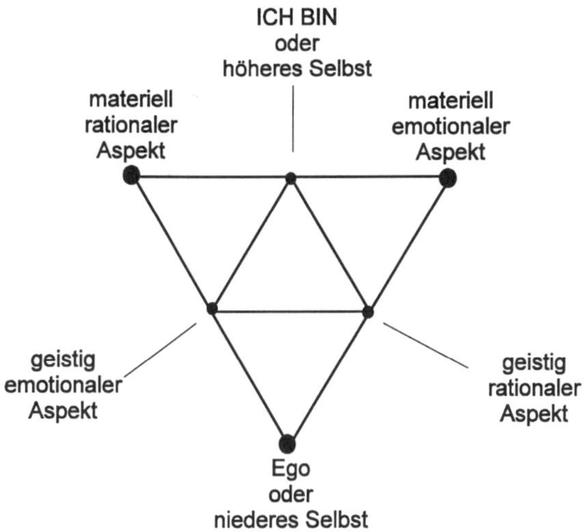

Das Ego setzt sich wiederum aus zwei Aspekten zusammen, nämlich dem rationalen, materiellen Aspekt eurer Persönlichkeit, dem Verstand und dem „Gegenpol“, nämlich einem Teil der Emotion, der sich aufgrund der Programmierung eures höheren Selbst nicht

mehr entsprechend entwickeln konnte.
Dieser Teilbereich der Emotion ist auf der Stufe eines Kleinkindes stehengeblieben und reagiert auf äußere und innere Impulse dementsprechend. Dieses Kind repräsentiert eure Emotionen im materiellen Bereich. Wolltet ihr dieses „Gebilde“ graphisch darstellen, so bietet sich hierzu wieder die Geometrie an.

Ordnet ihr eurer irdischen, dreidimensionalen oder menschlichen Existenz den „niederen“ Seinszustand zu, da ihr euch ja aus der absoluten, geistigen Ungebundenheit in die Enge körperlichen Seins begeben habt, so erhaltet ihr ein nach unten gerichtetes Dreieck.

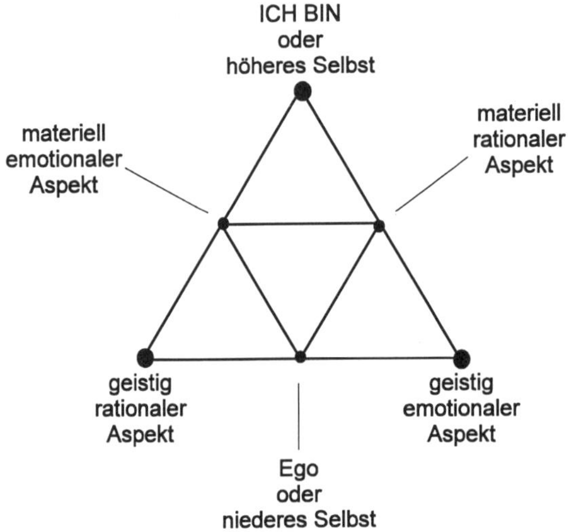

Da jedoch euer ungebundener geistiger Aspekt nach wie vor Bestandteil eurer Existenz ist, könnt ihr ihn nicht vernachlässigen und müßt ihn nach „oben“ richten, da er den „hohen“ Aspekt von euch darstellt. Da aber eure materielle Existenz in der dritten Dimension „Vorrang“ hat, ist euer „höherer“ Aspekt in der Größe dem „niederen“ Aspekt untergeordnet.

Da ihr jedoch nicht nur „iridisch“ seid, sondern in eurer Gesamtheit aus „höherem“ und „niederem“ Selbst „besteht“, benötigt ihr wiederum eine Darstellung dieses Zustandes, der dem vorherigen verblüffend ähnlich ist.

In diesem Falle sind das höhere Selbst und seine beiden Teilaspekte, geistig rationaler Aspekt und geistig emotionaler Aspekt, dominant und nach oben gerichtet.
Das niedere Selbst ist auch hier enthalten, da die irdische Inkarmation das höhere Selbst begrenzt.

Beides miteinander vereint, ergibt die Ganzheit, die Verbindung des höheren und niederen Selbstes, da es für das energetische Gleichgewicht allen Seins unabdingbar ist, daß Energien beider Polaritäten sich gegenseitig aufheben bzw. ergänzen.

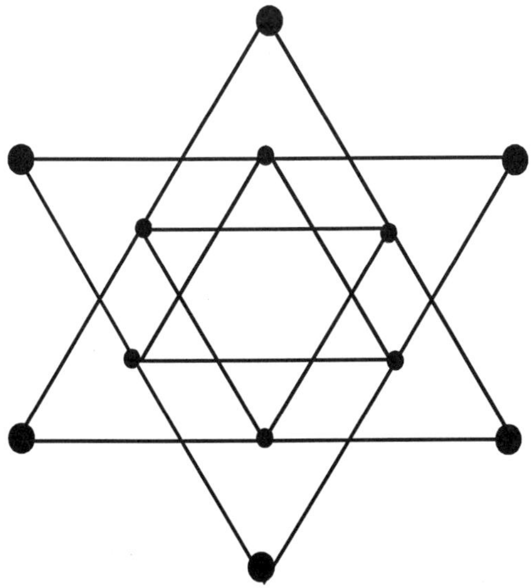

Verbindet ihr also die „höheren" und die „niederen" Aspekte von euch, so erhaltet ihr wiederum ein energetisch ganzheitliches Bild, in dem die beiden „untergeordneten" Teilbereiche und die beiden „übergeordneten" Teilbereiche ein Ganzes bilden.
Daraus ergibt sich die geometrische Form des Sechssterns im Sechsstern.

Was in diesem Gebilde noch fehlt, sind die beiden Faktoren, die dieses Gebilde „dreidimensional" werden lassen, nämlich „Körper" und „Geist".
Fügt ihr diese Faktoren hinzu erhaltet ihr einen Tetraeder im Tetraeder. Dazu jedoch später.

Seht ihr euch jetzt einmal in der Räumlichkeit um, in der ihr euch gerade befindet, so könnt ihr um euch herum diverse Einrichtungsgegenstände, Wände und Fenster sehen. Seht ihr aus dem Fenster, so seht ihr andere Gebäude oder ihr könnt einen Teil der Natur sehen.
All das ist die euch umgebende Materie. All das ist eure Realität. Doch all das ist auch der Traum eures höheren Selbst.

Lebt ihr in materiellem Überfluß, so wird das Mobiliar, in dem ihr euch bewegt, anders sein, als wenn ihr in materiellem Mangel lebt. Wenn ihr gerade an einer Krankheit leidend im Bett liegt, so wird euer Leben eine andere Qualität haben, als wenn ihr gesund wärt. Wenn ihr einsam seid, so werdet ihr euch anders verhalten, als wenn ihr in einer Beziehung lebt.

Diese Lebensumstände in denen ihr euch gerade befindet, sind bereits die Grenze zwischen der Traumwelt des „Traum-Raumes" und euer „Scheinrealität".

All diese Problematiken haben jedoch lediglich ***eine*** Ursache.
Die Ursache ist eure Unmöglichkeit die Liebe bedingungslos zu leben und zu erleben.

Nicht vieles auf eurer Welt führt zu größeren Mißverständnissen, als eure Definition von „Selbstlosigkeit" und „Bedingungslosigkeit".

Jeder einzelne von euch trägt in sich ein Programm, das in seiner ursprünglichen Aussage nichts anderes wiedergibt, als daß **ihr nicht liebenswert seid**.

Ihr habt niemals gelernt, was es bedeutet, auf Dauer bedingungslos geliebt zu werden.
Wie also wollt ihr selbst euch lieben?

Ihr habt niemals gelernt, daß ihr so, wie ihr seid, einfach liebenswert seid.
Wie also wollt ihr euch selbst so lieben, wie ihr nun einmal seid?

Ihr habt niemals gelernt, einfach zu leben.
Woher also wollt ihr die Zuversicht nehmen, es einfach zu tun?

Ihr habt niemals gelernt, einfach die „Dinge" zu tun, nach denen es euch drängt, sie zu tun.
Wie also sollt ihr wissen, daß es einfach das Eure ist, das zu tun, was zu tun es euch drängt?

Ihr wart noch niemals in euren Inkarmationen ihr selbst und ihr seid es auch jetzt noch nicht.

Doch seid versichert, ihr seid gerade dabei, es zu lernen..............

Das “Mensch-sein-Programm“

„Mensch-sein“ bedeutet nichts anderes, als sich in den „Traum-Raum“, Abteilung dritte Dimension, zu begeben und dort individuelle Erfahrungen zu machen, die sich in die Summe aller anderen Einzelerfahrungen einfügen und somit Teil eines „Erfahrungskollektives“ werden.

Damit ihr in diese „virtuelle Scheinwelt“ der „Traum-Räume“ der Dreidimensionalität eintreten könnt, **müßt** ihr vergessen wer ihr seid und was ihr seid.
Nur somit könnt ihr tatsächlich und unmittelbar eure Erfahrungen machen.
Nun könntet ihr durchaus sagen: „Wenn ich aber ein wenig mehr darüber wüßte, wer ich bin und was ich bin, so würde ich mir ein wenig leichter tun.“ In der Tat, es wäre für euch um vieles einfacher, euch ein wenig zu erinnern. Doch wäre damit der unmittelbare Sinn und Zweck des „dreidimensionalen Traum-Raumes“ wertlos geworden.
Bei jeder leidvollen Erfahrung, die ihr „gezwungen“ seid zu machen, würdet ihr nicht tatsächlich in diese Erfahrung „hineingehen“. Ihr würdet vermeiden, dem Schmerz zu unterliegen und würdet euch an dem „Rettungsseil“ des Wissens eurer höheren Herkunft klammern und so versuchen dem Leid oder Schmerz zu entkommen.
Seid ihr jedoch völlig von eurer Erinnerung abgeschnitten, so kommt ihr nicht umhin euren Weg durch das Leid und durch den Schmerz hindurch zu gehen. Habt ihr diesen steinigen Weg hinter euch gebracht, so werdet ihr **aus euch selbst heraus** entdecken, wer ihr seid und woher ihr abstammt.

Obwohl ihr immer wieder mit schmerzhaften oder leidvollen Erfahrungen konfrontiert seid, sind diese die wertvollsten „Helfer“ für euch, die ihr euch vorstellen könnt.
Allein die Veränderung eurer Sichtweise einer Problematik, kann und wird diese im Ansatz bereits verändern.
Damit es euch möglich ist euren Standpunkt zu verändern, müßt ihr Verständnis für euch selbst erlangen. Habt ihr Verständnis für euch

selbst erlangt, so ist es euch möglich wiederum Verständnis für die anderen Menschen zu bekommen. So kann euer Widersacher euer Freund werden, da ihr verstehen und begreifen könnt, warum er wider euch handelt.
Habt ihr dieses Verständnis erlangt, so könnt ihr wiederum verstehen, daß die Handlung eures Widersachers nicht tatsächlich gegen euch gerichtet ist, sondern das es eine Handlung war oder ist, die euch etwas mitteilt, etwas spiegelt.
So könnt ihr aus dem Verständnis für euch selbst eine Form der Liebe und Zuneigung entwickeln, die weit über eure augenblickliche Vorstellung von Liebe und Zuneigung hinausgeht.
Diese Form der Selbst-Liebe ist der Schlüssel für euren „Aufstieg", den Übergang in die Schwingungsebene der fünften Dimension.

Bevor ihr jetzt jedoch wieder in Panik verfallt und möglichst schnell versucht **scheinbares** Verständnis und **scheinbare** Liebe für euch zu entwickeln, die wiederum nichts mit dem zu tun hätte, wovon wir sprechen, seid versichert, daß ein jeder von euch dieses Verständnis und diese Liebe erlangen wird.
Insoweit bitten wir euch, uns im Augenblick ein wenig Vertrauen entgegen zu bringen.

Euer „Mensch-sein-Programm" besteht darin, daß ihr euch, bevor ihr in dem „Traum-Raum" euren Körper „belegt", ein oder mehrere Lernthemen gestellt habt.
Da es für euch sehr einfach wäre, **mit** den gesamten Fähigkeiten eures höheren Selbst eure Lernthemen zu erleben und zu erfahren, benötigt ihr etwas, das eure Fähigkeiten überdeckt und euch diese unmittelbar nicht zugänglich macht.
Ihr benötigt eine Art von „Überdeckungsprogramm", das eure hochentwickelten Fähigkeiten und Möglichkeiten scheinbar löscht.
Zu diesem Zwecke sucht ihr euch eure Eltern sehr sorgfältig aus.
Ihr benötigt eure Eltern unter anderem dazu, damit ihr euch durch das, was ihr von ihnen lernen werdet und durch sie erfahren werdet, selbst die Steine in den Weg legen könnt, die euch davon abhalten, euer Lernprogramm allzu schnell hinter euch zu bringen.

Teilaspekte der Seele, die noch nicht oft im „dreidimensionalen

Traum-Raum" inkarmiert waren, bezeichnet ihr als „junge" Seelen. Diese Seelenaspekte suchen sich oftmals Geschehnisse aus, bei denen sie nur kurze Zeit in einem Körper sein „müssen", damit sie sich langsam in die Gegebenheiten einfinden können oder sie „erlauben" sich ein scheinbar leichtes Leben.
Seelenaspekte, die eine Vielzahl von Inkarmationen „hinter sich haben", konfrontieren sich oftmals mit scheinbar unlösbaren Problematiken, die sich auch noch mit „höheren" Aufgabenstellungen verknüpft haben.
In einigen Fällen „re-inkarmieren" sich diese Seelenaspekte aus „Traum-Räumen" höherer Schwingung zurück in die dritte Dimension, um hier aufgrund bestimmter Gegebenheiten Veränderungen einzuleiten oder durchzuführen.

Oftmals verbinden diese bereits „erfahrenen" Seelenaspekte ihre Inkarmation mit einer schwierigen Lernaufgabe, weil sie eben gerade schon einmal hier sind oder weil es aus anderen Gründen von Bedeutung ist, längere Zeit in ihrem Potential begrenzt zu sein.

Zurück jedoch zu eurem „Mensch-sein-Programm".
Euer „Mensch-sein-Programm" besteht im Prinzip lediglich daraus, daß ihr etwas in euch integriert, was ihr als Verhaltens- oder Glaubensmuster bezeichnet.
Der Einfachheit halber lernt ihr diese Überzeugungen von euren Eltern durch die bereits beschriebenen Vorgänge. Diese Glaubensüberzeugungen sind so tief in euch integriert, daß ihr immer wieder im Laufe eurer Inkarmation damit konfrontiert seid.
Und obwohl diese Programme im Prinzip nicht einmal annähernd mit eurem wahren Selbst etwas zu tun haben, sind sie Teil von euch. Ihr „re-agiert" in vielen Fällen einfach unbewußt und automatisch. Nicht weil ihr tatsächlich so „re-agieren" wollt, sondern weil ihr einfach gelernt habt so zu „re-agieren".
Interessanterweise verhält es sich bei euch sogar so, daß ihr nicht „agiert", also aus euch selbst heraus handelt, sondern ihr „re"-agiert, setzt also einem auf euch treffenden Ereignis eine Handlung entgegen.
Auf diese Art und Weise handelt ihr, bis ihr ....
Dazu jedoch etwas später.

Wie kann „man“ es lernen, sich selbst zu lieben?

Im Prinzip gar nicht.
Bevor ihr euch jetzt jedoch wiederum in eure Frustration fallen laßt, sei euch gesagt, daß es euch absolut unmöglich ist, euch **nicht** zu lieben.
Ihr liebt euch so sehr, daß ihr euch entschlossen habt, um eure Liebe zu euch selbst sehr intensiv auf die Probe zu stellen, einen Ausflug in die dritte Dimension zu machen und es den „Typen“ dort einmal so richtig zu zeigen.
Kaum seid ihr in der dritten Dimension angekommen und erfahrt am eigenen Leib die Enge und Begrenztheit, die euch dort begegnen, kommen recht viele von euch auf den Gedanken, ob es nicht Möglichkeiten geben könnte, sich dem Ganzen wieder zu entziehen. Eure unerschütterliche Entscheidung gerät ins Wanken, und ihr würdet gerne noch einige Zeit damit warten „ES“ irgend jemand oder irgend etwas „zu zeigen“.

Die Liebe zu euch selbst entsteht dadurch, daß es euch gelingt eine Verbindung der polaren Gegensätze zu schaffen. Bei der Gegenüberstellung der einzelnen Anteile der polaren Gegensätze ist es euch sicherlich gelungen, euch selbst zu klassifizieren. Ihr werdet für euch selbst festgestellt haben, daß **beide** Pole in euch vorhanden sind.

Verstand	Intuition
männlich	weiblich
Materie	Geist
außen	innen
unten	oben
denken	fühlen
Destruktiv	Konstruktiv
Kontrolle	geschehen lassen
Begrenzung	Freiheit
Macht	Entwicklung
Illusion	Realität
lineare Abläufe	Phantasie
Manipulation	Information

Unbewußtsein	Bewußtsein
Ego	Selbst
niederes Selbst	höheres Selbst
Angst	Liebe

Ihr verfügt über Verstand und Intuition, über einen männlichen und weiblichen Aspekt, eine innere und eine äußere Welt usw. usw. Beide Seiten der Polarität sind also in jedem von euch „enthalten", sie sind Teil eures Bewußtseins.
Während die linke Seite für einen spirituell ausgerichteten Menschen „negative" Definitionen enthält, findet ihr auf der rechten Seite „positive" Definitionen. Nun bitten wir euch für einen kurzen Augenblick eure Wertung beiseite zu lassen und beide Seiten der Liste weitestgehend neutral zu betrachten.
Ohne eure Wertungen handelt es sich lediglich nur noch um Definitionen von bestimmten Zuständen, Abläufen oder eben um mehr oder weniger klar definierte Begriffe.
Erst eure Bewertungen lassen diese Begriffe in „positiver" oder „negativer" Art erscheinen.

Fassen wir einmal die linke Liste als „negativ" und die rechte Liste als „positiv" zusammen.
Nehmen wir nun einen Zustand eures Lebens, unter dem eine Vielzahl von euch zu leiden hat: Die Krankheit. Dabei ist es hierbei nicht von Bedeutung, ob ihr an einer schweren oder leichten Erkrankung leidet.
Krankheit ist ein Zustand, der, rein körperlich betrachtet, ein durchaus „negativer" Vorgang eures Körpers ist, da er zu mehr oder weniger intensiven Störungen eures Wohlbefindens und somit eurer Lebensqualität führt.
Somit müßtet ihr den Begriff „Krankheit" auf der linken Seite notieren.

An dieser Stelle seid ihr nun aufgefordert, euch einmal Gedanken darüber zu machen, woher Krankheit oder eine andere Problematik herstammt. Ist eine Krankheit ein „Ding", daß euch völlig unvorbereitet von außen trifft und euch befällt wie eine Zecke, die sich auf euch herniederfallen läßt, weil ihr gerade „zufällig" des Weges kommt?

Oder entsteht eine Erkrankung durch über Jahre und Jahrzehnte angesammelte Frustration, Leid und Hoffnungslosigkeit?
Bei der ersten Variante würde es sich dann so verhalten, daß ihr, gleichgültig wie „gut“ oder „schlecht“ ihr in eurem bisherigen Leben gewesen seid, ihr einfach „dran“ seid, und die Krankheit euch überfällt, wie der Räuber in der Nacht. Eine weitere Möglichkeit wäre es, daß ihr aufgrund vergangener Inkarmationen schlicht und einfach eure „gerechte Strafe“ für eure Verfehlungen erleiden und erdulden „dürft“.
Beide Möglichkeiten berauben euch der Chance, tatsächlich etwas gegen eure Erkrankung tun zu können. Bei der ersten Möglichkeit benötigt ihr einen entsprechenden Heiler, dem es gelingt die biochemischen und bioenergetischen Zusammenhänge bei euch zu erkennen und ein entsprechendes Gegenmittel zu verabreichen.
Bei der zweiten Variante könnt ihr euch Gedanken darüber machen, für welche eurer Verfehlungen in welcher Inkarmation eure Erkrankung die „gerechte Strafe“ ist.

Wenn es sich jedoch so verhält, daß jede Inkarmation weitestgehend für sich selbst steht, so wäre eine Erkrankung oder eine andere intensive Problemthematik lediglich die „dreidimensionale“ Manifestation von Bewußtseinszuständen, die über mehr oder weniger lange Zeiträume bestanden. Ersetzt ihr nun den Begriff „Bewußtseinszustände“ durch den Begriff „Glaubensüberzeugungen“, so erhaltet ihr ein völlig anderes Bild von eurer ureigenen Problemthematik.

Allerdings steht ihr somit wiederum vor einem neuen Problem, denn diese Variante würde bedeuten, daß ein jeder von euch einzig und allein der oder die Verantwortliche für seine Problematiken ist!

Nun betrachtet euch die vergangene Zeitspanne eures Lebens und ordnet einmal selbst anhand der oben stehenden Liste zu, ob ihr den überwiegenden Teil eures Lebens im „positiven“ oder im „negativen“ Bereich verbracht habt.

War euer Leben überwiegend bestimmt von Freude und Glück, von Frieden und Zufriedenheit, von Intuition und Liebe?

Oder war euer Leben bestimmt von Trauer und Leid, von Unzufriedenheit und Frustration, von Gedanken und Angst?

Wir sind der Meinung, daß letzteres bei euch überwiegt.
Wenn dies nun so ist, so werdet ihr nicht umhinkommen, daß ihr euer ganzes Leben lang nichts anderes getan habt, als euch genau an der Seite eurer inneren Polarität auszurichten, die ihr im Prinzip ganz und gar nicht als lebensbestimmend akzeptieren wolltet.

Wenn ihr nun euren inneren Unmut unseren Beschreibungen gegenüber überwunden habt, so laßt euch sagen, daß es euch niemals möglich war, euch an der tatsächlich konstruktiven Seite eurer Polarität auszurichten.
Das Hierarchiegefüge auf eurem Planeten ließ eine dauerhafte konstruktive Ausrichtung in keinster Weise zu.
Jeder einzelne von euch ist eingebunden in eine Vielzahl von unübersehbaren Machtstrukturen, die es euch bisher unmöglich gemacht haben, euch an eurer konstruktiven Seite auszurichten!

Im Prinzip hat sich auf eurer Welt seit mehreren Tausend Jahren nichts wesentliches verändert.
Nach wie vor werdet ihr als Sklaven einiger weniger gehalten. Während eure Existenz in früheren Zeiten durch eure Lehnsherrn, Hohepriester, den Adel, die Kirche oder durch sonstige Personen oder Organisationen geprägt wurde und viele von euch für diese schuften mußten, ohne gerechten Lohn zu erhalten, so verhält es sich in einer anderen Facettierung auch heute noch.

Heute könnt ihr scheinbar wählen, von wem ihr „re-giert“ werden wollt. Ihr könnt scheinbar euren Beruf frei wählen und könnt euch an alle Orte auf dieser Welt begeben. Voraussetzung ist jedoch, daß es genügend offene Arbeitsstellen in eurem Wunschberuf gibt und ihr die notwendigen Voraussetzungen mitbringt.
Für eure Reisen braucht ihr das nötige „Kleingeld“ oder zumindest eine gute Bank, die euch immer weiter Schulden machen läßt.

Wenn ihr krank seid, genießt ihr die ärztliche Versorgung. Gehört ihr zu den scheinbaren „Versagern“, so sorgen eure Sozialprogramme zumindest dafür, daß ihr nicht verhungert. Müßt ihr unter den Brücken schlafen, so findet ihr immer wieder mildtätige Seelen, die euch durch ihre finanziellen Zuwendungen dabei helfen, eure Grundbedürfnisse zu stillen.

Euer modernes Sklaventum hat sich von den „Leibeigenen" abgewandt, da es durch die Vielfältigkeit eurer Wirtschaft-, Sozial- Politsysteme nicht mehr notwendig ist, die Menschen offensichtlich unter der absoluten Kontrolle zu halten.
Wäre dieses System zu offensichtlich, so würde sich reger Widerstand dagegen formieren und das System wäre immens gefährdet.

Euer System der Sklaverei beruht auf der scheinbaren Freiheit der Selbstbestimmung.
Gleichgültig jedoch wohin ihr euch wendet und was ihr beabsichtigt zu tun, immer bleibt ihr innerhalb des Systems.
Gleichgültig in welcher Position ihr innerhalb eures Sozialsystems steht, an euch wird immenses Geld verdient. Eure Banken verwalten euer Geld oder machen euch zu Schuldnern.
Seid ihr Krank? Eure Pharmaindustrie verdient sich an euch eine goldene Nase.
Verfügt ihr über ein Fahrzeug? Die Brennstoffindustrie freut sich über jedes Vehikel, das ihr verwendet.
Seht ihr Fernsehen? Hört ihr Radio? Lest ihr Zeitung? Eure Informations- und Medienindustrie ist begeistert.
Sollen wir die Beispiele noch weiterführen?
Alle verdienen sich an euch eine goldene Nase. Fortwährend unterliegt ihr den Suggestionen eurer Wirtschaft und eurer Politik. Ihr, jeder einzelne von euch, seid das Zielobjekt, das die Mächtigen noch mächtiger und die reichen Sklavenhalter noch reicher macht.

Doch wer, so fragen wir euch, gibt denen die Macht?

Doch zurück zu unserer Liste.
Könnt ihr euch vorstellen einen Begriff wie „Krankheit" oder „Problem" mit all seinen Konsequenzen auf der rechten Seite der Liste unterzubringen?

Haben Begriffe wie Frustration, Leid und Angst Platz auf der rechten Seite?

Wenn ihr also Angst habt, wenn ihr Leid, Krankheit, Frustration oder ähnliches erlebt und erfahrt, wo sind diese dann zuzuordnen?

Problematiken oder Krankheiten erfüllen für euch konkrete Aufgaben.
Seid ihr krank, so seid ihr in verschiedenen Situationen nicht fähig und in der Lage diese oder jene „Pflicht“ zu erfüllen, ohne daß jemand zu euch sagen kann: Das müßt ihr tun.
Ihr seid schlicht und ergreifend krank und somit könnt ihr euch zurückziehen und zurückhalten.
Krankheit kann auch einem manipulativen Effekt haben, da ein kranker Mensch mehr Zuwendung benötigt als ein gesunder.

Krankheit ist jedoch in jedem Falle ein Zustand des Bewußtseins, in dem sich feinstoffliche Energie, also Information, grobstofflich oder materiell manifestiert. Was nun im Einzelfalle dazu führt, ist zu diesem Zeitpunkt unserer Erzählung unbedeutend.

Euer Schöpfungspotential habt ihr in den meisten Phasen eures Lebens in destruktiver Weise genutzt. Ihr habt permanent die Inhalte eures Bewußtseins manifestiert, die ihr auf der linken Seite der Liste finden könnt. Der wesentlichste Aspekt eurer Manifestation jedoch ist die Angst, denn ein Großteil der in der linken Aufstellung aufgeführten Begriffe entsteht aus der Angst.

Ist es nicht an der Zeit, Kinder des Lichtes, eure Ausrichtung neu zu überdenken?

Das „Ich-bin-nichts-Wert“-Syndrom

Warum ihr euch entschlossen habt, euch in die Illusion der absoluten Beschränkung und Begrenzung eurer Fähigkeiten und Möglichkeiten, in das Gefühl des absoluten Getrenntseins aus der EINEN Quelle zu begeben, die ihr in eurer Dreidimensionalität erleben und erfahren dürft, hat sicherlich für jeden einzelnen von euch andere Gründe.
Tatsache ist jedoch, daß ihr nun schon einmal da seid und nicht umhinkommt, euch nun in dem „Raum der Begrenzung“ auch zurechtfinden zu „dürfen“.

Teil des Systems, in dem ihr lebt, ist es, euch klein und unwissend zu halten. Seid ihr klein und unwissend, so seid ihr auf das angewiesen, was ihr sehen, hören, fühlen, riechen und schmecken könnt.
Seid ihr klein und unwissend, so seid ihr auf eure Dreidimensionalität, auf eure Körperlichkeit „reduziert“ und müßt sehen, wie ihr damit zurechtkommt.

Und so seid ihr darauf **angewiesen** krank zu werden, arm zu sein, euch ungeliebt zu fühlen und so vieles anderes mehr. Denn lediglich die Begrenzung, gleichgültig in welcher Form ihr sie erfahrt, hilft euch, nach Alternativen zu suchen.

Im Prinzip verhält es sich tatsächlich so, daß jeder von euch einzig und allein **eine** Problematik hat. Und seid versichert, ein jeder von euch hat die selbe **eine** Problematik, die sich aufgrund eurer Persönlichkeitsvielfalt und der Vielfältigkeit eurer eigenen Glaubensüberzeugungen in unendlich vielen Lernthematiken oder Problematiken zeigt.
Dennoch, und wir verweisen nochmals darauf, verhält es sich so, daß ein jeder von euch nur **ein** Problem hat.

Im Prinzip heißt dieses Problem, daß ihr alle habt:

Ich bin nicht liebenswert!

Da jedoch für jeden von euch eure „ur-eigene“ Glaubensüberzeugung der Schlüssel zu eurer Selbsterkenntnis ist und ein jeder von euch sich selbst mittels seiner eigenen Glaubensüberzeugungen die Realität erschafft, erfährt ein jeder von euch dieses **eine** Problem auf seine eigene Art und Weise.
Nun verhält es sich durchaus so, daß, wenn ihr euch entschließt, euch in dem Bereich des dreidimensionalen „Traum-Raumes“, der als Planet Erde bezeichnet wird, zu inkarmieren, es sehr wohl eure Absicht ist, euch diesen Gegebenheiten vollends hinzugeben. Alles innerhalb eures „Traum-Raumes“ ist dafür ausgerichtet. So „pflanzt“ ihr euch also die Glaubensstruktur, euch selbst unter der Voraussetzung der scheinbaren Abgetrenntheit aus der Quelle erleben und erfahren zu wollen, ein, schon bevor ihr euch dorthin begebt.
Gleichgültig wer ihr seid, wenn ihr dort „ankommt“, diese Glaubensstruktur ist Teil von euch.
Hättet ihr diese Überzeugung **nicht** als Aspekt in eurer Persönlichkeit, wäre es euch niemals möglich, all die Erfahrungen der Zurückweisung, des „Nicht-geliebt-werdens“, des „Wert- und/oder Nutzlos-seins“ zu machen.

Ihr seid dort, wo ihr nun einmal seid, da ihr lernen wolltet, euch selbst unter diesen Bedingungen lieben zu lernen.

Der Schlüssel zu all dem wonach ihr euch sehnt, der Schlüssel zur Befriedigung all eurer Wünsche und zur Realisierung all eurer Träume ist die Liebe zu euch selbst.
So braucht ihr im Prinzip nicht mehr danach streben, euch eure Wünsche zu erfüllen, ihr müßtet nur danach streben, euch selbst zu lieben und all das, wonach ihr euch sehnt, würde euch zur Verfügung stehen.
Nun ist es für nicht das Problem, euch in euren Köpfen, mit eurem Verstand vorzustellen, daß die Liebe zu euch selbst der Schlüssel ist. Euer Problem ist es, daß ihr es **einfach nicht glauben könnt**.

Hat nicht schon der Nazaräer vor etwa zweitausend Jahren gesagt:

„Euch geschehe nach eurem Glauben?“

Seit beinahe zweitausend Jahren kennt ihr den Schlüssel, doch ihr handelt nicht danach.
Seit beinahe zweitausend Jahren wißt ihr, daß euch nach eurem Glauben geschieht, doch ihr mögt es nicht glauben.

Wenn das, was ihr über euch selbst glaubt, der Schlüssel zu euch selbst ist, wenn das was ihr über euch selbst glaubt, das ist, was ihr jeden einzelnen Tag an Schönem und weniger Schönem erfahrt, worüber beklagt ihr euch dann?
Wenn das, was ihr jeden Tag an Frustration, an Leid, an Schmerz, an Ärger und Zorn, an Mangel und Krankheit erfahrt, das ist, was ihr über euch selbst glaubt, warum verändert ihr es dann nicht?

Wenn euer ganzes Leid seinen Höhepunkt erreicht hat und ihr den „spirituellen Weg“ eingeschlagen habt, so sehnt ihr euch nach „höheren Wesenheiten“, die Kontakt zu euch aufnehmen sollen. Ihr sehnt euch nach etwas, daß über den Dingen steht und das euch mitteilen soll, was ihr denn nun tun sollt. Ihr sehnt euch nach höheren Wesen und könnt es aufgrund eurer Glaubensstruktur wiederum nicht glauben, daß ihr es selbst seid, nach denen ihr euch so sehr sehnt.

Ihr sehnt euch nach den Plejaden, ihr sehnt euch nach Sirius, nach den Centauren, nach was auch immer und könnt nicht glauben, daß ihr selbst es seid. Ihr seid doch „nur“ menschliche Wesen und seid deshalb so klein, so unwissend und so unfähig.
Wärt ihr, von eurer eigenen höheren Warte aus gesehen, nicht „Bewußtseinsgiganten“, so würdet ihr niemals den „Härtetest“ machen wollen und euch in die dreidimensionale Existenz begeben.

Wenn es doch endlich in eure Herzen dringen könnte, daß ihr selbst die strahlenden, wunderschönen und wunderbaren Licht- oder Energiewesen seid, nach deren Anwesenheit ihr euch in euren Herzen so sehr sehnt.

In euren Köpfen, in euren Gedanken seid ihr inzwischen einigermaßen „sicher", daß es schon so sein könnte, daß ihr Lichtwesen seid, doch was „denkt" ihr in euren Herzen darüber?

Habt ihr euch eine Existenz gewählt, in der ihr materielle Armut erlebt, so ist dies der einzige Weg für euch, über die Selbst-Erkenntnis euch zur Selbst-Liebe zu entwickeln.
Habt ihr euch eine Existenz gewählt, in der Krankheit euch dominiert, so ist dies der einzige Weg für euch, über die Selbst-Erkenntnis euch zur Selbst-Liebe zu entwickeln.
Habt ihr euch eine Existenz gewählt, in der ihr Einsamkeit erfahrt, so ist dies der einzige Weg für euch, über die Selbst-Erkenntnis euch zur Selbst-Liebe zu entwickeln.

Die meisten von euch jedoch, werden sich einen Weg ausgesucht haben, der eine Kombination aus diesen Gegebenheiten repräsentiert.
Dennoch passiert nichts anderes, als daß ein jeder von euch sich aufgrund der persönlichen Glaubensstrukturen seine eigene Realität erschafft.

Euch geschieht nach eurem eigenen Glauben!

Alle Gegebenheiten in eurer dreidimensionalen Welt sind darauf abgestimmt, euch in dem Glauben über euch selbst, in dem Glauben über eure Unzulänglichkeit zu belassen und eure scheinbare Minderwertigkeit noch zu verstärken und zu fördern.

Der bei euch herrschende „Körperkult", der ein bestimmtes „Schönheitsideal" erschafft, ist ein derartiges Beispiel.

Gleichgültig, wie „schön" ihr seid, niemals seid ihr mit euch selbst zufrieden. Immer gibt es etwas, das noch „schöner" sein könnte.
Weicht ihr gar von der „Schönheitsnorm" ganz und gar ab, wird euch mit jedem Film, den ihr seht, mit jedem Werbespot, durch euer Gesundheits- respektive Krankheitssystem suggeriert, daß ihr anders sein solltet, als ihr nun gerade seid.
Ist es euch aufgrund eurer Körperstrukturierung nicht möglich dem „Ideal" näher zu kommen, zwingt ihr euch selbst zu einem Kom-

promiß. Ihr arrangiert euch mit euch selbst und sagt euch: „Nun dieses oder jenes ist gar nicht so schlecht.“ Was übrigbleibt ist jedoch ein mehr oder weniger großes „ABER“, daß die meisten von euch nicht einmal vor sich selbst aussprechen.
Ihr redet euch ein, daß es gar nicht so schlecht ist, was ihr da „repräsentiert“, doch bleibt ein gewisses Maß an Unzufriedenheit zurück.
Lebt ihr in materiell unbefriedigenden Verhältnissen, so arrangiert ihr euch mit euch selbst, indem ihr euch einredet, daß es gar nicht soooo schlecht ist und daß es euch schon schlechter ging. Habt ihr euch dies lange genug eingeredet, so beginnt ihr es selbst zu glauben.
Leidet ihr unter eurer Einsamkeit, so arrangiert ihr euch mit euch selbst, indem ihr unter Umständen den Schmerz aus vergangenen Beziehungen herholt und diesen nochmals und nochmals erlebt.
Ihr redet euch ein, daß all dies seinen Grund habe und schon eines schönen Tages anders werden wird. Was bleibt, ist eure Sehnsucht endlich geliebt zu werden.

Worunter ihr auch leidet, womit ihr euch auch arrangiert habt und jetzt sagt: „Na, so schlimm ist es ja dann doch nicht“; eure Sehnsucht bleibt.
Ihr wünscht es euch anders, doch ihr habt im Laufe eurer Inkarmation gelernt, euch mit euch selbst zu arrangieren, damit der Schmerz der Sehnsucht sich in erträglichen Grenzen bewegt.

Doch was, wenn euch tatsächlich „nach eurem Glauben geschieht“?
Was, wenn ihr selbst euren Schmerz verursacht, durch das, was ihr über euch selbst glaubt?

Selbstverständlich habt ihr es euch selbst ausgesucht. Selbstverständlich habt ihr euch selbst entschlossen gerade diesen Weg der Selbsterkenntnis zu gehen.
Doch glaubt ihr nicht, daß in der unermeßlichen Liebe des EINEN, dessen Aspekt ein jeder von euch ist, auch Raum wäre ohne Schmerz und Leid erleben und erfahren zu können?
Glaubt ihr nicht, daß es euch möglich wäre, durch Freude zu lernen?

Glaubt ihr nicht, daß es euch auch möglich wäre euer unglaubliches Schöpfungspotential auch für euch selbst in konstruktiver und liebevoller Weise einsetzen zu können?

Doch wenn es sich tatsächlich so verhält, stellt sich zwangsläufig die nächste Frage:
Warum tut ihr es nicht?
Und die Antwort darauf ist ebenso einfach wie unangenehm für euch selbst.
Ihr tut es nicht, weil ihr es nicht glauben könnt.

Und so seid ihr nun wieder von all den Möglichkeiten, die sich euch „spirituellen" Menschen bieten - den „Außerirdischen, den Lichtwesen, den Engeln und Helfern - auf euch selbst reduziert.

Ihr seid das, was ihr selbst über euch glaubt.
So einfach ist es, Kinder des Lichtes.

Das Phänomen des Spiegelbildes

Wenn nun jeder einzelne von euch sich auf eurem Planeten inkarniert hat, um einzig und allein sich selbst zu erfahren, so wäre es nun an der Zeit, sich ein klein wenig mit dem Zusammenwirken der einzelnen Bewußtseine auseinander-zusetzen.

Wenn es sich nun so verhält, daß eure Glaubensüberzeugungen über euch selbst „das Maß der Dinge" sind, so setzt ihr durch eure Überzeugungen so etwas wie einen „geistigen Impuls".
Ist eine Glaubensüberzeugung beispielsweise die Angst in einer wichtigen Situation zu versagen, so setzt ihr bei allem, was ihr tut, diesen geistigen Impuls.
Da ihr fortwährend durch eure eigenen Glaubensstrukturen Impulse setzt, wird diese „Versagensangst" euch bei allem, was ihr tut oder laßt, begleiten. Diese Glaubensstruktur wird euch bei der Erschaffung eurer Realität, bei allem, was euch begegnet, zeigen, daß ihr es „ohnehin schon vorher gewußt habt".

Kommt ihr nun in eine Situation, in der ihr auf welche Art auch immer „gefordert" werdet, werdet ihr euch aufgrund eurer Furcht so verhalten, daß sich alle Gegebenheiten um euch herum derartig gestalten, daß ihr wiederum in eurer persönlichen Glaubensüberzeugung „bestätigt" werdet. Die Wahrschein-lichkeit ist sehr groß, daß ihr „versagen" werdet.
Jedoch nicht deshalb, weil „alle und alles gegen euch ist", sondern einzig und allein deshalb, weil die unendliche Liebe des EINEN euch das gibt, was ihr „gerne möchtet": Die Bestätigung dessen, was ihr über euch selbst glaubt.

Nun wird es immer wieder Situationen in eurem Leben gegeben haben, in denen das genaue Gegenteil dessen passiertwar, wovor ihr euch gefürchtet habt. Geht ihr jedoch in diese vergangenen Situationen nochmals „hinein", so könnt ihr feststellen, daß ihr in dieser Zeit entweder anders über euch „dachtet" oder ihr es euch oder anderen einmal zeigen wolltet, daß es auch anders sein kann.

Ihr wolltet es euch oder den anderen „mal so richtig zeigen", und

es ist euch in diesem Falle auch gelungen. Fallt ihr jedoch in eure Lethargie zurück, wird wieder alles so sein wie vorher.
Selbstverständlich habt ihr auch dazugelernt. Unter Umständen kommt eure Versagensangst heute kaum noch zum Tragen, dennoch werdet ihr bestätigen können, daß eure Furcht davor nach wie vor in euch ist.

Letztendlich habt ihr somit lediglich den „Beweis“, daß ihr sehr wohl in der Lage seid, Gegebenheiten trotz all eurer scheinbaren Unzulänglichkeiten zu verändern.

Tragt ihr die Angst vor Krankheit in euch, so werdet ihr alles mögliche tun, um Krankheit vorzubeugen. Ihr werdet auf eine Vielzahl körperlicher Genüsse verzichten, vornehmlich derer von denen „es“ allgemein heißt, daß sie Krankheiten hervorrufen. Ihr werdet euch in der Regel „gesund“ ernähren, ihr werdet auf Rauchen und Alkohol verzichten, regelmäßig spazieren gehen usw., usw.
Was jedoch bleibt, ist eure **Glaubensüberzeugung**, eher krank zu werden, wenn ihr euren Körper durch falsche Ernährung und ähnliches „peinigt“.

Wie erklärt ihr euch, daß Nichtraucher ebenso an einer Krankheit, die ihr landläufig als „Raucherbein“, was nicht anderes als eine bestimmte Form der Durchblutungsstörung definiert, bezeichnet, erkranken?
Wie erklärt ihr euch, daß Lungenkrebs unter Nichtrauchern nur unbedeutsam weniger als bei Rauchern verbreitet ist?
Wie erklärt ihr euch, daß zwei Menschen unter den gleichen Voraussetzungen völlig gegensätzliche Ergebnisse erzielen?

Rein dreidimensional, rein körperlich, rein „wissenschaftlich“ ist das im Prinzip nicht oder nur kaum möglich.
Fügt ihr den geistigen Aspekt dazu, fügt ihr die Glaubensüberzeugungen der einzelnen Menschen dazu, so erhaltet ihr völlig andere Ergebnisse.

Euch geschehe nach eurem Glauben.

Ihr sprecht von Christusbewußtsein und einige behaupten es zu „channeln“. Doch kaum einer unter euch macht die Lehren des Nazaräers zu seinen eigenen.
Alles, was ihr in dieser Zeit benötigt, ist in diesem einen Satz enthalten:

Euch geschehe nach eurem Glauben.

Im Laufe eures Lebens ist es euch gelungen vieles von dem, was euch „begegnet“ ist, zu verarbeiten und „umzuwandeln“. Dennoch sind auch viele neue Glaubensüberzeugungen hinzugekommen, die euch seither wiederum prägen.

Würdet ihr euch so verhalten, wie ihr euch verhaltet, wenn ihr **tatsächlich wüßtet**, daß ihr strahlend schöne Lichtwesen seid?
Würdet ihr so über euch selbst denken, wie ihr über euch selbst denkt, wenn ihr **tatsächlich wüßtet**, daß ihr Aspekte des EINEN seid?
Würdet ihr das tun, was ihr tut, wenn ihr **tatsächlich wüßtet**, daß jeder von euch für sich selbst das Maß der Dinge ist?
Würdet ihr so sein, wie ihr seid, wenn ihr euch **absolut sicher sein könntet**, daß ihr Schöpfergötter seid?

Würdet ihr nach wie vor so sein, wie ihr nun einmal seid, oder würdet ihr unter der absoluten Sicherheit des Schöpfergott-seins anders mit euch selbst umgehen, als ihr es eben jetzt gerade tut?

Tagtäglich erfahrt ihr am eigenen Leib das, was ihr über euch selbst glaubt.
Tagtäglich erlebt jeder von euch das als Realität, was er oder sie an Information in seinem persönlichen Bewußtseinsspeicher für sich selbst bereit hält.

Alles und jeden um euch herum könnt ihr belügen oder etwas versuchen darzustellen, was ihr darstellen wollt. In euch selbst jedoch seid ihr mit euch selbst, mit dem, was ihr tatsächlich über euch denkt und fühlt, konfrontiert.

Jeder von euch erlebt das, was er glaubt.
Niemand von euch ist „weiter“ oder „weniger weit“ entwickelt.
Jeder von euch ist, wie er ist, jeder von euch ist, wie ER ist.

Wie könnt ihr „Lehrern“ folgen, die von der Liebe sprechen und nicht in der Liebe zu sich selbst und somit zu den anderen handeln?
Wie könnt ihr euch noch von dem „Schein“ eines Menschen blenden lassen, wo ihr doch nun wißt, daß dieser Mensch so ist, wie ihr selbst seid. Fortwährend konfrontiert mit sich selbst, voller Ängste und Nöte, auf der Suche nach Zuneigung und Zuwendung, unfähig, sich tatsächlich so anzunehmen, wie er nun einmal ist und unfähig, sich selbst zu lieben.

Habt ihr nun den anderen Menschen gegenüber ein „Scheinbild“ erzeugt, etwas, daß ihr, aus welchen Gründen auch immer, glaubt den anderen über euch selbst vermitteln zu müssen, so habt ihr euch selbst gefangen.
Wollt ihr euch unter derartigen Voraussetzungen tatsächlich verändern, werdet ihr nicht mehr umhinkommen diesen „Schein“ aufzugeben. Natürlich werdet ihr somit auch euer Image, also das, was euch diese scheinbare Projektion von euch an scheinbaren Vorteilen bringt aufzugeben.
Dennoch werdet ihr diesen „Schein“ lediglich benutzt haben, um Anerkennung, Zuneigung oder zumindest Akzeptanz anderer Menschen zu erlangen.

Denkt ihr, daß dies noch „not-wendig“ ist, wenn es euch gelingt, euch selbst zu akzeptieren, euch selbst anzuerkennen, euch selbst zu lieben?

Denkt ihr tatsächlich noch immer, daß es euch gelingen wird, die anderen auf Dauer zu blenden?
Glaubt ihr noch immer, ihr könntet die anderen Menschen auf Dauer belügen oder betrügen?
Im Prinzip belügt und betrügt ihr euch nur selbst, denn gleichgültig was ihr tut, es wird sich aufgrund der damit verbundenen Glaubensstruktur euch wiederum als Realität zeigen.

An ihren Früchten werdet ihr sie erkennen!

Doch geht es definitiv nicht um die materiellen Früchte. Bei dieser Aussage handelt es sich um die Definition der „geistigen" Früchte. Wenn unsere Erzählung die Form der augenblicklichen Wahrheit ist, die für euch zu gerade dieser Qualität der Zeit von Bedeutung ist, wie ist es dann möglich, daß ein Mensch, der andere für seine eigenen Ziele benutzt, der andere belügt, um sich Vorteile zu verschaffen, der andere betrügt um seinen eigenen Beutel zu füllen, andererseits von Liebe sprechen kann?

Wäre dies nicht eine materielle, eine egoistische Liebe, eine Form der Liebe die dieser Mensch projiziert, um seine tatsächliche Unzulänglichkeit zu überdecken?

Mit jeder Selbstlüge, die ihr bereit seid aufzugeben, kommt ihr euch selbst, eurem Selbst einen Schritt näher.
Mit jedem Selbstbetrug, den ihr bereit seid aufzugeben, nähert ihr euch euren tatsächlichen Möglichkeiten.
Je mehr ihr von eurem „Schein" euch selbst und den anderen gegenüber aufgebt, desto mehr lösen sich eure scheinbaren Begrenzungen in Nichts auf.
Tagtäglich erlebt ihr in eurer Realität den Spiegel dessen, was ihr in eurem Bewußtsein tragt.
Wenn euch eure Realität nicht gefällt, so verändert euch selbst und All-Es wird anders sein.

Das dreidimensionale Resonanzfeld

Das dreidimensionale Resonanzfeld ist ein Bewußtseinsphänomen, das im Prinzip unmittelbar und untrennbar mit euren eigenen Glaubensüberzeugungen verknüpft ist.
Das dreidimensionale oder materielle Resonanzfeld ist nichts anderes als die Realität, die ihr selbst aufgrund eurer eigenen Bewußtseinsinhalte als „Spiegel" erlebt und erfahrt.

Das, was ihr selbst aufgrund eurer Bewußtseinsinhalte über euch glaubt, begegnet euch ständig und immer wiederkehrend als dreidimensionale oder körperliche Realität.
Das, was ihr tief in euch über euch selbst glaubt, begegnet euch fortwährend in eurem Leben.
Die Lieblosigkeit, den Mangel an materiellen Gütern, die fortwährende Frustration ob all der „Dinge", die ihr fortwährend tun „müßt", eure Einsamkeit und eure Krankheiten können euch nur deshalb „im Griff" haben, da sie in jedem von euch selbst tief verwurzelt sind.

Toleranz ist eine wunderschöne „Sache". Toleranz ist etwas, das unmittelbar zu einem spirituellen Menschen gehört. Bist **Du** tolerant?
Übst **Du** Nachsicht mit den Menschen, von denen **Du** denkst, sie können es nicht anders wissen?
Stellst **Du Dich** auf die Seite der Minderheiten, die unterdrückt, diskriminiert und verachtet werden?

Selbstverständlich tust **Du** es.

Wie jedoch verhält es sich mit **Deiner** Toleranz, wenn **Du** fortwährend mit **Deinem** Kleinwagen auf der Autobahn beim Überholen von den Luxuskarossen hinter **Dir** durch hupen und blinken genötigt wirst, **Dich** ein wenig zu beeilen und die Überholspur wieder zu verlassen.
Ist es **Dir** dann auch noch möglich Tolerant zu sein?
Oder verhält es sich dann doch eher so, daß **Du** nach dem zehnten

„Gescheucht-werden“ langsam aber sicher über die „Idioten“, „Geldsäcke“ und „arroganten und aufgeblasenen Kamele, denen ihr geldgieriges Verhalten schon von weitem anzusehen ist“ schimpfst?

Hört **Deine** Toleranz nicht dann auf, wenn **Du** von jemanden, der **Dir** selbst scheinbar durch irgend etwas „überlegen“ zu sein scheint, auch noch „schlecht“ oder scheinbar nachteilig behandelt wirst?

Hat Toleranz also die Funktion Gleichgestellten zu vergeben und die Bessergestellten lediglich solange zu akzeptieren, bis sie **Dich** selbst beschränken?
So wäre in diesem Falle nicht von Toleranz zu sprechen, sondern von Solidarität.
So handeln wirst **Du** auch nur, wenn **Du** über wenig oder keine materiellen Mittel verfügst. Würdest **Du** selbst nämlich über ein Fahrzeug verfügen, daß die gleiche Geschwindigkeit erreichen kann, wie das des Menschen, der **Dich** von der Überholspur „scheucht“, so würdest **Du** die Situation völlig anders beurteilen.
Es wäre in diesem Falle lediglich eine Entscheidung, ob **Du** selbst schneller fahren möchtest oder bewußt dieses Tempo beibehalten möchtest.
Was **Dich** in diesem Falle lediglich aus der Ruhe bringen würde, ist die Tatsache, daß **Du** nicht schneller fahren kannst.

Nun dürfte es lediglich eine untergeordnete Rolle spielen, ob es sich nun gerade bei euch tatsächlich so verhält.
Tatsache ist es jedoch, daß ihr als einsame Menschen mehr als nur einmal Bekannte oder Freunde, die in einer scheinbar glücklichen Beziehung leben, beneidet habt und eben diese für ihre Fähigkeit bewundert, immer wieder scheinbar glückliche Beziehungen eingehen zu können, während ihr einsam und verlassen euer Leben fristen müßt.
Tatsache ist es auch, daß es immer wieder Arbeitskollegen gibt, die euch, sicherlich oftmals ungerechtfertigt, vorgezogen werden. Ihr lebt in der Vorstellung, daß es dieser oder jener Mensch wesentlich einfacher hat als ihr selbst, weil er oder sie eben über dieses oder jenes verfügen kann und ihr nicht.

Und obwohl dieser oder jener Mensch sich weder gesund ernährt noch sonst irgend etwas tut, um „gesund" zu bleiben, seid ihr krank und jener eben nicht.

Wißt ihr, wovon wir sprechen?
Und scheinbar niemand ist da, um euch aus eurem Leid zu befreien.

Wie verhält es sich mit eurem „Neid"?
Viele werden nun sagen: „Ja schon, aber ...."
Und wieder seid ihr in eine Falle getappt, die ihr euch im Prinzip selbst gestellt habt.
Neidisch sein ist „Pfui" und deshalb dürft ihr euch eure kleine Schwäche nicht einmal vor euch selbst eingestehen, sondern müßt sie sofort wieder vor euch selbst rechtfertigen und abschwächen.

Schließlich und endlich müßt ihr doch „gute" Menschen sein und als „guter" Mensch ist „man" einfach nicht neidisch.
Würdet ihr euch jedoch eurer Erkenntnis stellen, daß in dem einen oder anderen von euch doch das eine oder andere Fünkchen davon vorhanden ist, könntet ihr euch konkret damit auseinandersetzen und für euch selbst herausfinden woher es kommt und warum ihr damit konfrontiert seid.
Würden euch „die anderen" noch mögen, wenn sie wüßten, daß ihr in der einen oder anderen Situation Neid empfindet?

Jemanden zu belügen ist etwas, das ihr im Prinzip auch nicht tun „dürft". Die Ausnahme ist jedoch die von euch als „Notlüge" definierte bewußte Äußerung von Unwahrheit. So gibt es den Ausspruch: „Notlügen sind erlaubt.".

Eine „Notlüge" verwenden die meisten von euch dann, wenn es darum geht jemanden eine Absage zu erteilen oder eine für euch unangenehme Situation zu entschärfen.

Ihr könntet anstelle der Notlüge auch die Wahrheit sagen. Die Konsequenz jedoch wäre, daß euch der andere Mensch nicht mehr mag, da ihr ihm schon wieder nicht helfen mögt oder euer Vorge-

setzter könnte euch entlassen, da ihr schon wieder zu spät gekommen seid.
Werden sie euch dann noch mögen?

Aggressionen, Wut und Zorn dürft ihr nicht haben - als „spirituelle“ Menschen schon gar nicht.
Eure Wut, eure Aggression zeigt ihr nur dann, wenn euer Faß am überlaufen ist. Nur dann zeigt ihr euren Zorn, wenn ihr gar nicht mehr anders könnt und trefft damit meist diejenigen, die tatsächlich gar nichts mit eurer Frustration zu tun haben.
Werden euch die euch wichtigen Menschen noch mögen, wenn sie merken, daß ihr ihnen die Frustration, die sie euch bereitet haben, als Zorn wieder zurückgebt?

Wenn ihr nun lange genug euren Zorn, eure Furcht oder eure Selbstlüge in euch hineingeschluckt oder akzeptiert habt, seid ihr verwundert, wenn sich in euren Körper Krankheiten ausbilden, die euch in eurer Bewegungsfreiheit beschränken, die dafür sorgen, daß ihr Teile eures Körpers entfernen müßt oder euch schlicht und einfach euer eigenes Leben bedrohen.

Ihr habt das Dunkle, das Böse, das Schreckliche, die Angst und das Unangenehme in euch selbst. Ebenso jedoch habt ihr das Licht, das Gute, das Schöne, die Liebe und das Freudige in euch.
Eure Sehnsucht nach dem Licht entspringt der Tatsache, daß ihr in der Dunkelheit lebt.
Eure Sehnsucht nach Liebe entspringt der Tatsache, daß ihr in der Angst lebt.
Ihr könnt euch nur nach etwas sehnen, wenn ihr es nicht zur Verfügung habt.
Durch eure Programmierung, euch nur an der materiellen Seite zu orientieren, habt ihr verlernt, daß beides in euch selbst wohnt.

Das dreidimensionale Resonanzfeld gibt euch das, was ihr an Gedanken und Überzeugungen in euch selbst habt.
Es fragt nicht, ob das, was ihr in euch tragt „gut“ oder „böse“, Liebe oder Angst ist. Dieses Feld nimmt euch so, wie ihr seid und gibt euch das, was ihr in euch habt.

Angst oder Liebe sind ein und dasselbe, denn es entspringt der gleichen Quelle. „Gut“ oder „Böse“ sind ein und dasselbe, denn es entspringt der gleichen Quelle.
Das dreidimensionale Resonanzfeld fragt nicht nach Bewertungen. Es nimmt das Ganze eures Bewußtseins und erschafft eure Realität, so wie sie in euch ist.
Wenn **Du Dich** veränderst, veränderst **Du Deine** Welt. Wenn **Deine** Welt sich verändert, verändert sich **Dein** Universum und wenn **Dein** Universum sich verändert, verändert sich **Dein** Kosmos.
Du selbst bist das Maß der Dinge.

Wenn **Du** keine Hilfe mehr brauchst, so wirst **Du** den anderen nicht mehr helfen müssen.

Findet die Aggression keine Resonanz mehr in **Dir**, so wird es in **Deiner** Welt keine Aggression mehr geben.
Findet das „Böse“ keine Resonanz in **Dir**, so wird es in **Deiner** Welt das „Böse“ nicht mehr geben.
Findet das Leid keine Resonanz mehr in **Dir**, so wird es in **Deiner** Welt kein Leid mehr geben.
Findet die Angst keine Resonanz mehr in **Dir**, so wird es in **Deiner** Welt keine Angst mehr geben.

Findest die Liebe Resonanz in **Dir**, so wird es in **Deiner** Welt nur noch Liebe geben.

Und die anderen werden kommen und **Dich** fragen, wie es **Dir** gelungen ist **Deine** Welt zu gestalten.

Betrachte **Deine** Welt und sieh, was **Du** dort findest.
All das ist auch in **Dir**............................

Gehe hin und werde das, was **Du** schon immer warst: Die Liebe des EINEN!

Wieder Geometrie

Nun konntet ihr euch gerade begeistert mit dem Gedanken anfreunden, daß ihr für all das „Böse“, für all die „negativen“ Dinge, die euch widerfahren, die „dunkle“ Seite, die Illuminaten, oder was auch immer verantwortlich machen konntet.
Endlich, endlich gab es einen Sündenbock und ihr wurdet in eurer Vermutung bestätigt, daß ihr euch drehen und wenden könnt, wie ihr wollt, solange „die da oben“ nicht eingreifen, könnt ihr gar nichts machen.
War es nicht schön, einen Sündenbock zu haben?
Hat es euch nicht weitergeholfen, sagen zu können: „Die sind Schuld!“?

Nun kommen wir und erzählen euch, daß alles ganz anders ist.
All das Böse, all die Gewalt haben nur deshalb Raum auf eurer Welt, da das Außen, eure physische Welt, eine Spiegelung dessen ist, was ihr alle als Kollektiv in euch tragt.

Das Maß für die Dinge, die euch in eurem Leben als physische Realität begegnen, sind also eure Glaubensstrukturen. Das, was ihr über eure Gesundheit glaubt, ist das, was ihr an physischer Realität projiziert.
Das was ihr über die Wissenschaft, die Wirtschaft und die Politik ist das, was ihr an physischer Realität projiziert.
Das, was ihr über eure Intelligenz, eure Fähigkeiten und Möglichkeiten glaubt, ist das, was ihr projiziert.
Und auch das, was ihr an Glaubensstrukturen über Neid, Aggression, Frustration, Furcht, Schmerz und Leid in euch tragt, ist das, was ihr in eurer physischen Realität erlebt.

Das, was ihr in euch und über euch selbst glaubt, zeigt sich in eurer physischen Existenz als Realität, die ihr fortwährend erleben und erfahren dürft.
„Dürft“ deshalb, da das Wirkprinzip des Kosmos in seiner unbegrenzten und unbeschränkten Liebe zu euch eure Glaubensstrukturen als Realität repräsentiert, damit ihr euch selbst erleben und erfahren könnt.

Wäre es euch möglich, den gleichen fast naiv zu nennenden Glauben eurer Kinder aufzubringen, so würdet ihr euch nicht so ausgegrenzt fühlen.
Ihr jedoch, die ihr euch „erwachsen“ nennen müßt, seid einem Umerziehungsprogramm in die Hände gefallen, das kaum noch etwas von der Möglichkeit des unbegrenzten Glaubens in euch übriggelassen hat.
Nichts geschieht „zufällig“. Ihr alle seid Teil eines großen Planes, eines gigantischen Projektes.
Dieses Projekt wird alle Lebensformen wieder zu dem EINEN zurückführen.
Ob dieses Projekt noch eintausend Jahre eurer Zeitrechnung oder Äonen beansprucht, hat keinerlei Bedeutung, da Zeit nicht tatsächlich existent ist.
So ist auch euer Leben nicht vorbestimmt. Ihr entscheidet in jeder Sekunde eures Lebens selbst, was ihr glauben wollt. Nach eurem Glauben gestaltet ihr eure physische Existenz. Jeder von euch für sich selbst und ihr alle zusammen als Kollektivbewußtsein.

Wenn es euch nun gelingt, eure Glaubensstrukturen über euch selbst zu verändern und mehr und mehr zu akzeptieren, daß ihr tatsächlich Wesenheiten des Lichtes seid und euch nur aus Gründen der Selbsterkenntnis eures ureigenen Seelenaspektes in eine scheinbar existierende physische Form begeben habt, so wäre euch nach und nach All-Es möglich!

Alle Gegebenheiten, die euch in eurer physischen Existenz begegnen, haben ihre Ursache in eurem eigenen Geist.
Erinnert euch an die geometrische Struktur, die wir euch im Zusammenhang mit den höheren und niederen Selbst übermittelt haben.

Wiederum steckt ihr mit dieser graphischen Darstellung inmitten der Polarität.
Betrachtet zunächst das äußere Hexagramm. Es setzt sich zusammen aus einem Dreieck nach oben und einem Dreieck nach unten.
Da der Geist die Materie beherrscht, umschließt das äußere Hexagramm als Symbolik für den Geist das innere Hexagramm, das als Symbolik für die Materie oder die Physis zu betrachten ist.

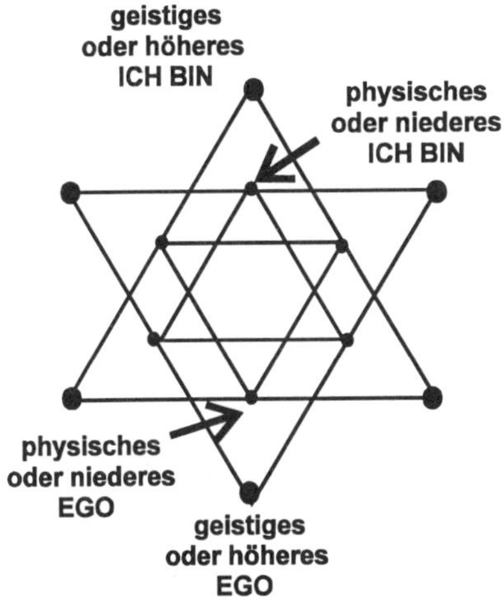

Das innere Hexagramm repräsentiert also eure materielle oder physische Existenz. Jedes der Hexagramme oder Sechssterne stellt die Verbindung zweier Polaritäten dar, deren beide Seiten jeweils durch ein nach oben und ein nach unten gerichtetes Dreieck symbolisiert werden.
Während das äußere nach oben gerichtete Dreieck den konstruktiven Teil eures höheren Selbstes definiert, steht das äußere nach unten gerichtete Dreieck für den destruktiven Aspekt eurer Geistigkeit.
Der innere Sechsstern steht als Symbol für eure polare physische Existenz. Das innere nach oben gerichtete Dreieck als Symbolik für euren konstruktiven, physischen oder körperlichen Aspekt und das innere nach unten gerichtete Dreieck für euren destruktiven physischen Anteil.

Graphisch dargestellt, sind eure destruktiven, begrenzenden oder „negativen“ Glaubensstrukturen in der nach unten gerichteten Spitze des inneren Sechssterns zu finden.
Eure konstruktiven, unbegrenzten oder „positiven“ Glaubensstrukturen findet ihr, wiederum graphisch dargestellt, in der oberen Spitze des inneren Hexagramms.

Die Mitte des Sechsstern repräsentiert die Verbindung der beiden

Pole der physischen Polarität.
Nun könnt ihr diese graphische Darstellung auch auf euer Chakrasystem übertragen.
Maßgeblich dafür ist wiederum der **innere** Sechsstern.
Das Wurzelchakra wird dargestellt durch den unteren Punkt des Hexagramms oder das EGO.
Der oberste Punkt des Sechssterns kann als Symbolik für das Scheitelchakra angesehen werden.
Die Mitte des Hexagrammes kann symbolhaft für die Existenz des Herzchakras stehen, das physische Destruktivität und Konstruktivität miteinander verbindet.

Da ihr niemals **gelernt** habt, eure physische Konstruktivität auszuprägen und zu schulen, sondern ganz im Gegenteil alles innerhalb eurer Machtstrukturen darauf ausgerichtet ist euer EGO, den destruktiven Aspekt in euch, zu trainieren und zu dominieren, könnt ihr nicht anders, als euch innerhalb der euch anerzogenen Glaubensstrukturen zu bewegen.

Zweifelt ihr an unseren Worten?
Nun, so fragt euch hier an dieser Stelle, ob ihr tatsächlich so mit euch selbst umgehen würdet, wie ihr es nun einmal tut, wenn ihr euch **tatsächlich** vorstellen könntet, wunderschöne, strahlende Lichtwesen zu sein.

Das Wirkprinzip eurer Chakren

Damit ihr tatsächlich verstehen könnt, wo die Irrtümer eures projizierten Weltbildes liegen und wie sie sich in eurer physischen Realität bemerkbar machen, ist es für euch von wesentlicher Bedeutung, daß ihr es **verstehen** könnt.

Wenn ihr euch in der Natur aufhaltet, so könnt ihr mit euren Augen nur bis zum Horizont sehen.
Der Horizont, der für euch sichtbar ist, stellt für euch die physische Grenze eurer Wahrnehmung dar.
Wenn ihr nun einen Schritt in eine Richtung tut, die ihr selbst bestimmt, so verschiebt sich auch eure Begrenzung um einen Schritt weiter.
Bei der Graphik Stellt der äußere Kreis die Gesamtheit, den Kosmos dar. Von **Deinem** Standpunkt aus kannst **Du** lediglich innerhalb **Deiner** eigenen, persönlichen Begrenzungen Situationen oder Gegebenheiten und vor allem **Dich selbst** beurteilen und bewerten.

Gehst **Du** nun einen Schritt in irgendeine Richtung, so erweitert sich dadurch zwar nicht **Dein** Horizont, jedoch lernst **Du** innerhalb **Deiner** eigenen Begrenzungen andere Gegebenheiten kennen.
Das wiederum führt dazu, daß **Du** selbst durch **Deine** Erfahrungen **Deinen** Weg der Selbsterkenntnis gehst.
Das Erfahren neuer Gegebenheiten mit den alten Begrenzungen erfordert zugegebenermaßen großen Mut.
Du kommst dabei nicht umhin **Dich** selbst zu überwinden, denn **Du** wirst dazu den ersten Schritt tun müssen.
Deinen eigenen Horizont erweiterst **Du** dadurch, daß **Du** innerhalb **Deiner** Begrenzungen neues erlebst und erfährst.

Begrenzt wirst **Du** durch **Deine** menschlichen oder physischen Glaubensüberzeugungen.
Diese Glaubensüberzeugungen sind zunächst außerordentlich bedeutsam, da **Du Dich** als göttliches Wesen, als Wesenheit des Lichtes nur dann innerhalb **Deiner** physischen Existenz erleben und erfahren kannst, wenn **Du** zu einhundert Prozent involviert bist.

So ist **Deine** physische Existenz, **Deine** physische Anwesenheit auf dem Planeten Erde zunächst solange bestimmend, bis es **Dir** gelungen ist zu der Erkenntnis zu gelangen, daß **Du** auch als geistiges Wesen existent bist. Anderes formuliert wird **Dir** die Materie nur so lange zu schaffen machen, bis **Du** tatsächlich erkannt hast, daß **Du** eine Wesenheit aus strahlendem Licht bist.
Dann und erst dann wirst **Du** fähig und in der Lage sein, **Deine** Realität in jeder Sekunde selbst zu gestalten.

In dieser Qualität der Zeit macht ihr alle nun die Erfahrung, langsam, Schritt für Schritt zu lernen, daß ihr weit mehr seid als „nur" physische, also materiell existierende Wesenheiten. Mehr und mehr von euch beginnen „höhere" Fähigkeiten zu entwickeln.
Diese Fähigkeiten und Möglichkeiten, die euch zur Verfügung stehen, könnt ihr jedoch nicht mit eurem Verstand, also dem Instrument eurer physischen Existenz entwickeln, sondern diese Fähigkeiten lassen sich nur durch eine Umwandlung, durch eine Umprogrammierung eurer Glaubensstrukturen erreichen.
Euer Verstand **will**, daß ihr Fähigkeiten entwickelt. Solange ihr versucht spirituelle Entwicklung durch euren Verstand, durch euer EGO zu steuern, werdet ihr immer wieder erfahren, daß es nicht in dem Ausmaß funktionieren wird, wie es euch tatsächlich möglich wäre.
Spirituelle Entwicklung bedeutet nicht anderes, als daß ihr euch aus den begrenzenden Möglichkeiten eures Verstandes, eures EGO´s hinausbegebt. Es bedeutet nichts anderes, als daß ihr euch von den Gegebenheiten der Destuktivität (dem linken Bereich der Liste) zu dem anderen, dem konstruktiven Bereich hin entwickelt.

Nun könnt ihr anhand der graphischen Darstellung des Sechssterns im Sechsstern, der körperlichen Existenz innerhalb der geistigen Existenz feststellen, daß der innere Sechsstern mit seinen Eckpunkten jede Linie des äußeren Sechssterns schneidet, sie also berührt.

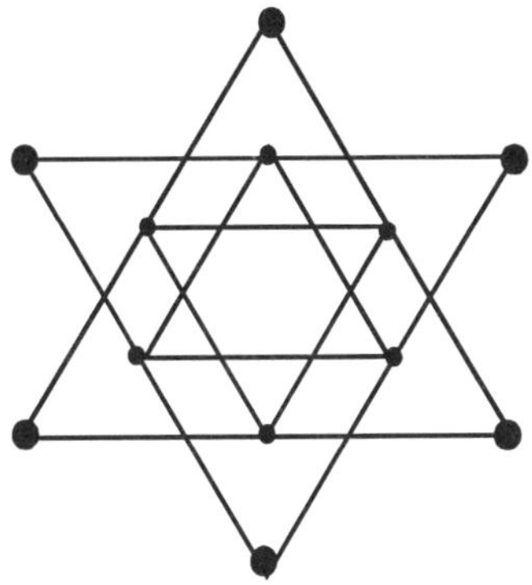

Tatsächlich verhält es sich sogar so, daß der innere Sechsstern jeweils die Mitte der Linie schneidet, die zwei Punkte des äußeren Sechsstern miteinander verbindet.
In der Graphik stellen diese Punkte Verbindungen zwischen innerem Sechsstern, also der Symbolik euer physischen Existenz und dem äußeren Sechsstern, der Symbolik eurer geistigen Existenz, dar.
Ersetzt ihr die „physische Existenz“ durch den Begriff „Mensch-sein“ und die „geistige Existenz“ durch den Begriff „höheres Selbst“ oder „Lichtwesen“, so ergibt sich ein völlig anderes Bild eurer Existenz.

Bei dieser Betrachtungsweise entsteht sehr wohl die Vorstellung, daß euer „Mensch-sein“ eine unmittelbare Verbindung zu euren „höheren“ Aspekten hat.
Bezeichnet ihr nun die Schnitt- oder Verbindungsstellen des inneren Hexagrammes mit dem äußeren Hexagramm als Chakren, so ergibt sich für euch ganz klar, daß eure Chakren nichts anderes als eine Art „Energieübergänge“ oder „Tore“ von eurem „höheren“ Selbst, eurer geistigen oder feinstofflichen Existenz, zu eurem „niederen“ Selbst, zu eurer physischen Existenz darstellen.

So stehen die ersten drei Chakren, also das Wurzelchakra, das Nabelchakra und der Solarplexus für eure „destruktive“ menschliche Seite oder die destruktive physische Existenz.
Scheitelchakra, drittes Auge und Halschakra stehen für die „konstruktive“ menschliche Seite oder die konstruktive physische Existenz.
Wir bitten euch jedoch in diesem Zusammenhang die Begriffe

„Konstruktiv“ und „Destruktiv“ nicht als „gut“ oder „schlecht“ zu bewerten.
Ihr verfügt über zwei Seiten in euch. Das eine ist die eine Seite und das andere ist die andere Seite. Punktum!
Die Entscheidung, welche der beiden Seiten oder welche Kombination aus beiden Seiten ihr für euch leben möchtet, trifft jeder einzelne von euch allein.
Bisher war es jedoch den meisten von euch gar nicht möglich, euch an der einen oder anderen Seite auszurichten, so daß ihr ausschließlich oder zum größten Teil dazu verdammt wart, lediglich euren destruktiven Teil ausleben zu können.

Ihr werdet allerdings beim Nachzählen feststellen, daß ihr dabei auf lediglich sechs Chakren kommt. Ihr werdet auch feststellen, daß das äußere Hexagramm wiederum sechs Eckpunkte aufweist.
Wir möchten euch jedoch nicht mehr als unbedingt notwendig verwirren. Deshalb werden wir uns im Moment nur auf die Schnittpunkte des inneren Hexagrammes beschränken.

Ihr könnt also feststellen, daß euer siebtes Chakra noch nicht zu finden ist. Damit ihr die Bedeutung des fehlenden Chakras verstehen könnt, machen wir wiederum eine kurze Exkursion in die Geometrie.

Die Geometrie des Seins

Es tritt tatsächlich ein, was ihr befürchtet habt.
Wir werden euch wiederum mit dem konfrontieren, was viele von euch bereits in ihrer Schulzeit gefürchtet haben: Mathematik - oder besser gesagt: Geometrie.

Damit ihr Verständnis bekommt für die tatsächlichen Gegebenheiten der Existenz ***allen*** Seins, werden wir die Geometrie zu Rate ziehen.
Wenn ihr euch aus eurem gestörten und eurem kaum auf Tatsachen beruhendem Verständnis eurer Mathematik oder Zahlenverständnis löst und in Betracht zieht, daß es durchaus andere Möglichkeiten gibt, um Zahlen und Striche zu definieren, so wird es euch gelingen, über das Bewußtsein der Zahlen und der damit verbundenen Geometrie, Verständnis für eure Existenz zu erlangen.

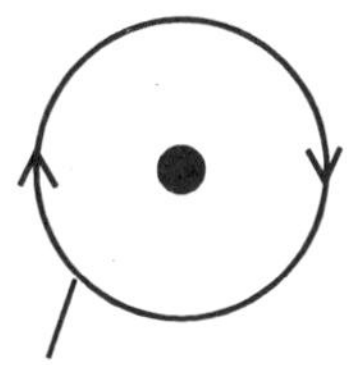

Rotationsrichtung des Punktes
Abb. 1

Geometrie macht das Bewußtsein, die Funktion der Zahlen sichtbar. Für euer Fortkommen ist es bedeutsam, daß ihr mit eurem Verstand begreifen könnt, da euer Verstand wesentlicher Teil eurer physischen Existenz ist.
Die Art und Weise, wie wir Geometrie darstellen, ist auf eure physische Existenz abgestimmt. In „höheren" Existenzebenen hat Geometrie wiederum andere Funktionen, die jedoch hier und jetzt nicht bedeutsam sind.

Der Ursprung aller Existenz ist der Punkt oder das Alpha.
Versetzt ihr einen Punkt oder eine Scheibe in Eigenrotation (Abb.1), also in Rotation um die eigene Achse, so wird er nach einer gewissen Zeit beginnen langsam über die Form einer Spirale hin, sich in eine fortwährende Kreisbahn zu begeben, **deren Mittelpunkt sein ursprünglicher Standort** war (Abb.2).

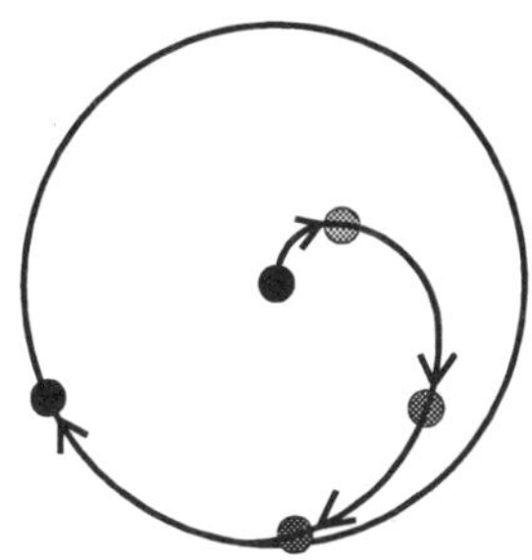

Abb. 2

Der Durchmesser des Kreises, der sich daraufhin bildet, wird bestimmt durch die Geschwindigkeit der Eigenrotation des Punktes.

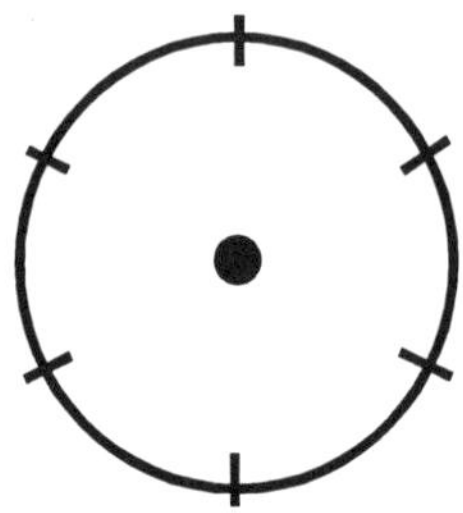

Abb. 3

Wird der Kreis nun mittels seines eigenen Radius, also der Hälfte seines Durchmessers, geteilt, so ergeben sich sechs Unterteilungen, die den Kreis in sechs mal 60 Grad unterteilen (Abb.3).

Verbindet ihr nun diese Unterteilungen auf eine Art und Weise, die zwei entgegengerichtete Figuren darstellen soll, so erhaltet ihr nichts anderes als ein nach oben und ein nach unten gerichtetes Dreieck, die sich mittig überschneiden. (Abb.4)

Abb. 4

Bereits zu dem Zeitpunkt, an dem der „Punkt" aufgrund seiner Eigenrotation seinen ursprünglichen Standort verlassen hat, erhaltet ihr eine zweite geometrische Form, nämlich den Kreis.

Ein Kreis entsteht also dadurch, daß ihr einen Punkt oder beispielsweise eine Kugel in Eigenrotation versetzt. Wird die Eigenrotation des Punktes (oder der Kugel) vergrößert, so wird ebenso der Kreisumfang größer werden.

Zuführung von Energie bewirkt also Veränderung der Form.

Energie = Bewußtsein = Information = Licht

Anstelle von Energie könntet ihr also auch Information oder Bewußtsein zuführen, um Rotation zu erzeugen, da dies nur unterschiedliche Begriffe für ein- und dasselbe sind.

Je mehr Information ihr also zuführt, desto größer wird der äußere Kreis werden den der Punkt erreichen kann.

Ich bin das Alpha und das Omega. Ich bin der Anfang und das Ende.

Der Punkt stellt also den Anfang, den Beginn dar.

Bezieht ihr nun diese Aussage auf die Existenz des EINEN, so

wäre der ursprüngliche Punkt nichts anderes als die Erkenntnis des EINEN, daß er existiert. Der Punkt wäre also der Beginn der **bewußten** Existenz des EINEN. Solange der EINE sich selbst nicht bewußt war, konnte er nicht existent sein.
Erst durch das Hinzufügen von Energie oder Information war es möglich Bewegung oder Veränderung herbeizuführen.
So bestimmt also das Maß der Information den Umfang des Kreises, der sich durch Bewegung um den Kern bildet. Der Kreis bildet die Grenze des EINEN. Der Kreis ist die Symbolik für das, was dem EINEN an Information zur Verfügung steht. Alles, was der EINE ist, spielt sich innerhalb dieses Kreises ab.
Weitere geometrische Gebilde zu bilden wäre durch das Hinzuführen weiterer Bewegungen möglich, würde euch jedoch zu diesem Augenblick zu sehr verwirren.
So ist der Punkt die Symbolik für den Anfang oder das Alpha und der Kreis die Symbolik für das Maß der augenblicklichen Begrenzung oder das Omega.
Der Kreis ist jedoch niemals tatsächlich das Ende, denn durch hinzufügen von mehr Information oder Energie läßt sich der Umfang des Kreises vergrößern.
Obgleich auch der EINE seine Begrenzung hat, ist ER dennoch im Vergleich mit allen anderen Lebensformen unbegrenzt, da jegliche andere Lebensform lediglich einen Teilaspekt des EINEN darstellt.

Der Kreisumfang besteht immer und ohne Ausnahme dadurch, daß der innere Punkt aufgrund seiner Bewegung sich linear von einem Punkt der Kreisbahn zum nächsten begibt.
Für das Auge ergibt sich aus der Geschwindigkeit der Kreisbewegung die Darstellung eines bestehenden Kreises. Insoweit ist dies nur eine stark vereinfachte Darstellung der tatsächlichen Vorgänge.
Der Kreis besteht nur deshalb, weil der Punkt sich fortbewegt. Somit besteht auch der Kreis im Prinzip nur aus dem Punkt.
Anders ausgedrückt bleibt das Zentrum, die Mitte immer bestehen, auch wenn die Mitte oder der Punkt sich aufgrund seiner Kreisbewegung fortbewegt. Wenn das Zentrum nicht mehr bestehen würde, könnte auch der Kreis nicht mehr bestehen.

Wir geben zu, daß dies etwas verwirrend oder kompliziert erscheinen mag. Dennoch ist es für euer Verständnis von großer Bedeutung.

Wie oben so unten, wie im Kleinen so im Großen, wie innen so außen.
Dies ist eine Gesetzmäßigkeit, die entweder auf alles und jeden zutrifft oder eben nicht.
Seid versichert, daß es zutrifft.

Das siebte Chakra

Erst wenn Selbsterkenntnis, die Fähigkeit sich selbst als existierendes Wesen wahrzunehmen, besteht, ist Leben möglich.
Symbolisiert wird diese Fähigkeit durch das Zentrum, die Mitte. Dieses Zentrum ist in jeder existierenden Lebensform vorhanden. Dieses Zentrum ist die Symbolik des EINEN in allem.

Dieses Zentrum, diese Mitte um die sich alles existierende bewegt, ist das Chakra in Höhe eures Herzens. Dieses Chakra symbolisiert die Mitte, das Zentrum, das immer und ohne Ausnahme der EINE selbst ist.
Dieses Chakra ist der Sitz der Liebe, die der EINE selbst ist. Dieses Chakra ist der Punkt, der in allem, was existiert, vorhanden ist.

Dieser Punkt ist der EINE in euch.

Dieser Punkt ist das, was alles miteinander verbindet. Es ist die alles erhellende Quelle in euch. Das Chakra eures Herzens ist das „Etwas", das der EINE in euch ist und das euch alle miteinander verbindet.
Dieser Punkt, diese Mitte, dieses Zentrum ist das, was aus der „1" die „2" werden läßt, aus der „2" die „3" usw., usw.
Dieser Punkt ist es, was jeweils zu dem scheinbar Bestehenden noch eines hinzufügt.

Dieser Punkt ist das EINZIGE, das tatsächlich existent ist

Dieser Punkt ist das, was euch bei euren sechs Chakren gefehlt hat. Dieser Punkt symbolisiert das siebente Chakra in Höhe eures Herzens. Denn in allem, was existiert, ist der EINE selbst.

Nun wißt ihr, daß eure Chakren Übergänge zu euren höheren Seinsebenen sind. Es kann durchaus vorkommen, daß euer höheres Selbst, das sich selbst erfährt, indem es sich mit einem Teil seiner ursprünglichen Existenzform in eine „niedrigere" Schwingung begeben hat, durchaus daran interessiert ist **seinen** Erfahrungsbereich, **der auch euer eigener ist**, zu erweitern.

Seid ihr nun in eurer physischen Existenz so sehr in eure antrainierten, destruktiven Lebensabläufe eingebunden, daß es euch aufgrund eurer Glaubensüberzeugungen **scheinbar** nicht gelingt Veränderungen herbeizuführen, so geschieht im Prinzip nichts anderes, als daß euch durch die Chakren Energie von „oben“ zugeführt wird, die zu Veränderungen führen **soll**.

Eure Weigerung auf physischer Ebene führt nun dazu, daß Energien sich in der physischen Ebene stauen. In der Regel führt dies zu Problemen oder zu Krankheiten. Die Krankheiten und Probleme haben nun die Funktion, euch dazu zu bewegen, Veränderungen herbeizuführen. Glaubensstrukturen sollen im Interesse der Bewußtseinserweiterung aufgebrochen und verändert werden, denn dies ist Sinn und Zweck der Inkarmation in dieser Dimension oder in diesem „Traum-Raum“.

Bevor ihr euch nun jedoch über euer „höheres Selbst“ aufregt und versucht diesem mitzuteilen, es solle euch gefälligst in Ruhe lassen, bedenkt, daß ihr selbst euer höheres Selbst seid, das sich einfach dorthin begeben hat, wo ihr nun einmal seid, um sich selbst zu erfahren.

Euer Problem ist nicht die Zuführung von Energien „von oben“; euer Problem ist im Prinzip eure Weigerung und eure scheinbare Unfähigkeit, euch selbst als das zu sehen, was ihr nun einmal seid: Höhere Wesen, die sich selbst unter der Voraussetzung scheinbaren „Getrennt-seins“ erfahren und erleben wollen.

Seid willkommen im Lichte, Kinder des Lichtes.

Es mer es kor den son akh mer kon dej

Ihr seid, wart und werdet nur ihr selbst sein

Der Polsprung

Würdet ihr nun versuchen euren Prozeß der Selbsterkenntnis auf dem Wege zu umgehen, daß ihr eure Chakren auf eine Art und Weise manipulieren würdet, die dazu führen könnte, daß weitaus mehr an Energie oder Information durch euch hindurchlaufen kann, so könnte es euch durchaus passieren, daß euer Verstand, das rationale Element eurer physischen Existenz, sich schlicht und einfach von euch verabschiedet.
Wenn ihr euren Verstand verliert, so nehmt ihr einen Aspekt der Polarität hinweg. Da Polarität nur dadurch entstehen kann, daß sich zwei gegengerichtete Pole gegenüberliegen, wäre durch diesen Vorgang für euch diese Inkarmation „gelaufen".
Ohne euren Verstand, das Instrument physischer oder materieller Wahrnehmung, könnt ihr Physisches oder Materielles nicht mehr **verstehen**.

Information muß für euch verständlich und zu verarbeiten bleiben. Durch Erfahrung könnt ihr eure Glaubensüberzeugungen verändern.
Manipuliert ihr an euren „Energietoren", den Chakren herum, könnt ihr sehr leicht in Situationen geraten, die euch mehr Probleme bereiten, als ihr brauchen könnt.
Ihr werdet feststellen, daß eure inneren Veränderungen auch den energetischen Übergang zu eurem „höheren Selbst" verändern. Durch eure innere Veränderung verändern sich zwangsläufig auch eure Chakren.
Laßt euch von eurem Verstand nicht dazu verleiten, eure „Entwicklung" durch Einbau eines Turboantriebes so zu beschleunigen, daß ihr die nächste Kurve nicht mehr kriegen könnt.

Da der Geist die Materie erschafft, ist auch jegliche Ursache für materielle oder physische Auswirkung im Geist zu suchen.
Kriege, Umwelt- und Klimakatastrophen, Seuchen, Hungersnöte sind nichts anderes als der Ausdruck eurer kollektiven Glaubensstrukturen.

Mangel ist etwas unter dem ein jeder von euch leidet. Ob dies nun

der Mangel an materiellen Gütern, der Mangel an Zeit für wesentliche Dinge, der Mangel an Zuwendung oder was auch immer ist.
Jeder von euch, der ehrlich zu sich selbst ist, wird jedoch feststellen, daß es im Prinzip immer der Mangel an einem wesentlichen Grundbedürfnis des „Mensch-seins“ sein wird.
Euer innerer Mangel, die Furcht davor zu wenig zu „haben“, drückt sich in eurer kollektiven Denk- oder Glaubensstruktur in Form von globalen Gegebenheiten aus, die nichts anders tun, als euch einen kollektiven Spiegel vorzuhalten.
Immer und ohne Ausnahme ist die Ursache die individuelle Glaubensstruktur des Einzelnen. Verändert jedoch im Laufe der Zeit ein jeder von euch diese ursächliche und individuelle Glaubensüberzeugung, so wird sich auch das kollektive Denken und Glauben verändern.
Wie im Kleinen so im Großen.

Kriege sind kollektiver Ausdruck eurer unterdrückten Aggression und Wut. Sie sind Ausdruck eurer Angst, daß euch jemand Schaden zufügen könnte. Nur aus dieser Furcht heraus sind Kriege tatsächlich möglich.
Ein weiterer kollektiver Ausdruck von Kriegen sind eure Glaubensstrukturen, anderen euren Willen aufzwängen zu wollen. Seht euch euren Umgang mit eurem Lebenspartner oder mit Arbeitskollegen und Freunden an. Wer von euch hat nicht schon versucht, einen anderen Menschen auf die eine oder andere Art zu manipulieren und dazu zu bringen, die eine oder andere Eigenschaft aufzugeben oder die eine oder andere Handlung zu setzen?
Wie im Kleinen so im Großen.

Wie geht ihr selbst mit euch um?
Gebt ihr euren Bedürfnissen, euren Wünschen immer wieder einmal nach oder seid ihr sehr diszipliniert und „habt euch selbst im Griff“?
Die „Zwie-spältig-keit“ (erinnert euch an unsere Polaritätenliste) in euch selbst, das Bedürfnis nach Veränderung oder die Sehnsucht nach der Befriedigung eurer Bedürfnisse, führt zu Diskrepanzen im Ablauf von globalen Gegebenheiten, die sich eben als Umwelt- oder Klimakatastrophen oder sonstiges auswirken.

Ihr alle gemeinsam, gleichgültig welche Sprache ihr sprecht, welchem Kulturkreis ihr angehört oder welche Farbe eure Haut hat, ihr alle seid Bewohner eures Planeten.
Jeder von euch gestaltet seine eigene Realität, und ihr alle gemeinsam gestaltet eure globalen Vorgänge.

Versucht ihr die „Dinge“ im Großen zu verändern, so überseht ihr, daß ihr die „Dinge“ zunächst bei euch und in euch selbst regeln solltet.
Habt ihr dies tatsächlich getan, so finden die Vorgänge, die euch zunächst berührt, aufgeregt oder frustriert haben, in euch selbst keine Resonanz mehr. In diesem Falle habt ihr bereits das Große verändert, da ihr das „Kleine“, nämlich euch selbst, euer „niederes“ Selbst, verändert habt.
Euer Ärger oder eure Frustration fügen zur bestehenden Energie oder zu dem bestehenden Bewußtsein stets neues hinzu und diese Energie, die globale oder länderspezifische Situation, die euch zu schaffen macht, wird sich nicht abschwächen und schon gar nicht auflösen.
Energie, Bewußtsein, Information sind ein- und dasselbe.

Ihr fügt den „Dingen“ Energie oder Bewußtsein hinzu oder nehmt es hinweg.

Wenn ihr die Welt verändern wollt, so verändert euch selbst.
So lange ihr wartet, daß die anderen beginnen, habt ihr wertvolle Zeit der Selbsterkenntnis ungenutzt verstreichen lassen.
Wenn ihr glaubt, es wäre zu einfach globale Veränderung durch einen einzelnen herbeizuführen, so versucht es einmal. Ihr werdet feststellen, daß die tatsächliche Veränderung eurer Glaubensstrukturen euch schwer genug fallen wird.
Hört auf damit, euch weiterhin selbst etwas vorzumachen. Ihr könnt euch nicht „wirklich“ selbst belügen. Ihr könnt euch vor euch selbst lediglich eine Scheinwelt innerhalb einer Scheinwelt errichten. Doch mit dieser Vorgehensweise nehmt ihr euch die Möglichkeit, euch selbst mehr und mehr zu lieben.
Und wenn ihr in dieses Gefühle einmal „hineingeschnuppert“ habt,

werdet ihr ständig weiter danach streben. Das Gefühl der Selbstliebe, mag es euch heute auch noch abstrakt erscheinen, ist das Beglückendste, was ihr jemals erfahren werdet.

Auch wenn euch in dieser Zeitqualität Individualismus und Kollektivismus im Prinzip als nicht vereinbar erscheinen, ist ein bewußtes Kollektiv nur dann tatsächlich möglich, wenn jeder einzelne Aspekt des Kollektives weiß, wer er ist und was er ist und über welche Fähigkeiten und Möglichkeiten er verfügen kann.
Erst unter diesen Voraussetzungen ist es möglich ein Kollektiv bewußt zu erschaffen, denn nur unter diese Voraussetzungen kann sich ein Kollektiv untereinander ergänzen.
Erst wenn diese Gegebenheiten geschaffen sind, wird ein kollektives Bewußtsein keine Führer mehr benötigen.

Euer Planet ist mit seinem eigenen Bewußtsein auch Teil eures globalen Kollektivs.
Auch euer Planet war in all seinen Bewußtseinsinhalten vorrangig destruktiv orientiert - so wie ihr.
In dieser Zeit jedoch kommt der Individualismus in seiner tatsächlichen Form immer mehr zum Vorschein.
Bei einem Polsprung geschieht nichts anderes, als daß Polaritäten wechseln.
Was vorher „Destruktiv“ war, wird anschließend „Konstruktiv“ sein und umgekehrt. Die beiden polaren Begriffe könnt ihr ebenso durch jeden anderen polaren Begriff ersetzen.

Ein globaler Polsprung wäre im Prinzip nichts anderes, als ein kollektiver Spiegel für bestimmte Geschehnisse.
Problematisch wäre ein Wechsel der Polaritäten eures Planeten erst, wenn ein gewisser Anteil von Einzelbewußtseinen diesen Polsprung, diesen Wechsel zu einem anderen Bewußtseinszustand in sich selbst noch nicht vollzogen hätten.

Dann wären die Energien **innerhalb** des globalen Kollektives gegensätzlich gepolt und das würde ein immenses Potential von Energien freisetzen, die nicht **innerhalb** des Kollektives kanalisiert werden könnten.

Euer planetares oder globales Bewußtsein wäre aus diesem Grunde extrem disharmonisch. Diese Disharmonie müßte sich in einem Maße ausdrücken, das seinem Informationsinhalt entspricht.
Allein aus diesem Grunde könnte ein Polsprung verheerende Folgen haben.
Ist jedoch das Bewußtsein eures Planeten für eine Umpolung, für eine Neustrukturierung in sich selbst bereit und sind im gleichen Maße eine gewissen Anzahl von menschlichen Bewußtseinen in sich selbst bereit mehr und mehr aus der Destruktivität hinauszutreten und in gleichem Maße konstruktive Aspekte in sich zuzulassen, so werden die Energien zwischen den Teilaspekten des Kollektives sehr wohl kanalisiert.
Ein physischer Polsprung ist unter diesen Voraussetzungen keineswegs mehr von Bedeutung.
Bevor ihr nun jedoch in Angst und Panik verfallt, sei euch gesagt, daß sich diesbezüglich alles „im grünen Bereich“ befindet. Zugegebenermaßen wird der Spielraum des grünen Bereiches in einigen Situationen voll ausgeschöpft, dennoch ist die Gefahr einer planetaren Umpolung kaum gegeben.

Eure Energien, euer Bewußtsein könnt ihr also durchaus anderen Gegebenheiten zuwenden.

Euer Irrtum in Bezug auf die Normalität

Der Grund, warum die meisten von euch sich so sehr nach mehr Freiheit sehnen, ist schlichtweg der, daß ihr in absoluter Unfreiheit lebt.
Warum jedoch fühlt ihr euch nicht frei?
Ihr könnt frei wählen, habt die Möglichkeit, euch aus all den anderen Menschen um euch herum frei einen auszusuchen, mit dem ihr leben möchtet. Ihr könnt euren Beruf frei wählen, ihr könnt in fast jedes andere Land reisen, daß ihr mit eurem Besuch beehren möchtet. Ihr könnt eure Bank frei wählen, über eure „Re-gierung" könnt ihr frei entscheiden und im Prinzip alles tun und lassen was ihr wollt.
Warum sehnt ihr euch also nach Freiheit?

Ist es nicht möglich, daß ihr euch aus eurer scheinbaren Freiheit zu der „wahren" Freiheit hingezogen fühlt?
Ist es euch möglich, tatsächlich freie „Ent-scheidungen" zu treffen? Könnt ihr euch tatsächlich unter allen Möglichkeiten frei entscheiden, oder habt ihr in allen Bereichen lediglich gewisse Alternativen zwischen denen ihr wählen könnt?
Verhält es sich nicht in Wahrheit so, daß ihr immer wieder an die Grenzen eurer eigenen Vorstellungen geratet? Daß ihr in Wahrheit nicht frei seid in euren Entscheidungsfindungen, sondern lediglich innerhalb der euch vorstellbaren Möglichkeiten Entscheidungen treffen könnt?

Ist es nicht so, daß ihr in eurer Jugend andere Vorstellungen von eurem Leben hattet, als dies heute der Fall ist? Habt ihr euch nicht im Laufe der Jahre verändert?
Könnt ihr euch wirklich dem Menschen nähern, von dem ihr euch angezogen fühlt, oder verhält es sich nicht in vielen Fällen so, daß ihr selbst aufgrund eurer „Schüchternheit" oder eures eigenen „Minderwertigkeitsgefühls" glaubt, dies nicht tun zu können oder zu dürfen? Könnt ihr tatsächlich euren Beruf oder die Tätigkeit, mit der ihr euren Lebensunterhalt verdient, frei wählen, oder müßt ihr euch den herrschenden Gegebenheiten, also dem Arbeitsmarkt und eurer „Bildung", unterordnen?

Könnt ihr euch frei zwischen Gesundheit und Krankheit entscheiden?
Könnt ihr euch frei zwischen Einsamkeit und Gemeinsamkeit entscheiden?

Könnt ihr tatsächlich das tun, was ihr tun wollt, oder glaubt ihr immer wieder an die in dem Augenblick herrschenden Gegebenheiten gebunden zu sein?
Könnt ihr tatsächlich so sein, wie ihr nun einmal seid, oder habt ihr nicht in all euren Lebensbereichen mehr oder weniger große Schwierigkeiten damit, daß ihr **glaubt**, euch unterordnen zu müssen?

Woher stammt also euer Wunsch, euer Bedürfnis nach Freiheit, nach Ungebundenheit, nach der Möglichkeit endlich „Leben" zu können?

Was euch tatsächlich Schwierigkeiten bereitet, ist unter anderem eure Definition der „Normalität". Der Begriff „Normalität" beinhaltet das Wort „Norm". Sind es nicht diese bei euch geltenden und herrschenden Normen, die euch zu schaffen machen, die euch in eurem mehr oder weniger ausgeprägten Drang nach Freiheit begrenzen?

Damit ihr euren Lebensunterhalt verdienen könnt, müßt ihr irgendwelchen Tätigkeiten nachgehen, die ihr oftmals nur deshalb verrichtet, da ihr dafür bezahlt werdet. Würdet ihr diese Tätigkeiten auch noch verrichten, wenn euch niemand dafür „entlohnen" würde?
Was würdet ihr tun, wenn euer System der Normen zusammenbricht?
Was würdet ihr tun, wenn ihr nicht Teil eures „Normen-Systems" wärt?
Ist es nicht „Normalität", daß ihr Tätigkeiten lediglich aus dem Grunde verrichtet, da ihr jemanden gefunden habt, der euch dafür bezahlt?
Ist es für euch nicht „Normalität", daß ihr das Geld, daß ihr durch eurer Hände Arbeit schwer verdient habt, wiederum in euer „Nor-

mensystem“ zurückfließen laßt, indem ihr eure Versicherungen bezahlt, Miete bezahlt, Schulden bezahlt, Strom und das lebensnotwendige Wasser bezahlt, Kleidung bezahlt, Essen bezahlt?

Verdient ihr eurer Meinung nach zuwenig, so seid ihr permanent unzufrieden. Verdient ihr euren eigenen Wertmaßstäben zufolge eigentlich mehr, als ihr für eure Arbeit bekommen solltet, so fühlt ihr euch in einigen Fällen sogar schuldig.

Habt ihr keine Arbeit, so seid ihr ständig frustriert oder fühlt euch unnütz, da ihr eben nicht arbeiten könnt. Unter Umständen jedoch seid ihr auch begeistert darüber, daß ihr endlich euer zur Zeit noch bestehendes Sozialsystem ausnutzen könnt und ärgert euch lediglich darüber, daß es ruhig etwas mehr sein könnte.
Habt ihr euch ein neues Fahrzeug oder eine eigenes Haus geleistet, so seid ihr in der Regel hoch verschuldet und müßt euch unter Umständen ständig davor fürchten, eure frustrierende Arbeit zu verlieren und somit eure materielle Schuld nicht abtragen zu können.

Ist es für euch nicht „norm-al“, daß ihr ab einer gewissen Alterstufe dieses oder jenes „Wehwehchen“ bekommt? Ist es für euch nicht „norm-al“, daß ihr unter Umständen gewissen „Risikogruppen“ angehört und aufgrundessen gewissen Krankheiten „zum Opfer“ fallt?

Ist es nicht „Norm-alität“, daß ihr euch Partner sucht, eine Familie gründet, Kinder zeugt und versucht, gleichgültig unter welchen Umständen, euer Leben lang zusammen zu bleiben? Ist es nicht „Norm-alität“, daß ihr im Laufe der Jahre gegenseitig Frustrationen aufbaut und euch unter Umständen das Leben zur Hölle macht?

Wohin ihr auch seht, was ihr auch tut, immer wieder seid ihr in eure Normalität, in eure Normen eingebunden. Nicht deshalb weil diese schon immer so waren, sondern letztendlich nur deshalb, da ihr sie als gegeben akzeptiert.

Seid ihr „ver-rückt“ geworden, habt ihr euch also in der tatsächlichen Bedeutung des Wortes von eurem ursprünglichen Standort zu

einem anderen begeben, seid ihr zwar nicht mehr in dem Maße an die Normen gebunden, glaubt jedoch wiederum allein zu sein.
Ein „ver-rückter" Mensch ist lediglich ein Mensch, der anders als der Norm entsprechend handelt oder sich dementsprechend verhält. „Verrückt sein" und „Wahnsinn" sind in eurem Sprachgebrauch jedoch in der Regel ein- und dasselbe.

Um Mißverständnissen vorzubeugen: Wir raten euch nicht, verrückt zu werden! Wir möchten euch einzig und allein auf eure eigenen Begrenzungen hinweisen.
Eine dieser Grenzen ist eure „Norm-alität", die auch immer mehr auf eure Spiritualität übergeht, genau so, wie sie sich in allen anderen eurer Lebensbereiche breitgemacht hat. Somit wird auch eure Spiritualität „ge-normt".
Wiederum ziehen wir hier die im Vorfeld zu findende „Polaritätenliste" zu Rate. Könnt ihr auf der rechten, der „positiven" Seite die Begriffe „Begrenzung" oder „Norm" unterbringen?
Warum beginnt ihr also bereits in dieser Phase eurer spirituellen Entwicklung, die im Prinzip nichts anderes ist als ein Zuwenden zu einer konstruktiven Art des Umganges mit sich selbst, wieder durch „Normen" zu begrenzen?

Warum glaubt ihr, daß ihr in eurer unbeschränkten Vielfalt euer Fähigkeiten und Möglichkeiten, über die ihr alle einzeln und **gemeinsam** verfügt, euch in bestimmter Art und Weise verhalten müßt, um in das „Himmelreich einkehren" zu können?

Könnt ihr tief in euren Herzen tatsächlich glauben, daß ein „kosmisches System", daß unbegrenzte und unbeschränkte Vielfalt geschaffen hat, diese wiederum durch streng einzuhaltende Regeln beschränken wird?
Könnt ihr tief in euren Herzen tatsächlich glauben, daß Verhaltensregeln oder Dogmatisierungen tatsächlich das ist, was euch die Freiheit absolut unabhängiger Entwicklung bringen wird?
Könnt ihr euch tatsächlich vorstellen, daß ein so perfektes System der Entwicklung, wie es der Kosmos nun einmal ist, Vielfalt nur erschafft, um sie im gleichen Zuge wieder einzuschränken?

Ist es das, was ihr glaubt?
Seht in euch selbst hinein und findet heraus was ihr darüber glaubt, Kinder des Lichtes und der Liebe.

Wer wertet ist nicht spirituell !?

Nun konntet ihr in unseren Erzählungen immer wieder feststellen, daß wir versucht haben euch das Wesen der Polarität zu verdeutlichen.
Wir haben dies immer wieder getan, und ihr konntet immer wieder entdecken, daß es eine „gute“ und eine „schlechte“ Seite gibt. „Bösartigerweise“ haben wir eure Ratio, euren Verstand, mit den Begriffen „destruktiv“, „schlecht“ und „begrenzend“ und euren Geist, euren Spirit, mit den Begriffen „konstruktiv“, „gut“ und „unbegrenzt“ verbunden.

Nun taucht jedoch in zweidimensionalen Denkstrukturen immer wieder die Thematik der Polarität äußerst intensiv auf.
Das Wesen der reinen zweidimensionalen Denkstruktur ist es, daß es die eine und die andere Seite der Polarität gibt, daß immer die eine Seite „gut“ und die andere Seite „schlecht“ ist. Jegliches zweidimensionales Denken bewegt sich irgendwo auf einer Art von Verbindungslinie, die sich zwischen den beiden äußersten Polen der Polarität befindet. Während die eine Seite der Polarität also „negativ“ ist, ist die andere Seite polar, also gegengerichtet und somit „positiv“. Ohne Ausnahme jeder Begriff, jede Situation läßt sich nun entweder der einen Seite **<u>oder</u>** der anderen Seite zuordnen. Dennoch bleibt die „Verbindungslinie“: Denn ohne „gut“ auch kein „böse“.

Die „zweidimensionale Polarität“ läßt sich insofern „entschärfen“, indem sich der einzelne Mensch bewußt macht, daß gut und böse, schwarz und weiß, konstruktiv und destruktiv und all die anderen Begriffe stets unmittelbar und untrennbar miteinander verbunden sind.

Wird nun innerhalb einer polaren Denkstruktur versucht, die Mitte zu finden, so ist diese Mitte der Mittelpunkt zwischen zwei Extremen, nämlich beispielsweise der Farbe schwarz und der Farbe weiß. Die absolute Mitte, ist also genau zur Hälfte schwarz und zur anderen Hälfte weiß und ergibt somit die Farbe grau. Grau ist weder schwarz noch weiß, **<u>trägt jedoch Anteile von beiden in sich.</u>**

Damit die zweidimensionalen Denkstrukturen nicht außer Rand und Band geraten, ist es üblich eine gewisse „Norm“ zu installieren: Ein tolerierbares „Spielfeld“, daß sich um den Mittelpunkt der Linie herum befindet. Lügen ist zwar „schlecht“, Notlügen sind jedoch „erlaubt“. Stehlen ist zwar „verboten“, jedoch frißt der Teufel in der Not Fliegen, was nichts anderes heißt, als daß für einen Diebstahl „Verständnis“ herrscht, wenn er aus „Not“ begangen wird und dabei noch gewisse „Spielregeln“ eingehalten werden.

Zum besseren Verständnis nochmals: Innerhalb zweidimensionaler Denkstrukturen ist es nur möglich zwischen zwei Extremen hin- und herzudenken und diese einzig und allein durch gewisse „genormte“ Interpretationen zu definieren. Nun, ihr werdet bald verstehen wovon wir sprechen.

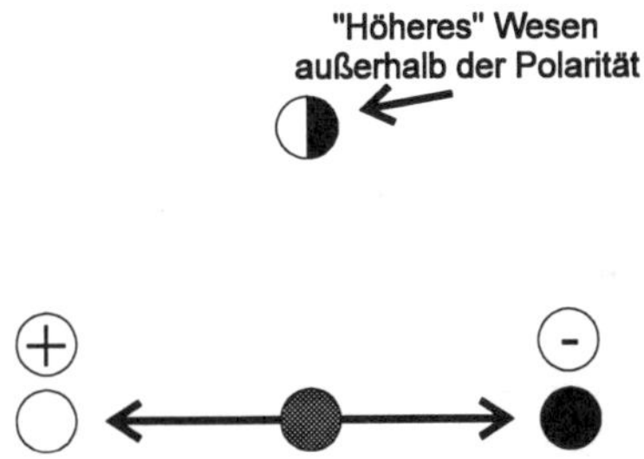

Innerhalb einer zweidimensionalen Denkstruktur, die also auf der Verbindung zweier polarer Gegensätze beruht, besteht durchaus die Möglichkeit einer „höheren“ Betrachtungsweise, die sich aufgrund der zweidimensionalen „Denkerfahrung“ außerhalb dieser beiden Pole befinden **muß**. Tatsächlich beruht dieses „Wissen“ auf einer unbewußten Erinnerung. Bestandteil zweidimensionalen Denkens ist also das „Wissen“, daß es da „oben“ noch „etwas“ oder „jemand“ geben muß.

Somit war es also zweidimensional gesehen „schlecht“, daß wir in unseren Geschichten eurem Verstand das Prädikat „schlecht“ verliehen haben.
Dennoch ist weder euer Verstand „schlecht“, noch euer Geist „gut“. Beide sind nur Teile eurer polaren Daseinsform.

Wesentlicher Anteil einer zweidimensionalen Denkstruktur ist also der Glaube an eine „höhere“ Wesenheit, die sich außerhalb der „zweidimensionalen Polarität“ befindet.

Wird eine zweidimensionale Denkstruktur um einen weiteren „Faktor“ erweitert, so ergibt sich ein völlig anderes Bild. Beginnt eine Wesenheit ihre Denkstruktur aus zweidimensionalen Gegebenheiten heraus in dreidimensionale Denkstrukturen zu verwandeln, so ist dies bereits ein transformativer Prozeß, der automatisch und zwangsläufig weitere Entfaltungsprozesse einleitet und nach sich zieht. Eine dreidimensionale Denkstruktur setzt voraus, daß die Sichtweise der vormals „höheren“ Wesenheit selbst eingenommen wird.
Dies mag sich im Augenblick noch für einige von euch „ketzerisch“ anhören. Jedoch geht es dabei keineswegs darum, „höhere“ Wesenheiten „abzuservieren“. Es geht lediglich darum, eine Form der Bewußtseinser-weiterung anzustreben und aufgrund der gewonnenen Erkenntnisse eine andere Sichtweise einzunehmen als zuvor. Letztendlich geht es einzig und allein darum, eine Sichtweise einzunehmen, die sich zwar außerhalb der Polarität befindet, diese jedoch nach wie vor als Möglichkeit zur Weiterentwicklung zuläßt.

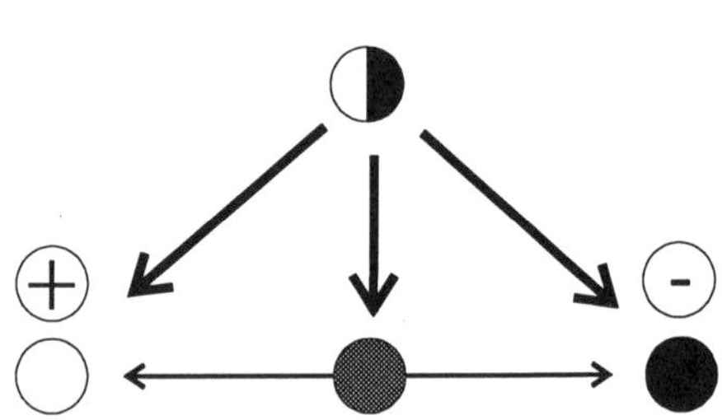

Auf den ersten Blick unterscheidet sich eine dreidimensionale Denkstruktur nur unwesentlich von einer zweidimensionalen. Auch hierbei existieren nach wie vor weitere „höhere“ Sichtweisen oder Wesenheiten. Auch die Einschätzungen von „gut“, „böse“, „keines von beidem“ oder „beides“ sind als zweidimensionale und dreidimensionale Denkstrukturen ähnlich.

Dreidimensionale Denkstrukturen ermöglichen jedoch eine völlig andere Interpretation der scheinbaren Gegebenheiten. Des weiteren kann im Unterschied zu einer zweidimensionalen Denkstruktur in einer dreidimensionalen Denkstruktur durchaus auch die Gegebenheit „höherer“ Fähigkeiten in die Lebensweise der einzelnen Wesenheit mit einbezogen werden.

Im dreidimensionalen Denken ist das Einbeziehen der Intuition, der Fähigkeit ohne bewußt Fakten oder Gegebenheiten erkennen zu können und dennoch so zu handeln, als wären sie Teil der Wesenheit selbst, relativ problemlos möglich.

Bevor ihr nun mit euren weitestgehend zweidimensional arbeitenden Verstand versucht euch in die Dreidimensionalität des Denkens zu erheben, sei euch gesagt, daß dieser transformative Prozeß der „Denkumwandlung" seit Verlassen der dritten Dimension bereits im vollen Gange ist. Erst der Eintritt in die vierte Dimension öffnete die Blockade zwischen zwei- und dreidimensionalem Denken.

Um euch das beschriebene zu verdeutlichen, möchten wir ein Beispiel anführen.
Nehmt einmal eine eurer akutellen Problematiken. Nun versucht euch in euer Phantasie vorzustellen, daß ihr ein unendlich liebenswertes Licht- oder Energiewesen seid, daß, von eurer Warte aus gesehen, über immense geistige Fähigkeiten und Möglichkeiten verfügt. Versucht herauszufinden, was dieses Licht- oder Energiewesen an eurer Stelle tun oder wie es handeln würde. In der Regel werdet ihr zunächst einmal feststellen, daß diese Wesenheit vermutlich niemals in eine deratige Situation geraten wäre.
Warum nicht? Diese Wesenheit wäre aufgrund ihres Wissens und ihrer Fähigkeiten in der Lage gewesen, diese Situation einzuschätzen und hätte die „Überlegenheit" gehabt, in diese Situation nicht „einzusteigen". Soweit so gut!
Dennoch könnte es euch hilfreich sein, die aktuelle Situation zu „entschärfen", indem ihr darüber nachdenkt, wie diese Wesenheit aus dieser Situation wieder herauskäme. Unter Umständen findet ihr damit eine für euch bisher nicht dagewesene Lösung der Thematik.
Versucht es doch einmal.

Es gibt weder „gute" noch „schlechte" Ereignisse oder Gegebenheiten. Es gibt einfach nur Gegebenheiten. Jede Gegebenheit, jede Situation trägt sowohl „gutes" als auch „schlechtes" in sich. In allem, was euch begegnet, ist die eine Energie **und** die andere Energie vorhanden.

Ihr seid diejenigen, die eine Gegebenheit oder Situation aufgrund verschiedener Voraussetzungen **interpretiert**. Erst eure individuell unterschiedlichen **Interpretationen** oder Auslegungen von Gegebenheiten und Situationen machen aus einer im Prinzip neutralen Angelegenheit etwas „Gutes" oder „Schlechtes". Euer Verstand ist weder „gut" noch „schlecht", ebenso wie euer Geist weder „gut" oder „schlecht" ist. Beides sind einzig und allein völlig neutrale Aspekte von euch, die lediglich durch Interpretationen der einen oder anderen Seite zugeordnet werden können.

Es ist durchaus von wesentlicher Bedeutung für eure „Selbst-Erkenntnis", also der Erkenntnis eures Selbst, daß ihr beginnt, bewußt die Polarität zu erleben und zu erfahren, indem ihr bewußt die eine **und** die andere Möglichkeit in Betracht zieht. Die eine Seite ist im Prinzip so „gut" oder so „schlecht" wie die andere. Nun ist die Zeit, bewußt zu entscheiden. Nun ist die Zeit, beide Seiten als vorhanden zu akzeptieren und anzunehmen. Nun ist die Zeit, in der ihr prüfen könnt, ob ihr weiterhin die Begrenzung erfahren wollt, oder ob ihr euch nach und nach in die unermeßlichen Weiten eurer Möglichkeiten begeben wollt.
Ihr entscheidet was ihr wollt und wohin ihr wollt. Ihr werdet mehr und mehr das Maß der Dinge, soweit sie euch selbst betreffen.
Die Dualität weicht mehr und mehr der Trinität, die Zweiheit weicht mehr und mehr der Dreiheit.

Welch ein Abenteuer erlebt und gestaltet ihr, Kinder des Lichtes und der Liebe, ohne euch dessen in letzter Konsequenz bewußt zu sein !

Das Abenteuer bewußter Interpretation

Von wesentlicher Bedeutung bei einem „Aufenthalt“ im dreidimensionalen “Traum-Raum“ ist die Zuordnung oder die Einschätzung polarer Gegebenheiten oder, anderes formuliert, das bewußte Erleben der polaren Dreidimensionalität.

Es ist für euch von wesentlicher Bedeutung, Gegebenheiten, Situationen oder Menschen zu bewerten und zu beurteilen. Wir gehen sogar soweit, daß wir sagen es ist für euch lebensnotwendig, Situationen, Gegebenheiten oder Menschen zu bewerten und zu beurteilen.
Fahrt ihr mit einem Fahrzeug auf einer Autobahn, so müßt ihr beurteilen, ob ihr nun schnell oder langsam fahren, bremsen oder beschleunigen könnt.
Sucht ihr euch einem neuen Arbeitsplatz, so kommt ihr nicht umhin, euch aufgrund euer Bewertungen und Beurteilungen der dort herrschenden Umstände ein Bild zu machen.
Ihr kommt nicht umhin zu bewerten und zu beurteilen, ob euer Körper nun unter einer Krankheit leidet oder nicht und ob ihr die Hilfe eines Heilers benötigt.
Ihr müßt beurteilen und bewerten, ob eure materielle Situation euch ermöglicht euch Lebensmittel zu beschaffen oder ob ihr hungern müßt.
Ihr müßt bewerten und beurteilen, ob ihr mit einem Menschen eine nähere Verbindung eingehen wollt oder nicht, usw. usw.
Eure Bewertungen und Beurteilungen sind zwingend notwendig, da ihr aufgrund der Beurteilung feststellen könnt und **müßt**, welchem Bereich der Polarität ein Ereignis zuzuordnen ist.
Für diese Zuordnung ist wiederum eure persönliche Berwertungs- und Bemessungsskala von Bedeutung.

Jegliches Ereignis, jegliches Geschehnis, jegliche Situation, in diesem Zusammenhang gleichgültig ob ihr sie als freud- oder leidvoll erfahrt und erlebt, ist nichts anderes als ein Ereignis, ein Geschehen oder eine Situation - nicht mehr und nicht weniger.
Erst eure individuelle Interpretation, erst eure Deutung, eure Zuordnung, eure Einschätzung, eure Auslegung der betreffenden Si-

tuation oder Gegebenheit läßt euch erkennen, „ob es euch nun schon wieder erwischt hat“ oder ob ihr diesmal nochmals „Glück’“ hattet.

Ein morgendlicher Blick aus dem Fenster beispielsweise, wird euch lediglich mitteilen, daß es „da draußen“ zwanzig Grad plus oder zwanzig Grad minus hat. Dies ist eine Gegebenheit, die ihr ohnehin zur Zeit nicht unbedingt verändern könnt.
Im Prinzip erhaltet ihr durch den Blick aus dem Fenster lediglich eine Information, die in sich völlig neutral, also weder „positiv“ noch „negativ“, ist. Es ist so, wie es nun einmal gerade ist. Punktum!

In der Folge jedoch, also nachdem ihr festgestellt habt, daß da draußen zwanzig Minusgrade herrschen, beginnt ihr diese Situation zu bewerten, das heißt ihr **interpretiert** diese Situation.
Wenn ihr mit einem Auto zur Arbeit fahren wollt, müßt ihr aufgrund der herrschenden Wetterverhältnisse unter Umständen wesentlich früher aus dem Haus gehen. Bevor ihr losfahren könnt, müßt ihr eventuell erst die Scheiben vom Eis befreien und euch in die Reihen der vorsichtigen Fahrer einreihen, die das Tempo des Verkehrsflusses bedingen.
Verfügt ihr über kein eigenes Fahrzeug oder bedient ihr euch öffentlicher Verkehrsmittel, so werdet ihr gegebenenfalls frierend, mit roten Nasen an der Haltestelle warten müssen.
Seid ihr Menschen, die warmes Wetter bevorzugen, so wird euch dieser Start in den Tag möglicherweise derartig die Laune verderben, daß ihr fortwährend aus eurer Mitte geratet. Dementsprechend wird eventuell auch euer Tag verlaufen und ihr könnt euch sagen, daß ihr es ohnehin schon vorher wußtet.

Im Prinzip geht es also keineswegs um die Situation, die euch gegenübergestellt wird, die ihr also gerade in eurem Leben erfahrt, es geht lediglich darum, wie ihr sie auslegt, bewertet und beurteilt und den Gegebenheiten eures Lebens zuordnet. Schlichtweg gesagt, geht es einzig und allein darum, wie ihr eine Situation **interpretiert**.
Eure Interpretationen sind wiederum bei jedem Menschen indivi-

duell unterschiedlich und beziehen sich prinzipiell wieder auf eure Vorlieben und Abneigungen, auf eure Denk- und Glaubensstrukturen und deren „Nachfolgern" den Programmierungen, die auf euren Denk- und Glaubensstrukturen basieren.

Nicht die Situationen machen euch so zu schaffen, es sind eure Auslegungen, eure **Interpretationen** dieser Situationen, aufgrund derer ihr die Geschehnisse in euer Leben integriert.
Erst aus euren Interpretationen von Geschehnissen, die im Prinzip lediglich dem einen oder anderen Pol oder einem Punkt auf der Verbindungslinie zuzuordnen sind und somit „nur" Geschehnisse sind, werden bedrohliche, unangenehme, schmerzvolle oder wunderbare, angenehme und akzeptable Situationen. Nicht mehr aber auch nicht weniger.

Situationen, Gegebenheiten, Menschen, alles um euch herum ist so, wie es nun einmal ist. Nichts trifft euch ohne Grund und nichts macht euch ohne Grund betroffen.
Situationen, Gegebenheiten, Menschen und all das andere um euch herum ist weder „gut" noch „schlecht". Alles ist so, wie es ist.
Wenn ihr nun lernt die Geschehnisse, die euch persönlich und/ oder andere Menschen betreffen oder betroffen machen, unter anderen Gesichtspunkten zu interpretieren, so wird euch dies wiederum Wege ebnen und Tore öffnen, um euch selbst besser verstehen, akzeptieren und eines schönen Tages auch selbst lieben zu können.

Geht ihr zum Arzt, da ihr euch krank fühlt und ihr erhaltet die Diagnose „Krebs", so ist dies im Prinzip lediglich die Mitteilung, daß euer Körper auf eure scheinbare Unfähigkeit oder eure scheinbare Unmöglichkeit „re-agiert" euch selbst leben und euch selbst verwirklichen zu können.

Krankheit ist lediglich eine Mitteilung eures Körpers, in eurem Leben „etwas" zu verändern. Da eure Medizin jedoch kaum in der Lage scheint, diese Erkrankung tatsächlich so zu heilen, daß die „Ur-sache" der Krankheit beseitigt wird, ist die Diagnose „Krebs" in euren Bewußtseinen zunächst mit dem Gedanken an den physischen Tod und der damit verbundenen Furcht verknüpft. In der

Regel führt dieser auf die Diagnose folgende Schock zu einer weiteren Verschlechterung des Krankheitsbildes.
Wäre es eurer Medizin möglich, die Ursachen dieser Erkrankung zu erkennen, so wäre die Genesung von dieser Krankheit problemlos möglich.
Die meisten derjenigen Menschen jedoch, die unter dieser Krankheit leiden oder litten, konnten oder können feststellen, daß ein bewußtes Umgehen mit sich selbst, sowohl im körperlichen als auch im geistigen Sinne, in vielen Fällen sehr schnell zu einer Gesundung führen kann und wird.

Im Prinzip ist die Krankheit „Krebs“ nichts anderes als eine Information, die euer Körper euch übermittelt. Die „Ur-sache“ dieser Krankheit liegt jedoch in dem Bedürfnis eures Geistes oder eures höheren Selbstes, sich selbst auf der körperlichen Ebene erfahren und erleben zu wollen. Eure körperliche Ebene oder das niedere Selbst jedoch glaubt aufgrund seiner Glaubensstrukturen oder Programmierungen, dieses Erleben und Erfahren nicht umsetzen zu können. Die Folge ist eine Form der Energiediskrepanz, die wiederum dazu führt, daß die stockenden Energien sich in körperlicher Form manifestieren. Die unbewußte Ebene eures Bewußtseins steuert die Formatierung eurer Zellstrukturen. Euer Unbewußtes übermittelt einer neu entstandenen Zelle, daß sie eben gerade die Struktur des Körperbereiches annehmen soll, in dem sie entstanden ist. Ist nun euer gesamtes Bewußtsein durch die Tatsache, daß ihr euch selbst in großem Ausmaße nicht selbst lebt und nicht selbst verwirklicht, gestört, so überträgt sich diese Unordung oder dieses Chaos auf euren „materiellen Bereich“, also euren Körper. Wird dieser Zustand der Blockierung und Destrukturierung lange genug aufrechterhalten, so ist die lineare Folge der geistigen „Ur-sache“ die körperliche Folge in Form des „Krebs“.
Nicht die Krankheit Krebs verläuft tödlich, es sind eure Interpretationen, die wiederum auf euren Glaubensstrukturen basieren, die den Verlauf dieser Krankheit in diese Richtung bringen.
Aufgrund all eures rationalen „Wissens“, aufgrund der durch eure bestehende Propagandamaschinerie verbreiteten Scheinwahrheiten „wißt“ ihr, daß diese Krankheit oftmals mit dem physischen Tode endet. Dieses „Wissen“ stellt ihr nicht oder kaum in Frage.

Für euch ist dies einfach so - und somit ist dies eine Glaubensstruktur.
Wenn ihr einen anderen Menschen findet, der euch wiederum am eigenen Beispiel beweist, daß diese Erkrankung durchaus heilbar ist, kommt ihr unter Umständen zu der Überzeugung, daß auch ihr selbst „es“ schaffen könntet.
Durch eure Bewertungen und Beurteilungen werdet ihr in die Lage versetzt, die Krankheit Krebs zu erkennen. Durch eure Bewertungen und Beurteilungen könnt ihr selbst euch in die Lage versetzen, bewußt mit dieser Erkrankung umzugehen.

Lernt, eure Interpretationen neu zu bewerten und zu beurteilen.
Versucht, soweit ihr es könnt, in eure Interpretationen die Vorstellung mit einzubauen, daß ihr durchaus fähig und in der Lage seid, Geschehnisse bewußt zu gestalten und zu kreieren.
Lernt, in eure Interpretationen die Vorstellung mit einzubauen, daß ihr selbst euch die „Dinge“ schwer oder leicht machen könnt.
Ihr seid nicht dort, wo ihr seid, um eure Leidensfähigkeit bis zu ihrer äußersten Grenze auszuleben.
Bildet, so wie ihr es könnt, in euch eine Glaubensüberzeugung, die euch hilft, euch als Wesen aus dem Licht erkennen zu können und lebt euch selbst.

Von Schafen und Wölfen

Da nichts existent sein kann, das nicht den polaren Gegebenheiten unterworfen ist, da die Polarisation letztendlich die Quelle allen Lebens ist, gibt es für jeden Begriff einen Gegenbegriff und für jede Energie eine Gegenenergie.
In zweidimensionalen Denkstrukturen verhält es sich so, daß ihr jedes „Ding“, jede Situation, jeden Menschen aufgrund gewisser Interpretationsmuster entweder der einen Seite oder der anderen Seite der polaren Gegebenheiten zuordnen müßt.

Die Basis der Zuordnung von „gut“ und „böse“ beruht wiederum auf den Gegebenheiten, unter denen die Programmierung eures „niederen Selbstes“ stattgefunden hat.
Wärt ihr beispielsweise in einer Familie aufgewachsen, deren Mitglieder durchweg kriminell gewesen sind, so wären eure Interpretationsstrukturen auf dieser Basis aufgebaut. Unter diesen Voraussetzungen wäre es möglich, daß ihr selbst der „Gilde der Kriminellen“ angehört und eure Taten vor euch selbst damit rechtfertigt, daß ihr es „denen“ zeigen werdet und ihr euch nur das holt, was euch „zusteht“, da ihr sonst ohnehin keine Chance hättet.
Möglich wäre auch, daß ihr unter diesen Voraussetzungen nach Wegen sucht, um euch aus diesem Sumpf zu befreien und ihr sehr darauf achtet einem „seriösen“ Gewerbe nachzugehen. Weiterhin wäre auch möglich, daß ihr das genaue Gegenteil tut und zu den „Guten“ überwechselt und eine Karriere bei den Rechtsbehörden einschlagt.
Gleichgültig wie ihr auch handelt und welchen Weg ihr euch entschließt zu gehen, die Gegebenheiten unter denen ihr aufgewachsen seid, werden so oder so euren weiteren Lebensweg prägen. Dabei ist es völlig unerheblich, ob eure Familie nun tatsächlich kriminell war oder nicht.
Den gleichen Gesetzmäßigkeiten unterliegt ihr, wenn die Angehörigen eurer Familie überwiegend krank oder gesund, arm oder reich, intelligent oder weniger intelligent, alleinstehend oder verheiratet oder wie auch immer waren.

Diese Gegebenheiten haben euer „niederes Selbst“, eure rein kör-

perliche Existenz, euer rein materielles oder dreidimensionales „Wissen" geprägt, das ihr selbst seid. Jedoch allein der Gedanke, daß wir euer „Mensch-sein", eure Körperlichkeit mit dem „niederen Selbst" gleichsetzen, bereitet euch absolutes Unbehagen, und ihr sucht nach Möglichkeiten, an unseren Worten Zweifeln zu können.
Unter Umständen seid ihr auch empört darüber, daß wir euer niederes Selbst und eure dreidimensionale Körperlichkeit mit „niederen", mit abwertenden Begriffen definieren.

Wie können wir in unserer unglaublichen Arroganz uns soweit vor euch diskreditieren, daß wir euch als niedere Wesenheiten bezeichnen?
Solltet ihr tatsächlich so denken, so seid ihr in die Falle eurer eigenen Interpretation getappt.
Innerhalb der „über-all" herrschenden polaren Gegebenheiten setzt ein „niederes Selbst" auch ein „höheres Selbst" voraus. Beide Formen des „Selbst" sind im Prinzip völlig neutral, da sie lediglich Bezeichnungen für zwei „gegengerichtete" Existenzformen sind - nicht mehr aber auch nicht weniger.
Das „niedere Selbst" und das „höhere Selbst" bedingen sich gegenseitig. Das eine könnte ohne das andere nicht sein und umgekehrt.
So wäre unter diesen Voraussetzungen das „niedere" Selbst lediglich eine Bezeichnung für eure Seinsform, für eure Existenz in einer niedrigeren Schwingungsebene, nämlich die der dritten Dimension. Somit wäre die Bezeichnung „niederes Selbst" nichts anderes als einfach eine Definition, die eine Zuordnung ermöglicht. In euren Interpretationen verbindet ihr das niedere Selbst jedoch wiederum mit einer „niederen", also einer „schlechten" oder „minderwertigen" Existenz- oder Lebensform.
Doch seid versichert, ihr seid alles andere als eine „niedere Lebensform".
Die Zuordnung von Gegebenheiten ist in sich im Prinzip völlig neutral. Erst eure Auffassung, eure Auslegung oder eure Interpretation veranlaßt euch dazu die Bezeichnung „niederes Selbst" persönlich zu nehmen und eventuell auch als „Be-leid-igung" aufzufassen.

Definieren wir das „höhere Selbst“ als Existenzzustand, der sich außerhalb und somit „über“ dem „niedrigen Selbst“ befindet, so wäre dies innerhalb der zweidimensionalen Denkstruktur nichts anderes als der „Gegenpol“.
Unter diesen Voraussetzungen wären „höheres Selbst“ und „niederes Selbst“ lediglich die beiden „Extreme“ auf der polaren Verbindungslinie. Somit sind beide Formen, also höheres und niederes Selbst, in sich völlig neutral, da sie schlicht und einfach existent sind. Sie sind im Prinzip weder „gut“ noch „schlecht“, sondern schlicht und einfach der eine und der andere Pol.

Geht ihr nun einmal davon aus, daß euer „niederes Selbst“ eure physische, eure körperliche Seite darstellt und euer höheres Selbst eure geistige Existenz repräsentiert, so könnt ihr wesentlich klarer weitere Zusammenhänge erkennen.
In diesem Zusammenhang verweisen wir wiederum auf die bereits mehrfach angeführte „Polaritätenliste“.

Ordnet ihr so wertfrei wie irgend möglich eurem niederen Selbst einfach euren irdischen, euren körperlichen Anteil zu und eurem höheren Selbst die geistigen Aspekte, zu denen unter anderem auch die „Intuition“ gehört, und könnt ihr weiterhin tatsächlich glauben, daß beides „nur“ die beiden Seiten der Polarität repräsentiert, so müßtet ihr nun eigentlich wissen, daß „höheres“ und „niederes“ Selbst **e i n s** sind. Weiterhin müßte euch klar sein, daß ihr sowohl höheres Selbst und niederes Selbst seid. Daß ihr euer höheres Selbst nicht irgendwo „da oben“ sondern **nur** in euch selbst finden und annehmen könnt.
Würden in euren Denk- und Glaubensstrukturen all die Geschehnisse, die euch immer wieder über den Weg laufen, würden nicht die Menschen, die euch immer wieder Leid oder Schaden zufügen, würden nicht all die Sorgen und Probleme, die jeder von euch mit sich trägt, unter der Voraussetzung, daß ihr „höheres“ und „niederes“ Wesen in einem seid, völlig andere Bedeutung erhalten?

Doch wie verhaltet ihr euch in eurem Schafstall?
Ihr wartet darauf, daß endlich euer Schäfer kommt, euch das Tor eures Pferches öffnet und euch endlich, endlich zu der Weide führt.

In eurem Bedürfnis endlich behütet und beschützt auf die Weide geführt zu werden, zieht ihr nicht einmal ansatzweise in Betracht, daß es euch unter Umständen möglich wäre zu lernen, das Tor selbst zu öffnen und selbst zur Weide zu gehen.
Selbst wenn euch dieser Gedanke käme, so würdet ihr sofort darüber nachdenken, ob durch das geöffnete Tor nicht auch der Wolf zu euch herein könnte. Wärt ihr dann nicht außerdem verantwortlich dafür, daß all die anderen Schafe auch zur Weide laufen würden? Könnte sich nicht eines der Schafe verirren und müßte vielleicht jämmerlich sterben?
Was, wenn das Tor geöffnet ist und der Wolf kommt? Schmerz- und leidvoll sterben müßtet ihr! Wenn der Wolf nicht euch selbst erwischte, wärt ihr dann nicht verantwortlich für den Tod eines jeden Schafes, daß der Wolf reißen würde? Und dann bleibt auch noch die Frage, was wird der Schäfer tun, wenn er letztendlich doch noch kommt? Wird er euch nicht für euer eigenmütiges Handeln bestrafen?
Und so steht ihr weiterhin in eurem Pferch und euer Magen kracht vor Hunger. Unter Umständen versucht ihr ein klein wenig lauter zu blöken, denn wenn der Schäfer euch hört, so würden euch die anderen Schafe mehr lieben als zuvor und würden euch dafür loben, daß ihr so laut geblökt habt, daß der Schäfer es hören konnte.

Nicht ansatzweise kommt ihr auf den Gedanken, daß, wenn ihr fähig wart zu erlernen, das Tor zu öffnen, ihr auch in der Lage wärt zu lernen, das Tor wieder zu schließen. Selbst wenn ihr darüber nachdenken würdet, so wäre euch wiederum eure Verantwortung für euer Tun im Wege. Selbst wenn ihr es schaffen würdet, das Tor wieder zu schließen, wenn der Wolf kommt, könnte es doch sein, daß es einige Schafe nicht mehr rechtzeitig schaffen, wieder in den Pferch zu kommen und schon wärt ihr wiederum für deren Tod verantwortlich.

Könnte es nicht auch sein, daß die anderen Schafe nicht dümmer sind, als ihr selbst?
Könnte es nicht sein, daß die Schafe durch euer Tun von euch lernen könnten, auch selbst das Tor zu öffnen oder zu schließen?
Könnte es nicht sein, daß der Schäfer euch dankbar für euer Tun

ist, da er mit schwerer Krankheit ans Bett gefesselt war, euch nicht zur Weide führen konnte und bereits befürchtete, daß ihr alle jämmerlich verhungert seid?
Könnte es nicht sein, daß ihr euch alle miteinander gegen den Wolf verbünden könntet? Glaubt ihr tatsächlich, der Wolf könnte euch fressen, wenn ihr gemeinsam gegen ihn zusammenhaltet? Wäre dies nicht eine Demonstration eurer Macht, die ihr nur insoweit einsetzen müßt, daß der Wolf begreift, daß er sich wird andere Nahrung suchen müssen?
Und wenn er winselnd zu euch kommt und euch um Nahrung bittet, so könntet ihr ihm zeigen, wie er Gras fressen kann und dennoch satt wird.
Könntet ihr als Schafe noch Gras fressen, wenn das Gras darüber nachdenken würde, ob es von euch gefressen wird oder nicht?

Doch ihr bleibt in eurem Pferch und leidet an Hunger, der nicht gestillt wird.
Ihr interpretiert die Konsequenzen, die aus euren Handlungen entstehen **könnten**, bewertet sie meist als „negativ“ und tut aufgrund dessen nichts. In eurer destruktiven Ausrichtung kommt ihr nicht einmal auf den Gedanken, daß eure Handlungen auch konstruktive Konsequenzen oder Folgen haben könnten. Ihr lähmt euch selbst und beklagt euch darüber, daß ihr nicht mehr gehen könnt.
Eure Angst vor einer scheinbar möglichen Konsequenz ist größer, als euer Bedürfnis euren Hunger zu stillen. Worüber also beklagt ihr euch?

Ihr beklagt euch nicht? In eurem Leben ist alles so, wie ihr es wünscht?
Warum lest ihr dann unsere Erzählungen?

Alles ist euch möglich, denn ihr seid **hohe und niedrige Energie in einem**.
Alles ist euch möglich, denn ihr tragt **alle** Möglichkeiten in euch.
Wäre es nicht an der Zeit, die begrenzende Seite genauer zu betrachten, damit ihr die Seite der absoluten Unbegrenztheit anschließend tatsächlich erfahren und erleben könnt?

Ches mos ab dan der mes kob

Ihr selbst seid die hohen Wesen, nach denen ihr sucht

Die Entstehung des All-Es

Was ist nun Materie? Rein physisch, rein materiell betrachtet, ist es ein Zusammenwirken von energetisch geladenen Teilchen, die sich fortwährend umkreisen oder andere „Dinge" tun.
Das, was euch in euren Schulen und sonstigen Lehranstalten über die physische Beschaffenheit eurer Materie beigebracht wird, entspricht jedoch kaum oder nur ansatzweise den tatsächlichen Gegebenheiten.
Euer Schulwissen lehrt euch, daß ein Atomkern, aus elektrisch „positiv" geladenen Teilchen, den Protonen, aus elektrisch neutralen Teilchen, den Neutronen, die sich unmittelbar bei den Protonen befinden und aus elektrisch „negativ" geladenen Teilchen, den Elektronen besteht.
Ihr habt gelernt, daß die Neutronen für den gebührenden Abstand zwischen Protonen und Neutronen sorgen und habt gelernt, daß die Elektronen den Atomkern in gewissen „Umlaufbahnen" umkreisen.

Nun besteht ein Element nicht nur aus einem Atom, sondern je nach Größe, respektive Masse des betreffenden Stückes, aus einer Unmenge dieser Atome, die sich in gewissen Abständen voneinander befinden und die diesen Abstand auch beibehalten. Dazwischen bewegen sich noch eine enorme Anzahl von sonstigen Teilchen, die eure Wissenschaftler als „Quarks" bezeichnen.
Habt ihr euch schon einmal gefragt, **warum** Protonen „positiv", Neutronen „neutral" und Elektronen „negativ" elektrisch geladen sind?
Habt ihr euch schon einmal gefragt, **warum** die Elektronen um den Atomkern kreisen?
Habt ihr euch schon einmal gefragt, was die vielen Atome dazu veranlaßt, sich in gewissen Abständen voneinander entfernt zu halten?
Was veranlaßt die Elektronen, sich fortwährend um den Kern zu drehen und damit auch nicht aufzuhören?
Habt ihr euch schon einmal gefragt, ob sich all dies tatsächlich so verhält?
Und wenn es sich so verhält, was dann die Kraft ist, die all das bewirkt und all das in Gang hält?

Welche Sinnhaftigkeit und welche „Gesetzmäßigkeit“ stecken dahinter?
Was ist es, daß den Antrieb, die Bewegung, die Schwingung eurer Materie aufrechterhält?

Sucht ihr diese Informationen in dem euch bekannten Weltbild, so werdet ihr immer wieder scheitern.
All-Es ist Energie, Bewußtsein, Information. All-Es ist das Bewußtsein des EINEN.
Wenn All-Es das Bewußtsein des EINEN ist, kann es also nichts anderes geben, als den EINEN selbst.
Wiederum die Frage an euch: Was seid dann ihr selbst? Was ist dann eure Materie?
Macht euch frei von der Vorstellung, daß der EINE irgendwo da oben oder wo auch immer ausschließlich in irgendeiner körperlichen Form existiert. Macht euch frei von der Vorstellung, daß ihr hier seid und der EINE dort. Macht euch frei von eurem Glauben, daß alles voneinander getrennt ist.
Ihr seid nicht von dem EINEN getrennt und wart es niemals.
Der EINE erfährt sich durch sich selbst. Der EINE erfährt sich dadurch, daß er in seinem Bewußtsein Wesenheiten erschafft, die wiederum so etwas wie eine Art „Eigenleben“ entwickeln.
Ihr entstammt aus dem Bewußtsein des EINEN, und eure Materie entstammt aus dem Bewußtsein des EINEN. Materie ist im Prinzip das gleiche wie ihr selbst. Materie und Geist entstammen der EINEN und einzigen Quelle.
Ihr wißt, daß Materie nichts anderes ist als verdichteter Geist oder verdichtetes Bewußtsein.
Was jedoch ist Bewußtsein?

Die EINHEIT beinhaltet All-Es. EINHEIT hat keine Räumlichkeit und keine Bewegung, da sich All-Es lediglich innerhalb eines „Punktes“ abspielt.

Wird nun der EINHEIT Energie zugeführt, die als Bewegung umgesetzt wird, so kann der Punkt beginnen zu schwingen und, bildlich gesprochen, aus seinem unbeweglichen Standpunkt überwechseln in fortwährende Bewegung. Es bildet sich aus dem ursprünglichen feststehenden Punkt also ein Kreis. Da der Punkt in seiner Ursprünglichkeit nach wie vor besteht und lediglich durch seine Drehbewegung **scheinbar** einen Kreis bildet, ist der Punkt nach wie vor zeitlos, der den Punkt „umgebende" Kreis jedoch temporären, also zeitlichen Abläufen unterworfen.
Aus dieser Energiezufuhr entsteht die ZWEIHEIT und somit die Polarität.

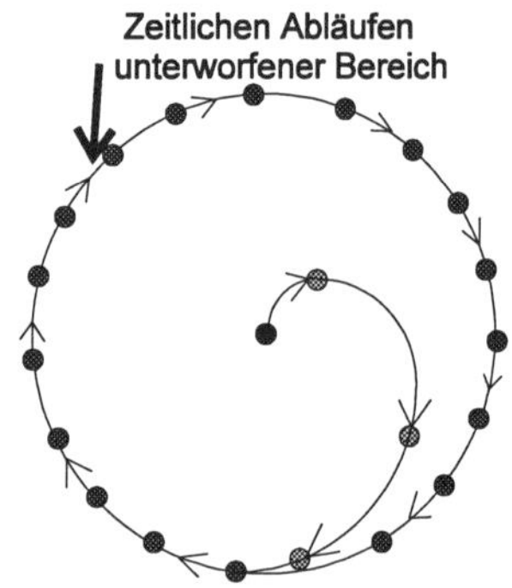

Dieser Kreis kann wiederum durch Hinzufügen weiterer Energie seine horizontale Drehbewegung beibehalten und zusätzlich überwechseln in vertikale Drehbewegung.
Dadurch entsteht **scheinbar** eine Kugelform, also ein räumliches Gebilde.
Erst in der DREIHEIT, die im Prinzip aus einem Punkt oder „Kern" besteht und dem Zufügen zweier Energieformen ist also räumlicher Ausdruck möglich.

Würdet ihr einmal annehmen, daß der EINE der ursprüngliche Punkt oder „Kern" ist, der sich durch Energie in Bewegung versetzt hat und aufgrund dessen scheinbar Räumlichkeit gebildet hat und ihr ersetzt den Begriff „Energie" durch „Bewußtsein", so müßte euch bewußt werden, daß der „Raum" lediglich daraus entsteht, daß das Bewußtsein des EINEN räumliche Struktur erschafft.

Je mehr Energie oder Bewußtsein oder Information in Bewegung umgesetzt werden kann, desto größer wird der Kreis und somit auch die darauf folgende dreidimensionale Struktur.

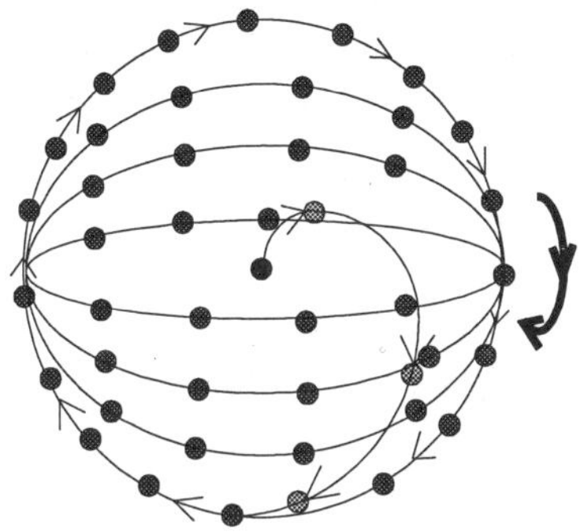

Wiederum entsteht aus der EINheit die Zweiheit und darauf folgend die Dreiheit.

Damit die Dreiheit sich weiter ausdehnen kann, muß weitere Energie oder weiteres Bewußtsein oder weitere Information erschaffen werden.
Der Dreiheit ist es nicht möglich, Bewußtsein von außen zuzuführen, also muß sie Bewußtsein oder Information aus sich selbst erzeugen.
Jede Information erhöht das Energiepotential des EINEN. Da der EINE zwar in seiner Grundstruktur das „All-umfassende" ist, benötigt ER dennoch andere Strukturen, die sein innerhalb der Umfassung liegendes Potential ergründen und erfahren.
Aus diesem Grunde hat der EINE Bewußtseinsstrukturen geschaffen, die sich innerhalb seiner All-umfasstheit erfahren. Aus diesem Grunde kann nichts außerhalb der uns bekannten Bewußtseinsstruktur des EINEN existent sein. Aus diesem Grunde ist All-Es, was innerhalb des EINEN existent ist, Teilaspekt oder Bewußtseinsaspekt des EINEN.
Im Prinzip beschreibt unsere Erzählung die Grenzen des All-Es, die der EINE selbst sind.

Was jedoch spielt sich innerhalb dieser Grenzen ab?
Bewegung von energetisch geladenen Teilchen setzt wiederum Energien in gewissem Umfang frei.
Innerhalb der von uns beschriebenen „Kugelform", die im Prinzip auch die Grenzen des Kosmos oder Cha-sm-os darstellen, sind gewisse Energiefelder vorhanden. Diese Form der Energie ist einfach vorhanden und nicht erschöpfbar. Diese Energie ist zwar in jede andere Form von Energie wandelbar, jedoch kann sie niemals verbraucht werden. Diese Energie ist das Bewußtsein des EINEN!

Damit der EINE all seine Möglichkeiten erleben und erfahren kann, sind Bewußtseinszustände aus dem Energiepotential entstanden, die als Ur-Schöpfergötter definiert werden können.
Diese wiederum haben weitere sich selbst bewußte Bewußtseinszustände, also weitere Wesenheiten kreiert, um das mögliche Erfahrungspotential oder Schöpfungspotential zu erweitern und zu optimieren.

Wir bitten um Verständnis, daß wir diese Zusammenhänge so „nüchtern" und emotionslos beschreiben, handelt es sich doch um Vorgänge, die uns allerhöchsten Respekt und Ehrfurcht abverlangen. Jedoch möchten wir in diesem Zusammenhang auf eine „blumige" Ausdrucksform verzichten, um die damit unter Umständen verbundenen Mißverständnisse oder Fehlinterpretationen in einem kleinen Rahmen zu halten.

Der EINE ist All-Es und All-Es ist der EINE.
Was also seid ihr?

Warum sträubt ihr euch gegen die Vorstellung, daß ihr göttlichen Ursprunges seid?
Glaubt ihr noch immer, daß eure Vielfalt, daß die unbegrenzte und unbeschränkte Ausdrucksform von Leben einzig und allein dazu dient diese durch Dogmatisierungen oder einengende „Lehren" zu begrenzen?

Glaubt ihr nach wie vor allen Ernstes, daß ein Mensch, dem all diese Dinge tatsächlich bewußt geworden sind, einem Menschen, dem es tatsächlich gelungen ist diese Erkenntnisse in seinem Herzen zu verwurzeln noch zivilisatorische Gesetze, Reglements oder Dogmen benötigt, um nicht gegen das Leben, daß immer und in jedem Falle das Bewußtsein des EINEN ist, zu verstoßen?
Glaubt ihr allen Ernstes, daß ein Mensch, der diese Zusammenhänge tatsächlich in sein Herz legen konnte, jemals wieder „Böses" tun könnte? Glaubt ihr nicht, daß dieser Mensch genau wüßte, daß er mit jeder Handlung, auch wenn sie für oder gegen andere gerichtet ist, entweder für oder gegen sich selbst handelt?
Würde ein solcher Mensch nicht in höchstem Grade schöpferisch

und kreativ handeln, um das kosmische System zu unterstützen?

Was jedoch, wenn dieser Mensch auch noch verstehen würde, daß seine menschliche Existenz einzig und allein dazu dient, seine Möglichkeiten und Fähigkeiten innerhalb der dreidimensionalen Möglichkeiten zu erkennen und zu erleben?
Was jedoch, wenn dieser Mensch feststellen würde, daß er tatsächlich Teilaspekt des EINEN ist?
Würdest **Du** dies erkennen, würde dies **Deine** Glaubensstrukturen, **Dein** Denken, **Dein** gesamtes Leben nicht grundlegend verändern?

Was also hindert **Dich**, schöpferischer Mensch, **Dein** Leben selbst in die Hand zu nehmen und das zu tun, was **Du** schon immer tun wolltest?
Lebe endlich, Kind des Lichtes und der unendlichen und unbegrenzten Liebe des EINEN !

Die dreidimensionale Materie

Nichts ist existent, das nicht Aspekt oder Teil des EINEN ist.
Alles Existierende beinhaltet jeweils zwei gegengerichtete Formen von Energie, die sich gegeneinander bedingen und sich im absoluten Ausgleich halten. Dies ist Ausdruck der Polarität und wird immer fortbestehen, bis der EINE sich einst mit all seinen Aspekten wieder vereint hat.
Niemals kann nur eine Energieform bestehen. Damit die Energien im Ausgleich bleiben, **müssen** immer beide Energien im gleichen Maße vorhanden sein.
Wo „plus" ist muß, im gleichen Maße auch „minus" sein und umgekehrt.
Wo „gut" ist, muß im gleichen Maße auch „böse" sein und umgekehrt.
Wo „ja" ist, muß im gleichen Maße auch „nein" sein und umgekehrt.

Um einen Weg zurückzulegen, benötigt ihr Zeit. Je nach eurer körperlichen Konstitution könnt ihr einen Weg schneller zurücklegen, wenn es euch gelingt, dauerhaft schnell zu gehen. In diesem Falle habt ihr Zeit gespart.
Dreidimensionale interstellare Raumfahrt scheitert daran, daß es euch nicht gelingt, die Zeit zu überwinden. Dies ist, zumindest auf eurem Planeten, die offiziell vorherrschende Überzeugung.

Der Ausdruck oder die Wirkungsweise des dreidimensionalen „Traum-Raumes" ist die Räumlichkeit oder, anders formuliert, die Erfahrung unter räumlich und somit auch zeitlich gebundenen Gegebenheiten.
So habt ihr euch im Laufe der Zeit eine Vielzahl von „Naturgesetzen" geschaffen, die jedoch interessanterweise in einigen Fällen keine Gültigkeit zu haben scheinen. In der Regel werden derartige Gegebenheiten vor der Öffentlichkeit verborgen.
Geschehnisse im dreidimensionalen „Traum-Raum" unterliegen diesem Umfeld angepaßten, linearen, also aufeinander folgenden, Abläufen. Zunächst wird eine Ursache gesetzt, die, aufgrund bestimmter Vorgänge, eine Wirkung erzeugt.

Setzt ihr als Wirkung den Begriff „Erfahrung im körperlichen oder materiellen Bereich“, muß es eine Ursache in einem anderen Bereiche geben.
Was jedoch ist die Ursache?

Der „Traum-Raum“ der vierten Dimension drückt sich durch die Zeit aus. Anders formuliert hat Zeit in der vierten Dimension völlig andere Beschaffenheit oder Funktion als in der dritten. Da der Faktor Zeit sich verändert, ist davon selbstverständlich auch der Faktor „Raum“ betroffen, denn wenn Zeit keine zwingend lineare Funktion mehr erfüllt, ist auch der Raum nicht mehr Schritt für Schritt zu überwinden. Obwohl die Zeit auch noch als linearer Faktor vorhanden ist, ist sie dennoch wandelbar. Auch hier besteht das Prinzip von Ursache und Wirkung.
Was jedoch ist hier die Ursache?

Nachdem ihr, rein physisch gesehen, eine Art „Tunnel“ durch die vierte Dimension durchquert, ohne euch tatsächlich in der vierten Dimension aufzuhalten, seid ihr jedoch dennoch in einem gewissen Maße mit temporären oder zeitlichen Veränderungen konfrontiert. Daher auch eure Empfindung, daß Zeit scheinbar „schneller“ vergeht. Die Zeit vergeht jedoch nicht tatsächlich schneller, sondern lediglich euer Streben nach schneller Veränderung läßt für euer Empfinden die Zeit schneller vergehen. Tatsächlich befindet ihr euch in einem Bereich, der es euch ermöglichen würde, mit der Zeit zu „spielen“. Ihr könntet durchaus, wenn ihr mehr Ruhe in euer Leben bringen würdet, feststellen, daß auch die Zeit sich euren Vorgaben mehr und mehr anpaßt.

Im Traum-Raum der fünften Dimension sind Zeit und Raum durch den Faktor „Bewegung“ miteinander verknüpft. Ursache und Wirkung haben auch hier Gültigkeit.
Auch hierzu die Frage: Was ist die Ursache?

Wenn wir alle in einem Universum leben, das gewissen Gesetzmäßigkeiten unterliegt, glaubt ihr dann, daß diese Gesetzmäßigkeiten für alles Leben Gültigkeit hat oder glaubt ihr daß diese Gesetzmäßigkeiten nur für einige gelten?

Wir gehen davon aus, daß Gesetzmäßigkeiten für alles Leben, sei es nun bewußt oder unbewußt, Gültigkeit hat.

Wenn nun eure (und auch unsere) Existenz die Wirkung von „etwas“ ist, was ist dann dieses „etwas“, die Ursache?
Was ist der „Sinn“ eures Lebens?

Wenn der EINE nun Energie, Information oder Bewußtsein benötigt, wobei dies nur verschiedene Bezeichnungen für ein- und dasselbe sind, jedoch nichts existent ist, aus dem der EINE sich von außen eben dieses Bewußtsein verschaffen kann, so muß der EINE dieses Bewußtsein aus sich selbst heraus aufbringen.
Dies ermöglicht er sich durch den Prozeß der „SELBST-Erkenntnis“.
Um sich selbst erfahren zu können, hat der EINE unzählige Aspekte seines Selbst miteinander kombiniert und somit eine unzählige Anzahl von sich selbst bewußten Wesenheiten oder, anders ausgedrückt, eine unzählige Anzahl von sich selbst bewußtem Bewußtsein geschaffen.
In dem Maße, als sich dieses sich selbst bewußtes Bewußtsein erfährt, erfährt der EINE sich selbst.
Wenn ihr dies für euch akzeptieren könnt, so ist es euch möglich anzunehmen, daß ihr Teilaspekte des EINEN seid, die sich selbst erfahren, damit der EINE sich selbst erfährt.

Da die räumliche Ausdehnung lediglich auf der Vorstellung des EINEN basiert, also ausschließlich in seinem Bewußtsein existiert, ist die **scheinbare** räumliche Ausdehnung ein Bewußtseinsphänomen.
Alles existierende Leben ist jedoch diesem Bewußtseinsphänomen unterlegen, da auch jegliches existierende Leben aus dem gleichen Bewußtseinsphänomen entspringt.
Anders formuliert ist Körperlichkeit in jeglicher Form und Weise einfach eine Bewußtseinsprojektion des EINEN. Für diese Bewußtseinsprojektionen selbst scheint, bis zu einem gewissen Grade der Bewußtwerdung, diese Projektion als absolute und unveränderliche Realität.

Wir gestehen zu, daß dies unter Umständen ein wenig schwierig für euch zu verstehen sein mag.
Doch hört in eure Herzen hinein und versucht zu verstehen, was diese euch mitzuteilen haben.

Für alles Existierende ist der Geist oder das Bewußtsein des EINEN maßgeblich. Es ist der Geist oder das Bewußtsein des EINEN, durch welches das scheinbar Materielle erschaffen wird.
Ein jeder von euch ist Teilaspekt des EINEN. Ihr seid also nicht von IHM getrennt, sondern ihr glaubt lediglich aufgrund der in eurem „Traum-Raum" herrschenden Bedingungen, daß ihr getrennt seid. Tatsächlich seid ihr, jeder einzelne von euch, Teilaspekt des EINEN und somit göttlicher Herkunft. All das, was ihr sehen, fühlen, hören, riechen oder schmecken könnt, ist unmittelbarer Teilaspekt des EINEN. All das, was ihr spüren und fühlen könnt, obwohl es für eure physischen Sinne nicht real vorhanden sein mag, ist Teilaspekt des EINEN.

Das Bewußtsein des EINEN ist, energetisch gesehen, im Prinzip völlig neutral, obwohl es immer und ohne Ausnahme beide Polaritäten in sich trägt. Beide polare Energien sind im absolut harmonischen Zustande oder, anders formuliert, befinden sich die beiden gegengerichteten Energieanteile in absoluter „Nullstellung".

Damit Erfahrung geschehen kann, werden gewisse „Katalysatoren" benötigt, die Anteile dieser in sich absolut ausgeglichenen Energie „aktivieren". Dies ist die Aufgabe aller existierenden Wesenheiten oder, anders formuliert, der sich selbst bewußten Bewußtseinszustände oder Wesenheiten.

So wurden und werden Wesenheiten aus dem Bewußtsein des EINEN geschaffen, die sich durch eine gewisse Anzahl von Schwingungsebenen inkarmieren, um auf ihre einzigartige und individuelle Art und Weise das Bewußtsein des EINEN zu aktivieren und in Erfahrungen umzusetzen.

So ist also jeder einzelne von euch ausgestattet mit einer Vielzahl von Fähigkeiten und Möglichkeiten, die ihr in jedem Augenblick

eures Lebens auf die euch in diesem Moment einzig mögliche Art und Weise umsetzt.
Ihr, jeder einzelne von euch, all die anderen Wesenheiten, wo auch immer sie sich befinden mögen, aktivieren durch ihr eigenes Bewußtsein das Bewußtseinspotential des EINEN und setzen es in Erfahrungen um. Dies gilt im gleichen Maße für individuelle und auch für kollektive Erfahrungen!
Jede Wesenheit innerhalb des Kosmos unterliegt diesen Gegebenheiten. Die Art, die Qualität und die Konsequenzen dieser Gegebenheiten richten sich jedoch wiederum im wesentlichen nach dem Gesamtbewußtseinsstand des Seelenaspektes. Das bedeutet, je „älter" eine Seele ist, die in verschiendenen „Traum-Räumen" Teilaspekte aus sich selbst separiert hat, desto größer sind die Anforderungen die die Wesenheit, also die separierten Seelenanteile, an sich selbst stellt, denn das Ziel ist die Vervollkommnung des einzelnen Seelenaspektes.
Das Bewußtsein jedes einzelnen von euch erschafft „scheinbare" Realität, die von euch in physischer Form als die absolute Realität erfahren und erlebt wird.
Dennoch ist diese Realität jederzeit dadurch veränderbar, da ihr die Ursache, also eure Bewußtseinsinhalte oder, anders ausgedrückt, eure Glaubensstrukturen verändert.

Da ihr euch in den nächsten Jahren immer mehr der Ebene des fünfdimensionalen „Traum-Raumes" annähert, werdet ihr euch nach und nach den dortigen Gegebenheiten anpassen, so daß der Übergang von dem einen „Traum-Raum" in den nächsten keineswegs für euch „dramatisch" verlaufen wird oder muß.
Mehr und mehr stellt ihr fest, daß sich euer subjektives Zeitempfinden verändert. Während eure Uhren nach wie vor Minute für Minute, Stunde um Stunde zählen, empfindet ihr den Faktor Zeit völlig anders. Zeit vergeht wesentlich schneller oder ihr lernt nach und nach mit den Faktor Zeit bewußt umzugehen.
Ihr durchlauft eine Oktave eurer Schwingungsebene nach der anderen. Dabei durchquert ihr die vierte Dimension, deren Ausdruck der Faktor Zeit ist. Wenn ihr also durch eure Gedanken oder durch eure Glaubensstrukturen Ursachen setzt, macht ihr auch die Erfahrung, daß sich immer wieder eben diese Denk- oder Glaubens-

struktur sich als reale Situation zeigt.
Könntet ihr euch nach und nach und Schritt für Schritt aus euren destruktiven Glaubenssätzen lösen und diese durch konstruktive ersetzen, so würdet ihr im gleichen Maße feststellen können, daß sich durch die Veränderungen in euch selbst auch euer „Außen“, also die äußeren Umstände verändern.
Solange ihr jedoch wiederum aus euren destruktiven Denk- und Glaubensstrukturen heraus beschließt, nicht zu handeln, erfahrt ihr auch eure Unentschlossenheit als reale Begebenheiten.
Betrachtet euch die vergangene Zeit. Während noch vor zehn Jahren die Zeit, subjektiv empfunden, wesentlich langsamer verlief, hat sie sich bereits innerhalb dieser kurzen Zeit wesentlich verändert. Während ihr „damals“ oft noch Jahre auf die Realisierung eine Gedankens „warten“ mußtet, hat sich dies insofern bereits wesentlich verändert, als daß sich Gedanken oftmals schon innerhalb weniger Wochen, Tage oder sogar nur innerhalb von Stunden als Realität zeigen. Betrachtet ihr einmal rein theoretisch eure teils sehr intensiven Erfahrungen und Bewußtwerdungsprozesse der letzten zwei Jahre und beachtet dabei auch die Zunahme der Geschwindigkeit, in der sich diese Umwandlungen zeigten und rechnet ihr diese Entwicklung auf die nächsten zehn Jahre um, so werdet ihr feststellen, daß ihr in zehn Jahren um ein für euch heute noch nicht vorstellbares Maß gereift sein werdet.

Fühlt euch jedoch nicht gedrängt, zwangsweise und wiederum aus eurer Furcht heraus die „Dinge“ zu verändern, sondern versucht so wie es euch JETZT gerade möglich ist, bewußt mit euren neuen (alten) Erkenntnissen umzugehen.

Laßt euch selbst die Zeit, die ihr benötigt, Kinder des Lichtes.
Ihr erschafft fortwährend Realität. Warum möchtet ihr es nicht auch einmal in eurem vollen Bewußtsein tun?

Es mot keb den dor

Ihr seid es selbst

Heute ist der Tag

Heute ist der einzige Tag eures Lebens, an dem ihr Veränderungen für euch einleiten könnt.
Heute ist der einzige Tag all eurer Inkarmationen, der für euch von Bedeutung ist.
Heute ist der einzige Tag eures Lebens, an dem ihr euch über eure Vergangenheit und all den erfahrenen Schmerz und das Leid „Gedanken“ machen könnt, an dem ihr eure heutige Situation in die Zukunft projizieren könnt oder an dem ihr bewußt lebt.
Laßt ihr euch von eurem vergangenen Schmerz oder Leid oder von vergangener Freude, die heute nicht mehr in eurem Leben ist, in die Vergangenheit **treiben**, so verwendet ihr die einzige Möglichkeit zur Veränderung dazu, aus eurer Vergangenheit eure nächsten Lebenssituationen zu gestalten.
Ergreift aufgrund bestehender Situationen oder Gegebenheiten die Furcht vor Zukünftigem von euch Besitz, so verwendet ihr die einzige Möglichkeit der Veränderung aus dieser Furcht heraus.
Lebt ihr den heutigen Tag ganz bewußt, so könnt ihr euch den augenblicklichen Anforderungen voll und ganz bewußt zuwenden und gestaltet aufgrund des bewußten Augenblickes euer Leben und die kommenden Situationen und Gegebenheiten.

Betrachtet ihr ganz bewußt vergangene Situationen, um beispielsweise Lehren aus Vergangenem zu ziehen, so könnt ihr unter Umständen daraus Erkenntnisse ziehen, die euch wiederum bei eurem Umgang im HIER und JETZT von Nutzen sind.
Betrachtet ihr ganz bewußt eure Zukunft aufgrund der bei euch im Augenblick herrschenden Umstände, so mag euch diese wiederum eine **wahrscheinliche** Möglichkeit aufzeigen, die ihr selbst jedoch durch umdenken oder Umstrukturierung eurer Gedanken umformen könnt.
Vergeßt jedoch nicht, daß ihr selbst aus dem kurzen Augenblick des JETZT das Zukünftige einleitet, initiiert und gestaltet.

Gönnt euch jedoch eine kleine Pause und versucht nicht gleich wieder aus eurer Furcht, „etwas“ versäumen zu können, zu handeln. In diesem Falle wäre eure Motivation schon wieder die Furcht.

Fürchtet euch nicht davor „wieder“ alles „falsch“ zu machen. Noch nie habt ihr etwas falsch gemacht. Ihr habt immer wieder aus Situationen heraus gehandelt, in denen ihr dachtet, nicht anders handeln zu können. Wer sollte euch daraus einen Vorwurf machen, wenn nicht ihr selbst?

Alles ist das Bewußtsein des EINEN. Der Stuhl, auf dem ihr sitzt, das Haus, das ihr bewohnt, der Baum vor eurer Türe, die Pflanzen und die Erde im Garten oder im Park. Alle Geschöpfe, ob ihr sie nun als solche erkennen könnt oder nicht, sind das Bewußtsein des EINEN. Die euch umgebende Materie, aus der auch eure Körper bestehen, die Luft, die ihr atmet, das Wasser des fließenden Baches, der Himmel über euch und all das, was ihr heute noch nicht wahrnehmen könnt, all das ist das Bewußtsein des EINEN. Ihr selbst, euer Körper und euer Geist sind das Bewußtsein des EINEN, das durch euch sich selbst erfährt.
Euer Denken ist das Denken des EINEN, und euer Handeln ist das Handeln des EINEN.
Solange ihr euch dessen nicht bewußt seid, fixiert ihr euch weitestgehend auf euren destruktiven Anteil, der von der Angst, dem Gegenpol der Liebe beherrscht wird.

Wer, so fragen wir euch, wird euch für eure Handlungen, deren Ausgangspunkt im Prinzip die Angst war, „verurteilen“ können?
Solange die Wahrheit eurer Herkunft und eures Seins noch nicht in letzter Konsequenz in eure Herzen gedrungen ist und dort zu einer „Glaubensüberzeugung“ wurde, seid ihr euch selbst noch nicht bewußt. Solange werdet ihr euch immer wieder genötigt sehen, euch von den „Umständen“ überwältigen zu lassen und immer wieder der Furcht anheimfallen.

Doch sorgt euch nicht. Versucht nicht irgend etwas zu beschleunigen oder vor euch selbst so zu tun, als wäre dies Glaubensüberzeugung geworden.
Viele von euch werden noch ein wenig Zeit brauchen, werden noch verschiedene Erfahrungen benötigen, um tatsächlich in ihren Herzen zu glauben.
Laßt euch die Zeit und drängt euch selbst nicht. Doch wartet auch

nicht einfach auf die kommenden Geschehnisse. Lebt euch selbst in dem Maße, als es euch gerade an diesem Tag möglich erscheint.

Gönnt euch eine Pause in eurer immer hektischer werdenden „spirituellen“ Entwicklung, die wiederum durch Angst und Dogmatisierung beherrscht wird. Betrachtet euch selbst und betrachtet eure inneren Überzeugungen. Entsprechen sie tatsächlich noch dem, was ihr heute bereits wißt?

Wenn euch die Furcht vor der Zukunft überkommt, oder wenn ihr in Situationen geraten seid, aus denen ihr gerade heute noch keinen Ausweg finden könnt, so versucht einfach nur für diesen einen Tag zu leben. Gestaltet sich auch der nächste Tag wieder dramatisch, so lebt wiederum nur für diesen und so fort. Manche „Dinge“ brauchen auch heute noch ein wenig Zeit. In machen Fällen müssen sich erst Glaubensstrukturen in euch umgestalten, an die ihr, meist aus „alter“ Gewohnheit, nach wie vor gebunden seid. Sorgt euch nicht über die Maßen und laßt allen Dingen die Zeit, die sie benötigen.

Seht euch an, Kinder des Lichtes und der Liebe. Wovor fürchtet ihr euch?
Ihr seid Aspekte des EINEN und niemals wird der EINE einen Aspekt von sich selbst übersehen.
Die Liebe, die euch zuteil wird, ist so umfassend, daß ihr sie euch nicht einmal ansatzweise vorstellen könnt. Nur machesmal gelingt es euch aufgrund eurer Interpretationen, diese Liebe nicht auf den ersten Blick zu sehen.

Ihr seid wie ihr seid

Ihr fühlt euch ungeliebt, getrennt, nicht angenommen oder akzeptiert. Ihr fühlt euch unwissend, klein, unbedeutend und machtlos. Ihr seid mit euren Tätigkeiten unzufrieden, fühlt euch häßlich oder zumindest „nicht schön genug", fühlt euch müde, zerschlagen, verunsichert und unfähig.
All das, was ihr tut, könntet ihr, eurer Auffassung nach, noch wesentlich besser.

Wenn es euch dann einmal gelingen sollte, von eurem Tun absolut überzeugt zu sein, wenn es euch dann einmal gelingt, zu euch selbst zu stehen und vielleicht sogar von euch selbst und eurem Handeln völlig „be-geistert" zu sein, schleicht sich im nächsten Augenblick meist schon wieder der Gedanke an eure „Überheblichkeit" ein. In diesem Augenblick der absoluten Übereinstimmung mit euch selbst, verurteilt ihr euch auch schon wieder für eure Arroganz, euren Hochmut, eure „Selbst-herrlichkeit".
In diesem Moment fallt ihr wiederum zurück in eure Dumpfheit, in euer „Sich-selbst-unzulänglich-fühlen", in euer „Klein-sein", in eure Unzulänglichkeit. In diesem Augenblick hofft ihr inständig, daß niemand „da oben" auf euch geachtet hat, und ihr gerade nochmals „so" davonkommt.

Glaubt ihr tatsächlich allen Ernstes, daß sich „dort oben" eine Vielzahl von „himmlischen Helferwesen" tummeln, deren einzige „himmlische" Aufgabe es ist, jeden einzelnen zu beobachten und jegliche Verfehlung aufzuzeichnen?
Glaubt ihr allen Ernstes, daß in euren Bewußtseinsspeichern jegliche „Verfehlung" aufgezeichnet wurde und die Strafe „am Tage des jüngsten Gerichtes" folgen wird?
Glaubt ihr allen Ernstes, daß „Strafe" die Konsequenz für euer Leben ist?
Wer von euch hat noch keine „Dummheit" begangen? Wer von euch hat noch nicht in seinem Leben „Dinge" getan, die er im Nachhinein besser gelassen hätte?
Wer von euch war in seinem Leben noch nicht „böse" oder „schlecht"? Wer von euch hat noch nicht „Schuld" im Sinne eurer

irdischen Gegebenheiten auf sich geladen?
Denkt ihr tatsächlich, daß ihr, je nach Ausmaß eurer „Verfehlung", nach eurer Inkarmation im „Fegefeuer" schmoren müßt?
Glaubt ihr tatsächlich, daß ihr vor euch selbst so tun könnt, als würdet ihr aus lauteren Motiven handeln, obwohl ihr in euch wißt, daß ihr nur gehandelt habt, weil ihr tief in euch mit eurer Handlung eine Erwartung verbunden habt?

Wie könnt ihr unter derartigen Voraussetzungen von einem „Gott der Liebe" sprechen?
Seid ihr tatsächlich davon überzeugt, daß am Tage eures physischen Todes, an dem ihr die „Himmelspforte" durchschreitet, der „zuständige Sachbearbeiter" euer Leben beurteilt und ihr aufgrund der erreichten Punktezahl in den Himmel oder die Hölle kommt?
Wäre es in diesem Falle für euch nicht von Vorteil, daß ihr beim Zeitpunkt eures „physischen Todes" gut gekleidet seid, damit ihr dort „oben" guten Eindruck macht und der „Sachbearbeiter" bei der einen oder anderen „Verfehlung" ein Auge zudrückt, damit ihr es gerade noch schafft „in den Himmel" zu kommen?

Ist dies ein „System", das euch sinnvoll erscheint? Könnt und wollt ihr dies tatsächlich glauben?
Wäre dieses „System" nicht wiederum ein System der absoluten Willkür?

Denkt ihr tatsächlich, daß der EINE die absolute und unbegrenzte Vielfalt geschaffen hat, um sie durch entsprechende Reglements gleichzeitig wieder aufzuheben, damit ihr lernt zu gehorchen, euch anzupassen und euch einzufügen?

Warum glaubt ihr, wurde diese unglaubliche Vielfalt all der wunderbaren Wesenheiten geschaffen, die sich in den Weiten des All-Es bewegen?
Gelten für Bewohner anderer Planeten andere Regeln als für euch?
Gehen auch sie an die gleiche „Himmelspforte" wie ihr und werden dort bewertet, katalogisiert und abgeurteilt?
Glaubt ihr, daß auf den anderen Planeten die gleichen zivilisatorischen Gegebenheiten, die gleichen rechtlichen oder religiösen Ge-

setzmäßigkeiten und Bewertungen gelten, wie dies auf eurem Planeten der Fall ist?
Wenn nicht, werden diese Lebewesen dann anders bewertet und beurteilt als ihr?

Jeder einzelne von euch ist so, wie er eben gerade ist.
Aufgrund eurer Reglements und Dogmen habt ihr gelernt, daß ihr, gleichgültig wie ihr nun seid, immer und ohne Ausnahme unzulänglich seid.
So versucht ihr also möglichst „gut“ zu sein und seid euch in der Regel nicht so ganz sicher, ob sich die Reglements eures Systems nun ausschließlich auf die tatsächlich vollzogenen Handlungen oder nicht eventuell auch schon auf eure Gedanken beziehen.
Würde es sich so verhalten, daß lediglich eure Handlungen zu bewerten sind, hättet ihr weitestgehend nochmals „Glück“ gehabt. Werden eure Gedanken mit einbezogen, habt ihr ohnehin schon verloren, denn in euren Gedanken habt ihr schon viele „verabscheuungswürdige Dinge“ getan. In diesem Falle wäre die „Bestrafung“ euch sicher und es wäre nun schon gleichgültig, was ihr euch noch aufladet.
Nachdem ihr nun „spirituell“ geworden seid, könnt ihr euer „Bestrafungsspektrum“ noch wesentlich erweitern, denn nun habt ihr endlich eine Möglichkeit gefunden, eure fortwährend gedanklichen oder tatsächlich durchgeführten „Verfehlungen“ in anderen Inkarmationen abtragen zu „dürfen“.
Je nachdem welchem Kulturkreis ihr angehört, könnt ihr euch nun darüber „freuen“, daß ihr in eurer nächsten Inkarmation als Ratte oder als Schwein wiedergeboren werdet, wie es in einigen religiösen Gruppierungen gelehrt wird, oder zwar wieder als Mensch auf die Welt kommt, jedoch in der nächsten Inkarmation all eure „Verfehlungen“ durch „fürchter-liche“ Lebensumstände abtragen müßt.

Wie ihr es auch macht, es ist immer falsch. Was für eine schreckliche, furchterregende und aussichtslose Vorstellung - findet ihr nicht?

Was jedoch, wenn ihr einzig und allein auf der Welt wärt, um euch selbst zu ergründen und zu erfahren?

In diesem Falle wären all eure Dogmatisierungen und Reglements nichts anderes als Täuschungen, denen ihr euch schlicht und einfach unterworfen habt.
Die Konsequenz daraus wäre, daß keine Reglements mehr Gültigkeit hätten und ihr dem absoluten Chaos anheimfallen würdet, denn in diesem Falle könnte ja jeder das tun, was er gerade gern möchte! Anarchie würde herrschen, wenn niemand mehr eure entfesselten Frustrationen und Aggressionen unterdrückt, beherrscht und kanalisiert.

Wieder schnappt die Falle eurer Dogmatisierung zu!
Hättet ihr in euren Herzen verstanden, daß ihr alle der gleichen Quelle entspringt, daß ihr alle göttlichen Ursprunges seid, so hättet ihr tatsächlich verstanden, daß ihr mit jeder Handlung gegen den anderen, eine Handlung gegen euch selbst setzt. Ihr hättet tatsächlich mit euren Herzen verstanden, daß jede Handlung, die ihr im konstruktiven Sinne für einen anderen setzt, eine Handlung für euch selbst ist.
Ihr würdet tatsächlich verstehen, daß ihr nicht tatsächlich „besitzen" könnt und daß ihr alles, was ihr zum Leben benötigt, auch haben würdet.
Ihr könntet das, was ihr gerade zur Verfügung habt und selbst nicht benötigt, denjenigen geben, die es gerade brauchen, in dem Bewußtsein, daß ihr wieder darüber verfügen könnt, wenn ihr es selbst braucht. Ihr müßtet eure „Besitztümer" nicht vor den anderen verbergen und verteidigen, da ihr ihren Neid und ihre Gier fürchten müßt, sondern könntet damit in dem Bewußtsein umgehen, daß ihr den anderen dadurch durchaus positive Impulse geben könntet. Ihr müßtet nicht mehr fürchten, daß die anderen euch „etwas" wegnehmen, da ihr verstanden hättet, daß für alle genug vorhanden ist.
Ihr könntet liebevoll mit den anderen umgehen, da ihr sie nicht mehr insgeheim fürchten müßtet.
Jeder von euch könnte sich selbst nachgehen und sich selbst in die Gemeinschaft einbringen.

Wenn dies Anarchie oder Chaos ist, so wird das Chaos eure Existenzform der Zukunft sein. Doch bis dorthin wird noch ein wenig Zeit vergehen.

Würdet ihr in eurem Bestreben innehalten, euch „irgendwohin" entwickeln zu wollen, in dem Bewußtsein, daß es überall besser sein muß, als an dem Ort oder in der Situation an dem oder in der ihr gerade seid und euch die Zeit dazu nehmen, euch selbst und euer Leben zu betrachten, so könntet ihr auch eure Furcht ein wenig mehr hinter euch lassen. Ihr könntet innehalten und herausfinden, wer oder was ihr im Augenblick seid. Ihr könntet eure Bewertungen und Beurteilungen neu formen oder strukturieren und könntet herausfinden, ob ihr tatsächlich so minderwertig seid, wie ihr es glaubt. Ihr könntet herausfinden, ob ihr wirklich so wenig schön und so wenig liebenswert seid, wie ihr denkt. Ihr könntet herausfinden ob ihr tatsächlich „Nichtse" seid, und ob ihr tatsächlich „minderwertig seid, oder ob es sich nur um eine Projektion anderer Menschen auf euch oder eurer geltenden Wertmaßstäbe handelt, die euch zu dieser Meinung bewegt haben.
Ihr könntet anfangen, euch selbst einmal unter völlig neuen Gesichtspunkten zu betrachten, ohne euch wiederum selbst beschwindeln zu müssen und könntet feststellen, wie ihr gerade jetzt seid.
Ihr könntet all eure „Vorzüge" und „Nachteile" wahrnehmen und anerkennen und euch aufgrund dieser Basis **konkrete** Veränderungen für euch selbst vornehmen und durchführen.

So jedoch seid ihr gehetzt und getrieben, „irgend etwas" zu werden oder sein zu wollen, von dem ihr nicht einmal wißt, ob ihr dies tatsächlich sein wollt.

Ein jeder von euch ist so, wie er oder sie nun eben gerade ist. Anders könnt ihr ohnehin im Augenblick nicht sein. Also hört einfach damit auf, vor euch selbst so zu tun, als ob ihr ganz andere seid. Seht euch einfach einmal an. Seht eure „negativen" und eure „positiven" Seiten. Seht euch an, wer ihr seid und akzeptiert euch. Nehmt euch einfach so an, wie ihr gerade eben seid.
Ihr könnt vor euch selbst weiterhin so tun als wärt ihr anders, als ihr selbst wißt daß ihr seid. Ihr könnt euch aber auch einfach so annehmen, wie ihr seid.
Verurteilt euch nicht selbst für all eure „Verfehlungen", die einzig und allein auf einem künstlich geschaffenen Wertesystem beruhen,

das Wert darauf legt, euch klein und unterdrückt zu halten.
Nehmt all die vergangenen „bösen“ oder „schlechten“ Handlungen eures Lebens hin. Sie liegen ohnehin hinter euch und sind bereits unwiderruflich geschehen. Betrachtet euch eure „guten“ und „positiven“ Seiten und Handlungen.

Wenn ihr euch ein neues Bild von euch gemacht habt, so ist die Basis für Veränderungen bereits gegeben. Dann und erst dann habt ihr die Möglichkeit, für eure eigenen Veränderungen Prioritäten zu setzen und somit die Möglichkeit Wandlungen zu schaffen, die nicht auf innerer Furcht, sondern auf der **wahren** Erkenntnis eurer eigenen Persönlichkeitsstruktur basieren.
Ihr werdet zwar auch feststellen müssen, daß ihr immer wieder einmal in eure „alten“ Überzeugungen zurückfallen werdet, jedoch werdet ihr euch mehr und mehr euren eigenen konstruktiven Anteilen zuwenden können.

Wenn ihr euch bewußt seid, daß ihr in jedem Augenblick nur so handeln könnt, wie es euch eben gerade möglich ist, so schafft ihr eine völlig veränderte Basis für eure Handlungen.
Wenn ihr, anstatt zu handeln, zunächst einmal darüber nachdenkt, ob und wie ihr nun handeln sollt und wie ihr eure Handlungen perfektionieren könnt, habt ihr den Augenblick zur Handlung bereits versäumt.
In jedem Augenblick eures Lebens könnt ihr nur so tun, wie es gerade für euch machbar ist. Stellt ihr im Nachhinein fest, daß ihr im Prinzip „besser“ oder effektiver hättet handeln können, so könnt ihr bei der nächsten Situation aufgrund dieser Erfahrung eure Handlungen den gemachten Erfahrungen anpassen und werdet nach und nach eure Handlungen aus euren Erfahrungen heraus perfektionieren.
Auf diese Art und Weise lernt ihr aus euren praktischen Erfahrungen.

Bisher habt ihr die Situationen ständig überdacht und nochmals überdacht und wiederum durchdacht. Auf diesem Wege habt ihr eine Vielzahl von Augenblicken in euren Gedanken behalten und konntet nicht die physische Erfahrung erleben, aus der ihr hättet

erkennen können, ob eure gedankliche Theorie nun „richtig“ oder „falsch“ für euch war.
Warum fürchtet ihr euch davor, Handlungen zu setzen?
In eurer Phantasie malt ihr euch immer wieder Situationen aus, die ihr zu erleben wünscht. Somit setzt ihr eine geistige Ursache, die zur Auswirkung hat, das euch in dieser oder jener Form die Möglichkeit zum Erleben oder zum Ausleben der Phantasie tatsächlich physisch begegnet. Anstatt euch jedoch selbst die Möglichkeit zu geben, diese Erfahrung auch tatsächlich zu machen, kneift ihr und zieht euch zurück.
Eure Furcht vor der möglichen Konsequenz ist so groß, daß ihr auf die praktische Erfahrung verzichtet und vor euch selbst wiederum Ausreden findet, warum es gerade eben für euch nicht möglich war „einzusteigen“.
Ihr setzt Energiepotential frei, das sich als Realität widerspiegelt, ohne den Mut zu haben, dies auch tatsächlich zu erleben und zu erfahren. Im Leben eines jeden von euch gab es immer wieder Situationen, aus denen ihr hättet erkennen können, daß sich auch eure Phantasien als Realität widerspiegeln.
Dabei ist es nur von untergeordneter Bedeutung, ob es sich nun um konstruktive oder destruktive Phantasien, Gedanken- oder Glaubensstrukturen gehandelt hat.
In dem Augenblick, als euch eure Phantasie als Realität begegnete, habt ihr euch zurückgezogen. „Das gibt es doch gar nicht!“; „Das kann doch nicht sein!“; „Das glaube ich nicht!“; „Da muß doch ein Haken sein!“.

Eure Wünsche oder Phantasien, eure Gedanken- oder Glaubensstrukturen erzeugen Realität. Selbst eure Wissenschaft begreift dies nach und nach.
Wenn ihr dies nur ansatzweise glauben könnt, so beginnt doch einfach damit, euch eine Art von Realität zu erzeugen, in die ihr auch bereit seid „einzusteigen“.
Wenn ihr Phantasien, Wünsche, Pläne oder Gedanken habt, die euch in eurer augenblicklichen Lebenssituation nicht realisierbar erscheinen oder die euer Leben so grundlegend verändern würden, daß ihr wiederum Angst vor der Realisierung habt, so sucht euch Kleinigkeiten aus, die ihr euch in eure Realität „hineinmateriali-

siert“. Anhand dieser „wenig bedeutsamen“ Veränderungen könnt ihr erfahren, daß Realität tatsächlich durch euch, durch eure Gedanken- und Glaubensstrukturen erschafft wird und aus der „unbedeutsamen Erfahrung“ wird aufgrund eurer Erkenntnis eine „überwältigende Erfahrung“.
Die „kleinen“ Veränderungen helfen euch die Wahrheit zu begreifen.
Fürchtet euch nicht vor den Konsequenzen, den Auswirkungen dieser Materialisationen. Fürchtet euch nicht vor Strafe, denn die „Strafe Gottes“ ist ein in euch hinein programmiertes Verhaltensmuster, das euch davon abhalten soll, die Wahrheit über euch selbst zu verstehen.

In dem Maße, wie ihr erkennt, daß ihr tatsächlich fähig seid eure Realität zu gestalten und selbst zu kreieren, werden sich in euch neue Tore öffnen und ihr werdet mehr und mehr erfahren und erleben, daß ihr selbst und all die Menschen, all das andere Leben um euch herum, göttlichen Ursprunges ist.
Im gleichen Maße, wie eure Bereitschaft zur Akzeptanz der Wahrheit eurer Herkunft zunimmt, werdet ihr die Liebe zu euch selbst und somit zu all dem Leben im Kosmos entfalten.

Die Fähigkeit Realität zu erschaffen, ist eine Fähigkeit des Geistes. Und je mehr ihr dazu übergeht bewußt Realität zu erschaffen, desto mehr und intensiver wendet ihr euch eurer konstruktiven Seite zu. Ihr werdet dann immer bewußter euch für die eine oder andere Seite in euch entscheiden.
Dennoch werdet ihr nicht umhinkommen, eure geistigen Impulse, also das Setzen von Ursachen im geistigen Bereich, in eurer physischen Existenz, in eurer körperlichen Form, eurem „Mensch-sein“ auch real umzusetzen. Euren menschlichen Anteil in Form von Handlungen tatsächlich zu tun, werdet ihr nicht umhinkommen.

Seht euch also an, wer ihr seid und was ihr seid.
Könnt ihr ein klein wenig mehr von euch sehen?

cos des nor es mel sob der

Wenn der Weg das Ziel ist, was ist dann der Weg?

Der Irrtum eurer Wissenschaft

Seit jeher sind alle Wesenheiten, sei es nun in der Vergangenheit, der Gegenwart oder in der Zukunft, fortwährend auf der Suche nach der Erkenntnis ihrer Herkunft.
Dabei sind die Wissenschaftler aller universellen oder kosmischen Zivilisationen auf die Möglichkeiten ihrer Wahrnehmung angewiesen. Eine weitere Grundlage für wissenschaftliche Erkenntnisse sind die jeweils herrschenden kulturellen, religiösen und zivilisatorischen Glaubensüberzeugungen.
Das Gros eurer Wissenschaftler beruft sich bei all seinen Erkenntnissen auf die durch die Ratio, den Verstand, nachvollziehbaren und vorstellbaren Möglichkeiten.
Damit erhält die Intuition, als die Fähigkeit „höherer“ Wahrnehmung eine äußerst vernachlässigte Rolle. Schließlich sind Wissenschaftler ja „seriöse“ Menschen und solch ein unglaublicher Unsinn wie höhere Wahrnehmung ist mit der Ratio, zumindest bei deren heutigen Wissensstand, nicht erklärbar und deshalb einfach weitestgehend nicht vorhanden.

Die Verbindung von Ratio und Intuition wäre jedoch eine hervorragende Verbindung, aus der jeder Mensch, ob Wissenschaftler oder nicht, sich umfassende „Er-kenntnisse“ von „dort oben“ holen könnte und diese dann den physischen Gegebenheiten angemessen rational nachvollziehen könnte.
Dieses System scheitert jedoch an der Arroganz und Intoleranz der Verantwortlichen.
Schließlich und endlich würden „wahre“ Erkenntnisse das bestehende System der Verdummung und der Ignoranz unterminieren und die „ach so Wissenden“ müßten ihre tatsächliche Unkenntnis eingestehen. Damit würden sie zwar wieder zur Menschlichkeit zurückkehren, hätten jedoch ihr „Allwissend-Image“ eingebüßt.
Wozu sich jahrzehntelang mit rationalem Wissen „vollstopfen“ lassen, wenn es doch so einfach sein könnte. Und wo, bitteschön, bleibt der entscheidende Unterschied zum „einfachen“, zum „gewöhnlichen“ Volk?

Eure Wissenschaft spricht vom leerem Raum. Tatsächlich ist der

Raum, das Weltall nicht leer. Es ist in unglaublicher Dichte angefüllt mit Energie-Materieteilchen, die jedoch aufgrund ihrer Beschaffenheit mit euren heutigen technologischen Methoden und Möglichkeiten zwar im Ansatz wahrgenommen und erkannt werden können, jedoch eine Umsetzung aus diesen Erkenntnissen scheitert eben wiederum an der Ignoranz der Verantwortlichen.

Diese Energie-Materieteilchen sind überall vorhanden und können nicht „verbraucht“ werden. Sie können lediglich von einem Zustand zum anderen „umgewandelt“ werden, was jedoch nicht bedeutet, daß sie nicht wiederum in weitere Aggregatzustände verbracht werden können.
Also entweder Materie oder Energie, wobei aus Materie Energie und aus Energie Materie entstehen kann. Materie ist Energie und Energie ist Materie.
Im Prinzip sind dies eine Art „Bewußtseinsteilchen“. Es ist zwar durchaus durch technologische Verfahrensweisen möglich diese Teilchen in den „gewünschten“ Zustand, also Materie oder Energie, zu bringen, da sie beides zur gleichen Zeit sind, jedoch gibt es durchaus eine andere Methode, die weitaus effektiver und problemloser zu dem gleichen Ergebnis führt.

Der Faktor, der fähig und in der Lage ist diese „Teilchen“ zu verwandeln, ist sich selbst bewußtes Bewußtsein, also Wesenheiten. Jede Lebensform ist dazu prädestiniert, diese Teilchen umzuwandeln, in den „erwünschten“ Zustand zu wandeln. Jegliche Lebensform kann durch ihr eigenes Bewußtsein diese Energie-Materieteilchen in den Zustand verbringen, der kollektiv oder individuell benötigt wird.

Ihr Menschen, so wie alle anderen Lebensformen innerhalb des Kosmos, tun dies fortwährend, je nach Stand ihres Wissens bewußt oder unbewußt.
Jede sich selbst bewußte Lebensform, also jede Wesenheit, ist zu diesem Umwandlungsprozeß in der Lage. Wir haben diesen Prozeß bereits beschrieben, indem wir Lebensformen als „Katalysatoren“ für diesen Prozeß bezeichnet haben.

Ihr „nehmt“ also dieses Energie-Materieteilchen und verwandelt es durch eure Denk- und Glaubensstrukturen in Materie, also Realität, die ihr wiederum erlebt.
Diese überall vorhandenen Materieteilchen sind nichts anderes als das Bewußtsein des EINEN, aus dem alles besteht.
Diese physikalisch durchaus nachweisbaren Teilchen, sind das, woraus All-Es besteht, in eine Ausdrucksform gebracht, die für euch in eurem Seinszustande erkennbar und verfügbar ist.

Insoweit wird eines schönen Tages eure Wissenschaft durchaus die Zusammenhänge zwischen Energie und Materie begreifen. Solange solltet ihr jedoch unter Umständen nicht warten.
Euer Bewußtsein, das Bewußtsein jedes einzelnen Menschen ist Katalysator, also „Umwandlungsmechanismus“ des Bewußtseins des EINEN.
Gleichgültig ob ihr beginnt bewußt zu leben und zu handeln, was auch immer dies für den einzelnen von euch bedeuten möge, oder ihr lethargisch darauf wartet, daß endlich, endlich Veränderungen eintreten; mit dem, was ihr an Glaubensstrukturen in euch tragt, gestaltet ihr kollektive und individuelle Realität.

Warum beginnt ihr nicht einfach damit, endlich Realität nach euren Vorstellungen zu gestalten?

Wirrwarr und Klarheit

Was euch davon abhält, bewußt mit euren „neu“ entdeckten Möglichkeiten und Fähigkeiten, die euch aus euren „neuen-alten“ Erkenntnissen entstehen mögen, umzugehen, ist eure Furcht vor der möglichen Konsequenz und eure Furcht vor der damit verbundenen Verantwortung.

Was, wenn ihr „wieder“ alles „falsch“ macht, so wie ihr es von euch gewohnt seid?
Was, wenn wir euch doch belügen und wir euch in die Irre einer absoluten „Sackgasse“ führen?
Schließlich und endlich haben wir euch zu Beginn dieser Geschichte bereits eingestanden, daß wir nicht die ganze „Wahrheit“ erzählt haben.
Was, wenn wir euch verführen, das absolute Chaos einleiten und eure Vernichtung herbeiführen wollen?

Was sagt euch euer Herz?
Schenkt uns und all den anderen keinen Glauben, sondern lernt euch selbst, eurem SELBST zu vertrauen. Einzig und allein auf diese Art und Weise werdet ihr euch selbst erkennen können.
Niemand kann euch die Verantwortung für euch selbst abnehmen.
Niemand kann euch sagen, was nun „richtig“ oder „falsch“ für euch ist, denn dies ist für jeden von euch individuell unterschiedlich.

Seht einmal in euch hinein. Laßt all die anderen Menschen, von denen ihr zu wissen glaubt, daß es ihnen so geht wie euch selbst, jetzt weg. Falls ihr euch bei dem folgenden „erwischt“ fühlen solltet, so „re-agiert“ nicht betroffen oder mit Trotz. Es liegt nicht in unserer Absicht, euch betroffen zu machen oder euch zu verletzen.

Was findet ihr in euch?
Findet ihr versteckte Aggression? Ergeht es euch in manchen Situationen so, daß ihr einen anderen Menschen oder einen Lebensumstand am liebsten „in die Wüste“, „auf den Mond“ oder sonstwohin schicken würdet? Ist es nicht so, daß ihr immer wieder eure

Aggression herunterschluckt und sie nicht zulaßt?
Findet ihr in euch Frustration? Übermannt euch nicht von Zeit zu Zeit eure Hilflosigkeit, die Erkenntnis, daß ihr immer wieder auf euch alleingestellt seid?
Übermannt euch von Zeit zu Zeit die Verzweiflung, die Machtlosigkeit? Überfällt euch von Zeit zu Zeit nicht die Erkenntnis, daß ihr scheinbar nichts, aber auch rein gar nicht verändern könnt?
Findet ihr in euch Furcht vor allem möglichen? Habt ihr nicht immer wieder Angst vor Situationen, von denen ihr wißt, daß sie auf euch zukommen; ist da nicht Furcht in euch vor den kommenden Geschehnissen? Ist da nicht die Angst wiederum „irgend etwas" ausgeliefert zu sein, dem ihr euch nicht entziehen könnt?
Ist da nicht in euch noch vieles mehr?

Seid ihr nicht immer wieder bereit, das eine oder andere zu tun, um andere Menschen zu gewissen Handlungen oder Taten zu animieren? Ist dies nicht eine Form der Manipulation?
Zwingt ihr nicht immer wieder andere Menschen durch das Ausüben von mehr oder weniger großer Macht dazu, sich so zu verhalten, wie ihr es wünscht? Übt ihr euren Partnern, Kindern oder anderen Menschen gegenüber nicht immer wieder Macht aus?
Versucht ihr nicht immer wieder, Situationen oder Menschen in Bahnen zu lenken, die von euch selbst erwünscht sind? Ist das nicht die Ausübung von Kontrolle?

Seid ehrlich zu euch selbst und versteckt nichts von dem, was ihr in euch findet.

Steckt nicht hinter all diesen oder anderen Handlungen von euch, die wir hier nicht angesprochen haben, die Angst davor etwas zu verlieren, etwas nicht zu bekommen oder selbst beeinflußt zu werden?

Wenn ihr nun festgestellt habt, was in euch an „negativen" Emotionen ist, so betrachtet eure äußere Welt. All das, was ihr auf eurer Welt finden könnt. Katastrophen aller Art, Manipulation, Macht, Unterdrückung, Gewalt, Vernichtung, Ignoranz, Intoleranz und noch vieles Unzähliges mehr.

Könnt ihr euch vorstellen, daß eure innere Welt, die ihr so perfekt vor euch selbst zu verbergen gelernt habt, die Verursacher all dessen sein könnten?
Könnt ihr all diese kollektiven, destruktiven Strukturen oder Gegebenheiten im Außen, in der äußeren Welt verändern?
Welchen Aufwand müßtet ihr betreiben, um all die andern Menschen von den „Guten“, den konstruktiven Werten zu überzeugen?
Was, vor allem, sind die „wahren, guten“ Werte? Verwendet ihr, um andere zu überzeugen, eure Werte oder Werte aus euren Religiösen, rechtlichen oder sonstigen Gegebenheiten?
Was wenn die Formulierung:“ Wie innen so außen.“, wesentlich weiter reicht, als ihr bisher geglaubt habt?
Wieder eine Möglichkeit mehr, euch schuldig zu fühlen? Schließlich und endlich wärt ihr in diesem Falle ja tatsächlich mit schuldig an all euren großen und kleinen Katastrophen, Hungersnöten und sonstigen „Dingen“.

Sind eure Sicherheitsbehörden fähig und in der Lage die Kriminalität einzudämmen?
Sind eure Wissenschaftler fähig und in der Lage Naturkatastrophen zu verhindern oder zuverlässig vorherzusagen?
Sind die Menschen auf eurem Planeten nicht so von Gier besessen, daß materieller Besitz vor allem anderen kommt und das eine oder andere Menschenleben durchaus dem Profit geopfert werden kann?
Lebt ihr im Einklang mit der Natur?
Lebt ihr mit euren Nachbarn in echter Harmonie, oder habt ihr euch lediglich auf einen gewissen „Status quo“ geeinigt?
Werden nicht sogar Kriege bei euch initiiert, um neue Waffensysteme in der Praxis zu erproben?
Entwickeln eure „Re-gier-ungen“ nicht schon Waffensysteme, um sich vor „Übergriffen“ oder ungebetenen Besuchern aus dem All zu schützen?

Wenn ihr unter diesen Umständen, in denen ihr lebt, euch vor Chaos und Anarchie fürchtet, so ist euch nicht zu helfen.
Ihr fürchtet euch vor Gesetzlosigkeit und Anarchie und überseht dabei, daß diese bereits eure Realität geworden sind. Sucht ihr nach

Führern, die euch aus der Misere befreien? Sucht ihr nach „Verführern“, die euch sagen, was ihr tun sollt und was „richtig“ ist?
Welche Angst in euch ist größer? Die Angst vor den „Ver-führern“ oder die vor eurer Eigenverantwortung?
Wartet ihr auf „grünes Licht“ von eurer Wissenschaft? Wartet ihr auf den Beweis?
Wartet ihr auf eure Politiker? Auf eure Wirtschaftsführer?
Wenn ihr Beweise sucht, so seht euch euer eigenes Leben an. Euer eigenes, nicht das der anderen Menschen. Sucht nach den Zusammenhängen zwischen euren Ängsten, euren Phantasien, euren Glaubensstrukturen und eurer tagtäglich erlebten Realität. Wenn ihr ehrlich zu euch selbst seid, findet ein jeder von euch reichlich Beispiele aus eurem eigenen Leben, die euch bestätigen, daß ihr tatsächlich Realität schafft.
Doch wenn ihr dies erkannt habt, so werdet ihr wieder mit eurer Minderwertigkeit konfrontiert sein und zu euch selbst sagen: „Das kann doch nicht sein, wieso gerade ich?“.
Warum **nicht** „gerade ihr“? Wenn nicht ihr, wer dann sonst?

Viele von euch glauben inzwischen, daß sie tatsächlich Lichtwesen, Lichtarbeiter, Energie- oder sonstige Wesenheiten sind.
Doch wie verhaltet ihr euch? Ihr habt euch Licht- oder Energiewesen selbst Fesseln angelegt, die euch am Handeln hindern. Inzwischen sind eure eigenen Fesseln so locker geworden, daß ihr sie jederzeit und ohne weiteres abstreifen könntet. Doch was sollt ihr dann tun? Was ist eure Aufgabe? Solange ihr dies glaubt nicht zu wissen, haltet ihr eure eigenen Fesseln noch ein klein wenig fest, damit sie euch ja nicht herunterfallen.

Lebt euch selbst! Lebt euer Leben und ihr werdet mit dem was ihr dann gerade tut, genau das tun, was zu tun ihr euch vorgenommen hattet.

Ihr bleibt jedoch in eurer rationalen Theorie, ihr bleibt in euren Gedanken, denn noch ist eure Furcht größer, als euer Wunsch zu Veränderungen beizutragen.
So ist es euch durchaus möglich, euch vorzustellen, daß ihr mehr und mehr Fähigkeiten entwickelt. Inzwischen fällt euch sogar im-

mer wieder auf, daß ihr tatsächlich in der einen oder anderen Situation Realität erschafft oder zumindest bewußt beeinflußt habt. Doch ihr tut so, als wäre dies nichts besonderes. Ihr verdeckt es vor euch selbst, damit ihr nicht mit eurer Furcht konfrontiert seid. So tut ihr wiederum vor euch selbst als wäre alles noch so, wie es immer war.

Ist euch euer Planet, eure Welt nichts wert? Sind euch all die Menschen, von denen ihr behauptet, ihnen so gerne helfen zu wollen nichts wert?
Soll sich euer „Hilfsangebot" auf der Ebene bewegen, daß ihr den anderen Theorien vortragt?
Müßt ihr perfekt sein? Ist es nicht ausreichend, daß ihr immer das ín Situationen tut, was euch gerade im Augenblick möglich ist?
Einhundert Prozent müssen es sein. Erst wenn ihr den höchsten Stand erreicht habt, werdet ihr hinausgehen und leben. Doch was sind einhundert Prozent? Wo sind die Maßstäbe für das, was ihr erreichen wollt? Alles muß es sein. Doch einhundert Prozent von Nichts sind eben nichts. Einhundert Prozent von dem was ihr seid, ist alles was euch möglich ist!
Versteht ihr den Unterschied?

Versucht ein klein wenig mehr, euren „Schein-perfektionismus" beiseite zu lassen, denn ihr könnt in eurem „Mensch-sein" nur wahrnehmen, was euch gerade möglich ist.
Seht euch selbst an, und vergeßt eure Programmierungen durch eure Medienmaschinen. Seht euch selbst an, und vergeßt all das, was euch Jahrtausende lang eingeredet und suggeriert wurde.

Ihr seid unendlich liebevolle und liebenswerte Wesenheiten. Ihr seid von unbeschreiblich strahlender Schönheit und Reinheit.
Seht ihr jedoch in einen Spiegel, so seht ihr nur, daß eure Nase zu klein, zu groß, zu gerade oder zu gebogen ist. Eure Augen sind zu blau, zu wenig blau, zu dunkel, zu hell oder was auch immer.
Eure Körper sind nicht so, wie ihr sie haben wollt. Müßt ihr doch schlank, braungebrannt und schön nach den Vorschriften, den Maßstäben der Werbebranche sein. Ansonsten seid ihr „out", häßlich, klein und mickrig.

Wenn ihr schon mit eurem Verstand glauben könnt, daß ihr lichte Wesenheiten seid, so versucht doch einmal diesen Wesensaspekt von euch zu sehen.
Nur selten seht ihr auf euch selbst. Meist seht ihr auf die anderen und seht wie „gut", wie „weit", wie „wissend" und wie „überlegen" sie sind. Doch was ihr sehen könnt, ist nur die Oberfläche.

Betrachtet endlich, wir bitten euch, einmal euch selbst. Betrachtet völlig wertneutral all eure „guten" und „schlechten" Eigenschaften. Betrachtet völlig wertfrei euer Handeln oder euer „Nicht-Handeln". Versucht, so gut ihr es könnt, euch über die Motivation, die hinter euren Handlungen steckt, bewußt zu werden. Daraus könnt ihr wiederum vieles über euch selbst erkennen.
Verzichtet in diesem Zusammenhang darauf, euch selbst zu verurteilen. Ihr habt gehandelt, wie ihr eben gehandelt habt. Wäre es euch möglich gewesen, anders zu handeln, so hättet ihr es in vielen Situationen getan.

Versucht, soweit es euch möglich ist, all die Werte, die versucht werden, von außen zu euch zu bringen, mit euren eigenen Aspekten und Wahrheiten zu verbinden. Dies gilt auch für unsere Übermittlungen. Nehmt die Mitteilungen von außen nicht als „vorgegebenes Gesetz" mehr oder weniger kritiklos an, sondern nehmt diese „Dinge" lediglich als Möglichkeit, in euch selbst Veränderungen herbeiführen zu können.

Versucht, soweit es euch möglich ist, eure beiden Seiten in euch so miteinander zu vereinen, wie es euch möglich ist. Doch vergeßt dabei nicht wieder, diese beiden Seiten zunächst einmal intensiv zu betrachten. Beide Seiten der Polarität sind im Prinzip eben nur zwei Seiten. Eine jede davon repräsentiert eine Form von Energie, Bewußtsein oder Information, die sich einfach gegengerichtet sind. Dennoch ist weder die eine „gut" noch die andere „schlecht".
Beide sind so, wie sie sind und ihr seid, wie ihr seid.

Niemand in den Weiten des All-Es, der sich dem Lichte zugewandt hat, wird euch verurteilen.

Warum also tut ihr es?
Verurteilt euch nicht länger und beginnt euer Leben zu leben, was auch immer dies für den einzelnen von euch bedeuten wird.
Überdenkt eure Werte neu, werft die „über Bord“, von denen ihr selbst glaubt sie nicht mehr zu benötigen und ersetzt die verbliebenen „Löcher“ durch eure neuen Erkenntnisse.

Macht euch bewußt, daß in einigen Fällen Trauer in euch aufkommen wird, wenn ihr „liebgewonnene“ Eigenschaften oder Glaubensstrukturen verliert. Diese haben euch oftmals über viele Jahre begleitet und waren für euren Erkenntnisprozeß von wesentlicher Bedeutung. Diese Werte oder Glaubensüberzeugungen sind für euch wie gute, alte Freunde und wenn sie gehen, vermag sich durchaus Trauer in euch breitmachen.
Unter Umständen empfindet ihr auch Furcht, da ihr nicht wißt, durch welche neuen Strukturen diese alten Überzeugungen ersetzt werden. Dennoch werdet ihr tief in euch die Freude über die Veränderungen spüren und fühlen können.

Interpretationen und sonstige „Sachen“

Selbstverständlich solltet ihr davon ausgehen, daß es sich bei den von uns beschriebenen „Traum-Räumen“ nicht um intergalaktische Drei- bis Vierzimmerwohnungen handelt. Unsere Beschreibung sollte euch lediglich den Vorgang ein wenig verdeutlichen. Dennoch ist die Beschreibung durchaus nicht unzutreffend.
Es handelt sich bei den entsprechenden „Traum-Räumen“, die aufgrund ihrer energetischen Struktur durchaus als „Räume“ definiert werden können um etwas, das wir in diesem Zusammenhang als „kosmische Bereiche“ bezeichnen möchten.
Im Prinzip sind es energetisch voneinander getrennte Bereiche des Raumes, deren Bewußtseinsspeicher den entsprechenden Gegebenheiten oder, anderes formuliert, den jeweiligen Dimensionen angepaßt sind.

Nur wenn die jeweilige „Bewußtseinseinheit“ oder, anders ausgedrückt, die jeweilige Wesenheit einen Bereich des „Traum-Raumes“ unter absolut realistischen Bedingungen kennen und erfahren lernt, sind die jeweiligen Erfahrungsprozesse von tatsächlicher Bedeutung.

Seid euch bewußt, daß ihr in erster Linie „Geist“, also Bewußtsein, Energie oder Information seid.
In zweiter Linie jedoch seid ihr Körper oder physische Existenz.
Dennoch oder gerade deshalb solltet ihr euch ein wenig mehr eurer physischen, eurer körperlichen Existenz zuwenden und eure geistigen Entwicklungsprozesse auch in euer tägliches Leben einbauen.
In den nächsten Jahren werdet ihr in fortwährend steigender Intensität erleben und erfahren, zu welch unglaublichen Leistungen euer Geist und auch euer Körper sich erheben kann.
Dennoch, und wir weisen nochmals darauf hin, versucht soweit es euch möglich ist, eure geistigen Erkenntnisse auch in eure Körperlichkeit umzusetzen.
Ihr habt euch inkarmiert, um Körperlichkeit, dreidimensionale Existenz zu erfahren und zu erleben. Also weist eure Körperlichkeit nicht wieder von euch, sondern lebt so, wie ihr könnt.
Versucht ruhig in den „kleinen“ Dingen eures täglichen Lebens

einmal zu experimentieren, um herauszufinden, ob ihr tatsächlich fähig und in der Lage seid, Realität zu gestalten.
Dazu könnt ihr ohne weiteres die in unserer zweiten Erzählung („Wege ins Licht-Die Rebellion der Götter, Anm. des Verfassers) beschriebene „Prana-Atmung“ oder jede andere dazu geeignet Methode einsetzen.

Versucht endlich in euch klar und ruhig zu werden.
Versucht euch so klar als irgend möglich darüber bewußt zu werden, was ihr wollt. Selbst wenn die Umstände eures Lebens im Augenblick nicht so sind, daß ihr davon ausgehen könnt, diese erwünschten Lebensumstände tatsächlich kurzfristig realisieren zu können.

Ihr könnt das als Realität umsetzen, was ihr tief in euch glauben könnt. Ist es euch nicht möglich das zu glauben, was ihr eigentlich realisieren möchtet, so wird sich dennoch etwas in eurem Leben verändern. Zunächst einmal werdet ihr feststellen, daß sich nach und nach Situationen oder Begebenheiten ereignen, die euch die Möglichkeit geben werden, eure hinderlichen Glaubensstrukturen durch neue und erweiterte Glaubensüberzeugungen zu wandeln.
Haltet ihr in diesem langsam beginnenden Umstrukturierungsprozeß jedoch an euren alten Gewohnheiten fest, so behindert ihr euch wiederum selbst.
Veränderung kann nicht bedeuten, daß zu der alten Glaubensüberzeugung sich einfach neue Strukturen dazubegeben. Einen bereits hundertfach geflickten Fahrradschlauch werdet ihr eines Tages auch nicht mehr flicken, sondern euch einen neuen zulegen.

Hat nicht auch schon der Nazaräer gesagt, daß ihr keinen neuen Wein in alte Schläuche füllen sollt?
Da Veränderung der Lebensumstände eben auch bedeutet, daß sich tatsächlich gewisse Gegebenheiten auch verändern, kommt ihr nicht umhin diese Veränderungen auch geschehen zu lassen.
Seid euch jedoch bewußt, daß ihr **immer** die Wahl habt.
Wollt ihr Veränderung, so macht euch bewußt, daß Veränderung darauf beruht, daß Alte in Neues verwandelt wird.

Im Prinzip beruht bei den meisten von euch das Leben auf Gewohnheit. Diese Gewohnheiten könntet ihr auch Programme „nennen“. Die Programmierung von Gewohnheiten beginnt in eurem Kindesalter. Dort werden die Weichen für euer Leben gestellt.
Dort lernt ihr, daß ihr fortwährend Dinge „falsch“ macht, die ihr, zumindest nach Meinung eurer Eltern, hättet weitaus besser machen können.
Dort lernt ihr, daß Krankheit eine Folge des „Alters“, von gewissen Verhaltensweisen oder einfach ohne Grund entsteht. Dort lernt ihr, gewisse „Vorlieben“ für das eine oder andere Krankheitsbild zu entwickeln.
Ihr lernt, daß „der Schuster bei seinem Leisten bleiben sollte“, was nichts anders bedeutet, als daß Veränderung nur Probleme bringt.
Ihr lernt, daß es von großer Bedeutung ist, eine „richtige“ Schulbildung zu erhalten, einen „richtigen“ Beruf zu erlernen, „richtig“ Geld zu verdienen, um sich „richtige“ Dinge leisten und erlauben zu können.
Ihr lernt, daß Männer „nur das eine“ wollen und daß Frauen nichts so gut können, wie die Männer und ansonsten „ganz gut für den Haushalt zu gebrauchen“ sind.
Ihr erfahrt, daß es „gut“ ist, „gut“ zu sein und das es „schlecht“ ist, „schlecht“ zu sein.
Ihr lernt die Angst vor Gott kennen oder die Angst vor dem „schwarzen Mann“ und zwar immer dann, wenn die Autorität der Eltern nicht ausreichend ist.
Ihr lernt „brav“ zu sein, nicht „vorlaut“ zu sein und „das Kinder den Mund halten, wenn Erwachsene reden“.
Euch wird beigebracht, daß „Hochmut vor dem Fall kommt“
Ihr könnt über euch erfahren, daß es von Bedeutung ist, Leistung zu bringen, denn „von Nichts kommt Nichts“.

Kaum seid ihr erwachsen geworden, habt ihr eure Minderwertigkeit akzeptiert, seid überzeugt davon, daß ihr es niemals „zu etwas bringen“ werdet, Krankheit eine Folge bestimmter Gegebenheiten oder gar „genetisch“ bedingt ist, Beziehungen niemals so funktionieren, wie es „sein sollte“ oder „Ent-täuschung“ zu einer Partnerschaft gehört, ihr autoritätshörig sein müßt, ihr möglichst nicht auffallen sollt, und ihr eine Unmenge von weiteren Vorgaben oder

Suggestionen für euch selbst übernommen habt.
Ihr nehmt diese „Dinge“ für euch als gegeben an oder ihr lehnt euch mit all euren Möglichkeiten dagegen auf und tut genau das Gegenteil dessen.

Aufgrund der Akzeptanz dieser Programmierungen, dadurch, daß ihr diese Programmierungen, auf welche Weise auch immer, für euch angenommen habt, verhaltet ihr euch in allen Situationen oder anderen Menschen gegenüber, euren Glaubensstrukturen entsprechend. Durch eure Glaubensüberzeugungen und euer daraus resultierendes Verhalten, initiiert ihr euer Leben lang immer wieder Situationen oder Gegebenheiten, die euch in euren Gedankenstrukturen bestätigen.
Immer wieder werdet ihr mit euren Ängsten und euren Befürchtungen konfrontiert, immer wieder erlebt ihr eure Glaubensstrukturen als gegebene Realität, erleidet Schmerzen und Not in allen möglichen Bereichen eures Lebens.

So sammelt ihr auf der Basis eurer Programmierungen eine leid- und schmerzvolle Erfahrung nach der anderen, bis euer Schmerz, bis euer Leid so groß ist, daß ihr bereit seid, die Basis dieses Schmerzes zu verändern.
Ihr laßt die Erkenntnisse eurer Lebenserfahrungen immer erst dann zu und baut sie immer erst dann in euer Leben ein, wenn es euch nicht mehr anders möglich scheint und eine Veränderung schon beinahe „lebensrettende“ Maßnahme geworden ist. Wird euer Leid zu groß, so wollt ihr drastische Lebensveränderungen haben, die im Prinzip euer gesamtes Leben, eure gesamten Werte völlig „umkrempeln“ würden.

Dies jedoch scheitert wiederum an eurer Furcht, an eurer Angst davor, mit den neuen Gegebenheiten nicht fertig zu werden. So entschließt ihr euch wiederum lieber mit dem „gewohnten Schrekken“ umzugehen, als erst einmal neue Schrecken erleben zu müssen, für die ihr keine oder nur wenig Erfahrungswerte besitzt.
Alles bleibt, wie es ist und schon immer war und ihr habt den Auftrag, „bei eurem Leisten zu bleiben“ absolut erfüllt.

Versucht ihr euer Leben drastisch oder gar dramatisch zu ändern, so hindert euch unter Umständen eure eigene Furcht vor den Veränderungen daran, dies tatsächlich zu tun.
Beginnt ihr jedoch zunächst einmal mit den kleineren „Dingen" eures täglichen Lebens, so könnt ihr durch die kleinen „Dinge" erfahren und erleben, daß die meisten Menschen nicht einmal etwas von euren Veränderungen bemerken.
Weiterhin könnt ihr feststellen, daß ihr durchaus in der Lage seid, „euren Mann" oder „eure Frau" zu stehen und werdet daraus lernen, daß ihr weitaus mehr „leisten" könnt, als ihr jemals in eurem Leben gedacht hättet.

Versucht nicht unbedingt euer gesamtes Leben völlig zu verändern, denn ihr werdet feststellen, daß es durchaus einige Bereiche eures Lebens gibt, die durchaus „in Ordnung" sind.
Diese Bereiche jedoch werdet ihr nur dann erkennen können, wenn ihr euch einmal die Mühe macht, all eure Lebensbereiche einer ausführlichen Überprüfung zu unterziehen. Damit könnt ihr merken, welche Bereiche eures Lebens „dringend renovierungsbedürftig" sind und welche nicht.

Oftmals sind eure unbefriedigten Bedürfnisse so untereinander vermischt, daß ihr sie nicht oder kaum auseinanderhalten könnt. Oftmals ist eure Frustration so groß, daß ihr diese auf all eure Lebensbereiche erstreckt, ohne zu überprüfen, was in eurem Leben durchaus „in Ordnung" oder zumindest beim augenblicklichen Stande akzeptabel ist.

Seht in euch, verändert das, was ihr selbst nicht mehr so „haben" möchtet und zwangsläufig werden sich dementsprechend auch eure äußeren Umstände den inneren Gegebenheiten anpassen.
Und es wird euch etwas geschehen, von dem ihr nie gedacht hättet, daß es euch möglich sein wird: Euer Leben, eure Inkarmation, eure physische Existenz wird beginnen euch unglaubliche Freude zu bereiten.
Diese Lebensfreude wiederum bringt euch zu der Möglichkeit euer Leben und somit euch selbst, ein klein wenig mehr zu mögen und wird euch weiterhin das Tor zu eurer „Selbst-Liebe" öffnen.

Mögt ihr es nicht einmal versuchen, Kinder des Lichtes und der Liebe?

Die Liebe des EINEN

Wieviele „Dinge“ seid ihr bereit in eurem Leben zu akzeptieren oder hinzunehmen, um zumindest den Anschein dessen zu bekommen, was ihr landläufig als „Liebe“ bezeichnet?
Seid ihr nicht allzuoft bereit, euer Bedürfnis nach Liebe durch „Anerkennung“, „Bewunderung“, „Akzeptanz“ oder „Zurkenntnisnahme“ zu befriedigen?
Ist euer Bedürfnis danach geliebt zu werden nicht so groß und so unbefriedigt, daß ihr immer wieder Menschen oder Situationen akzeptiert, in und bei denen ihr genau wißt, daß ihr nicht in dem Maße geliebt werdet, als ihr es euch eigentlich wünscht?
Nehmt ihr nicht immer wieder Situationen hin, die im Prinzip nichts, aber auch rein gar nichts, mit dem zu tun haben, was ihr Liebe nennt? Wie oft habt ihr schon gegen eure eigenen Überzeugungen gehandelt, nur um den Schein des „Geliebt- werdens“ zu bekommen?
Verhält es sich nicht oftmals so, daß ihr Beziehungen zu anderen Menschen deshalb eingeht, weil ihr bei diesen Menschen das Gefühl habt, angenommen, gut behandelt oder nur ein gewisses Maß an Anerkennung zu erhalten? Würdet ihr mit diesen Menschen auch noch Verbindungen eingehen, wenn ihr diesen Menschen nicht „brauchen“ würdet, um euer „Liebesdefizit“ ausgleichen zu müssen?
Wieviel Frustration, wieviel Leid bringen euch derartige Verbindungen, seien sie nun beruflich oder in eurem Privatleben?
Was habt ihr in eurem Leben schon alles getan, damit Menschen euch bewundern? War es tatsächlich das, was ihr tun wolltet oder habt ihr es aus der „Berechnung“ heraus getan, von diesen Menschen Zuspruch oder Anerkennung zu erhalten?
Wie oft habt ihr schon Handlungen gesetzt, die im Prinzip nur deshalb von euch „begangen“ wurden, damit euch andere anerkennen?

Wie ist das mit dem Phänomen „Liebe“?
Habt ihr euch entschlossen vorläufig keine Verbindung mehr einzugehen, weil es ohnehin nur Schmerz und Leid bringt, oder unterliegt ihr dem Zwang unbedingt eine Beziehung zu „haben“, um „nicht All-ein“ sein zu müssen?

Habt ihr euch arrangiert und leidet nur von Zeit zu Zeit unter „einsamen Phasen“, die jedoch wieder vergehen?
Lebt ihr eure Sexualität, so wie ihr sie in euren Phantasien erlebt?
Habt ihr derartige Phantasien oder verdrängt ihr sie gleich wieder, wenn sie in euch entstehen?

Betrachtet euer Leben! Würdet ihr euch lieben, hättet ihr dann eure Krankheit?
Würdet ihr euch tatsächlich selbst lieben, müßtet ihr dann nicht alles haben, was ihr zum Leben benötigt oder euch wünscht?
Würdet ihr euch selbst lieben, würdet ihr dann noch eurer Tätigkeit, eurer Arbeit nachgehen?
Wenn der Schlüssel zu allem, was ist, die Liebe ist, wie sieht es dann **in** euch mit der Liebe zu euch selbst aus?

Ist es **Dir** möglich, strahlendes Lichtwesen, geboren aus der unendlichen Liebe des EINEN, **Dir** vorzustellen, daß es **Deine** eine und einzige Ausgabe in diesem Leben ist, **Dich** selbst zu erkennen, **Dich** selbst zu erfahren und zu erleben?
Kannst Du glauben, licht- und liebevolles Wesen strahlender Schönheit, geboren in dem gleißenden Licht der unzähligen Sterne, **das Du die Liebe des EINEN bist**?
Daß **Du** erschaffen wurdest aus dem Bedürfnis des EINEN heraus, daß es ein Wesen geben solle, mit **Deinen** Vorlieben und Abneigungen, mit **Deinen** Möglichkeiten und Unmöglichkeiten, mit **Deinen** Fähigkeiten und Unfähigkeiten?
Kannst **Du Dir** vorstellen, sterngeborenes Wesen, daß **Du** die einzige Wesenheit in den Weiten es gesamten Kosmos bist, die so einzigartig ist, wie **Du** es bist?
Du, strahlender Wesenskern des EINEN, bist die einzige Wesenheit in den Weiten des All(e)s, die ihre Umwelt, die Natur, die anderen Wesenheiten, **Dich** selbst, das Licht und das Dunkel, die Liebe und die Angst und all das, was da noch ist, so wahrnehmen, beurteilen und erleben kann, wie **Du** es tust?

Du bist geboren im Lichte der Sterne und **Du** wirst dorthin gehen, wohin es **Dir** beliebt zu gehen. **Du** hast **Dich** begeben in die Enge **Deines** physischen Körpers um **Dich** selbst zu erfahren. **Du** bist

dorthin gegangen, wo **Du** nun bist, nicht um **Dich** zurückzusehnen, sondern um ganz dort zu sein, wo **Du** nun gerade bist.
Du bist ein Kind, ein Aspekt des EINEN und der EINE ist in **Dir**.

Wonach also sehnst **Du Dich**?
Du sehnst **Dich** nach **Dir** selbst!
Du sehnst **Dich** danach, zu sein was **Du** warst und doch wirst **Du** nicht umhinkommen **Dich** als das anzunehmen, was **Du** nun gerade bist.

Bald geliebtes Wesen, wirst **Du** durch phänomenale Veränderungen in **Dir Dein** Sein ändern. Fürchte Dich nicht vor der Veränderung, denn **Du** wirst wieder zu **Dir** selbst werden.
Ihr werdet euch wandeln zu dem was ihr wart und wieder lernen freier zu sein, als es euch in eurer Physis möglich ist.
Fürchtet euch nicht vor dem Wandel. Fürchtet euch nicht davor, vergessen zu werden, denn der EINE ist in euch und wie kann der EINE sich selbst vergessen?

Sieh nach oben. Der Himmel ist voller Sterne. Du bist dort wo Du bist, damit Du sie von Deinem Ort her wahrnehmen kannst.
Öffne Dein Herz und sieh, wer Du in Wahrheit bist. Ein Wesen geboren aus dem Lichte des EINEN.

Es nob kon den mer den ol kos den

Immer wirst Du sein, was Du warst

Ein wenig Umgang mit euch selbst in der „Praxis“

Wieviele Situationen und Begebenheiten habt ihr in eurem Leben schon erlebt? Wie oft habt ihr euren Arbeitsplatz gewechselt oder es aus Furcht vermieden?
Wie oft schon hattet ihr Ärger mit Vorgesetzten oder Kollegen?
Wie oft sind eure „Beziehungen“ schon „gescheitert“, oder wie oft habt ihr sie gegen eure tatsächliche Überzeugung aufrecht erhalten?
Wie oft habt ihr schon für eure gesundheitlichen Probleme oder „Problemchen“ Pillen und Tabletten geschluckt oder andere „Behandlungen“ über euch ergehen lassen, obwohl euch im Prinzip bewußt war oder noch ist, daß ihr euch die Ursache betrachten müßt?
In wie vielen Fällen seid ihr schon verletzt, getroffen, enttäuscht oder gedemütigt worden und noch vieles andere mehr?

In wie vielen Fällen habt ihr euch mit den vergangenen Gegebenheiten im Anschluß konkret mit diesen „Dingen“ auseinandergesetzt?
Wieviel Frustration, Angst oder Aggression hat sich im Laufe der Jahre in euch angestaut?

Ist euch bewußt, das all dies Anteil eures Bewußtseins ist?
Ist euch bewußt, daß all die alten, größtenteils „unerledigten“ Situationen, Erfahrungen und Erinnerungen Anteil eures persönlichen und eures kollektiven, morphogenetischen Feldes sind?
Ist euch bewußt, daß all diese unerledigten „Dinge“ Teil eures eigenen Bewußtseins sind und in all euren Gedanken- und Glaubensstrukturen fortwährend anwesend sind?

Ist euch bewußt, daß ihr fortwährend Realität gestaltet unter Einbeziehung all dieser alten, zum großen Teil nicht verarbeiteten Erinnerungen?
Ist euch bewußt, daß ihr euer Leben gestaltet unter der Voraussetzung, daß ihr „Pflichten zu erfüllen habt“, „Regeln einhalten müßt“ oder „Verpflichtungen nachkommen müßt“?
Ist es das, was ihr unter „Leben“ versteht?
Versteht ihr unter „Leben“ eine Vielzahl von Reglements, die ihr in

der Regel nicht aus freier Entscheidung heraus, sondern immer unter dem Aspekt dessen, was ihr gelernt habt und aufgrund dessen glaubt tun zu müssen, auszuleben?
Sind Regeln, moralische, gesellschaftliche oder religiöse Reglements euer Leben?
Sind Dogmatisierungen, also Verhaltensweisen, die euch vorschreiben ein bestimmtes Ziel lediglich unter der Voraussetzung erreichen zu können, euch selbst in all euren Mitteln und Möglichkeiten zu beschränken und noch weiter einzuengen?
Sind Krankheit, Einsamkeit, Armut oder sonstige Problemthematiken das, was ihr unter Leben, unter dreidimensionaler, physischer Existenz versteht?

Könnt ihr euch auch nur ansatzweise vorstellen, daß es eine Form der Lebensqualität gibt, unter deren Voraussetzungen Freude, Gesundheit, Glück und Liebe dauerhaft in eurem Leben Bestand haben? Daß unter derartigen Lebensumständen ein auftauchendes Problem lediglich nur noch als eine Form der Herausforderung, als eine Lernthematik Gültigkeit hat, und daß ihr aufgrund eurer Kenntnisse der tatsächlichen Umstände kosmischer Zusammenhänge Bewertungen und Beurteilungen einsetzt?

Ist es euch auch nur ansatzweise vorstellbar, daß ihr unabhängig von gesellschaftlichen Anforderungen, kulturellen oder religiösen Dogmatisierungen oder Verhaltensstrukturen im vollständigen Bewußtsein euer göttlichen oder kosmischen Herkunft **miteinander** als kollektive Lebensform lebt und existiert?

Vermögt ihr die Zusammenhänge zu erkennen?
Woher sollt ihr wissen, „wie „man“ sich selbst liebt“?

Alles für den Sieger

Leistung zählt! Von Anbeginn an werdet ihr darauf „trainiert“ möglichst „gut“, möglichst „leistungsfähig“ und „folgsam“ zu sein und zu bleiben.
Von klein auf werdet ihr darauf „getrimmt“, möglichst unter den „Besten“ zu sein, wobei die „Besten“ wiederum durch euer Wertesystem bestimmt werden. Der Sieger erhält alles und dem Verlierer bleibt der Trostpreis, der ihn zumindest dazu motiviert, noch ein wenig weiterzumachen. Dem Sieger gebührt der Dank, und der Verlierer hat den Spott der anderen zu ertragen. So rotten sich die „Verlierer“ im gleichen Maße zusammen, wie es die „Sieger“ tun. Die „Sieger“ werden zu „Führern“ und die Verlierer zu „Handlangern“.
„Geld regiert die Welt“ und das Geld verwalten die „Sieger“.
Habt ihr kein Geld, so habt ihr euch unterzuordnen. Habt ihr oft genug „verloren“ wird euch klar, wo euer Platz im Leben ist und ihr gewöhnt euch so daran, „Verlierer“ zu sein, daß ihr es zu einem Teil eures Lebens werden laßt, denn als Verlierer kommt ihr gegen „die Sieger da oben“ doch nicht an.
Ist es euch gelungen, euch irgendwo im „Mittelfeld“ festzusetzen und habt euch damit abgefunden, daß ihr keiner der „Sieger“ seid, so seid ihr zumindest damit zufrieden, nicht zu den „Verlierern“ zu gehören. Dann versucht ihr möglichst im „Mittelfeld“ zu bleiben und euch soweit als irgend möglich, „nach oben“ zu arbeiten.
Gleichgültig wo ihr selbst euch ansiedelt, gleichgültig, ob ihr nun die „Sieger“, die „Verlierer“ oder das „Mittelfeld“ seid, jeder Platz hat seine Reglements, seine Verhaltensweisen oder seine Dogmen.

Doch versteht unsere Worte „richtig“, wir werfen euch dies nicht vor. Uns geht es darum, euch Zusammenhänge bewußt zu machen und nicht sie zu bewerten oder zu beurteilen.

All diese Verhaltensweisen und daraus resultierenden Glaubensstrukturen sind dasjenige, das euch auf eurem Platz festhält. Es sind nicht die Umstände des Lebens, es sind nicht die anderen Menschen, es nicht die „verpaßten“ Chancen, es ist nicht „irgendeine höhere Macht“. Das, was ihr tief in euch glaubt, das, was ihr als

Tatsache akzeptiert, ist dasjenige, das ihr in eurer Realität erlebt und erfahrt.
Eure gesellschaftlichen Normen, die Gleichschaltung unglaublicher Vielfalt von Fähigkeiten und Möglichkeiten, das „Eingebunden-in-das-System-sein“ das „Sich-selbst-einbringen-in-diese-vorgegebenen-Maßstäbe“ macht euch zu Mitspielern in euren Strukturen.

Im Laufe der Zeit werdet ihr nicht umhinkommen die für euch gültigen Maßstäbe neu zu überdenken, euch neu zu strukturieren und zu lernen, mit euren mehr und mehr anwachsenden Fähigkeiten umzugehen.

Nehmt unsere Übermittlungen nicht als neue Regeln in euer Bewußtsein auf. Überdenkt und fühlt für euch die Sinnhaftigkeit oder Sinnlosigkeit unserer Geschichte. Findet für euch selbst das Maß, aufgrund dessen ihr in Zukunft eure „Dinge“ tun möchtet.
Laßt euch nicht verunsichern, in eurem Bestreben euch mehr und mehr dem Lichte, der euch innewohnenden Schöpferenergie zuzuwenden.

Überdenkt und fühlt, was für euch der Begriff „Leben“ beinhaltet, und überprüft für euch selbst, inwieweit euer Leben geprägt ist von Gegebenheiten, die ihr lediglich akzeptiert habt, oder inwieweit es euch bereits gelungen ist, euch selbst, euer SELBST zu leben.

Ihr habt eine dreidimensionale körperliche Existenzform gewählt, da diese euch das ermöglicht zu leben und zu erleben, was für euch selbst , aus eurer eigenen „höheren“ Sicht gesehen, von wahrer Bedeutung ist.
Eure körperliche, eure physische Existenz gibt euch die Möglichkeit, euch selbst in diesem Augenblick so zu erleben und zu erfahren, wie ihr eben gerade seid.
Verdammt und verflucht eure Körperlichkeit nicht, sondern versucht euch so auszudrücken, wie ihr es wünscht.
Lernt nach und nach, ohne Furcht und ohne euch selbst „unter Druck zu setzen“, eure geistigen Fähigkeiten und Möglichkeiten zu gebrauchen und diese in eurer Körperlichkeit umzusetzen.

Seid wie ihr seid und wie ihr zu sein wünscht. Gebt eurem Leben eine völlig neue „Dimension“, die es euch ermöglicht, eine völlig veränderte Qualität in euer Leben zu bringen.

Lebt es, das Spiel der Seelen.

So seid nun gegrüßt in Ehrfurcht und Respekt vor eurem Tun und vor eurem Sein, in der Liebe des EINEN, Kinder des Lichtes und der Liebe, von den Alciae, den Wesenheiten von Alcyone, der zentralen Sonne der Plejaden.

Das Alcyone-centrum für ganzheitliche Bewußtwerdung

Das Alcyone-centrum für ganzheitliche Bewußtwerdung, mit dem ich, Keman, zusammenarbeite, wurde Mitte 1995 gegründet. Das Ziel dieses Centrums ist, zur Bewußtwerdung der Menschheit beizutragen. Wir versuchen im Rahmen unserer Möglichkeiten über verschiedene Aktivitäten und Angebote Hilfe zur Selbsthilfe zu leisten.

Es gibt keine allgemeingültigen Verhaltensregeln, die für alle Menschen **die Lösung** darstellen. Jeder Mensch ist absolut einmalig. Darauf konzentriert sich unsere Arbeit.

Die für jeden Menschen gültige Regel lautet:

„Finde Dich und erlebe Dich selbst und erkenne Dein wahres inneres Wesen.“

Die Arbeit des Alcyone-centrums gliedert sich in verschiedene Bereiche:

Workshops und Seminare:

„Wege ins Licht I, Erkenne Dich selbst“, mit Keman

Dieser Workshop zum Thema Selbsterkenntnis, verbindet die „spirituelle Theorie“ und die Praxis miteinander.

„Wege ins Licht II, Lebe Dich selbst“, mit Keman

Dieser Workshop vertieft die Erkenntnis des „wahren Selbst“ und vermittelt tiefgehende Erkenntnisse über sich selbst.

„Öffne Dein Herz und Lebe Dich“, mit Gabriele Thorhauer

Dieser Workshop vermittelt das Wissen, innere Unabhängigkeit zu entwickeln. Darüber hinaus geht es um die Bedeutung unserer Herzen, das Erwachen des Christusbewußtseins. Ein Eintauchen in unsere Herzenswelt und das Erleben innerer Verbindung.

Geometrische Geräte:

Wir bezeichnen diese medial übermittelten geometrischen Strukturen als „Bewußtseins-technologie“. Dabei handelte es sich um

Hilfsmittel, die zum Teil auch in diesem Buch beschrieben werden. Diese geometrischen Strukturen können aufgrund der von ihnen dargestellten Symbolik und Zahlendynamik Selbstfindungsprozesse einleiten oder unterstützen.

Council of Light

Unabhängige Institution der Selbsthilfe zur Entwicklung des ganzheitlichen Bewußtseins

Diese Selbsthilfegruppe wurde Mitte 1997 gegründet.
Die Zielsetzung dieser Selbsthilfegruppe ist es, überregional auf der physischen und der geistigen Ebene Verbindungen unter Menschen zu schaffen. Es soll eine absolut unabhängige Form des Austausches und der Gemeinschaftlichkeit geschaffen werden, auf der sich Menschen auf ihrem Weg der Selbstfindung gegenseitig unterstützen.
Viele Menschen machen in dieser Zeit vielfältige spirituelle Erfahrungen und haben dementsprechende Erlebnisse. Das Council of Light möchte erreichen, daß jeder die Möglichkeit hat, seine Erfahrungen an die anderen weiterzugeben oder sich Informationen von anderen Menschen zu holen, die ihr oder ihm in dieser Zeit einfach weiterhelfen.
Zu diesem Zwecke erscheint vierteljährlich eine Zeitung mit dem Namen „Die andere Perspektive", in der Menschen ihre Erlebnisse und Erfahrungen in Form von Erlebnisberichten usw. veröffentlichen und somit an andere Menschen weitergeben können. Des weiteren können über die C.o.L - Selbsthilfegruppe medial übermittelte Botschaften aus unterschiedlichen Quellen abonniert werden.
Weitere Informationen über das Alcyone-centrum und / oder die C.o.L. Selbsthilfegruppe können kostenlos angefordert werden über:

Gabriele Thorhauer,
Alcyone-centrum für ganzheitliche Bewußtwerdung
Schloßstr. 2, D-84098 Weihenstephan
Telefon: 0 87 84 - 16 18 oder Fax: 0 87 84 - 16 98

Keman

Wege ins Licht Das Erwachen der Götter

Plejadische Schlüsselbotschaften zum Wandel der Zeit

Teil 1

Aus dem Inhalt:

Wir sind, was wir sind,
ihr werdet, was ihr wart
Das Wesen eures Seins
Mehr über das Bewußtsein
Vorurteile und Bewertungen
Inkarnation und Karma
Was ist Leben?
Manipulation
Das Erleben eurer Realität
Das reine Gefühl
Mehr über das Potential des Gefühls
Das Potential der Angst
Fähigkeiten
Erhöhe deine persönliche Taktfrequenz
Energiefelder und Energiesysteme
Multidimensionalität
Erkenntnis des Seins
Ihr seid nicht allein!
Die Lichtfamilie
Eure Verwirrung ist groß
Das Wesen der Materie
Bewußtsein der Geometrie
Das Bewußtsein der Zahlen
Das Bewußtsein der Farben, Töne und Düfte
Die Zentren der Information
Vorgänge der Programmierung
Destruktive Manipulation
Auswege aus dem Dilemma
Die große Katastrophe
Die fünfte Dimension
Eure Existenz in der fünften Dimension
Selbstliebe und Egoismus
Wahrscheinlichkeiten
Persönliche Energiesysteme
Die unbegrenzte Freiheit des Geistes
Den Wandel einleiten
Das böse Geld
Verbindung mit höheren Wesenheiten
Liebe und Sexualität
Der Schrecken eurer Zivilisation
Trennung und Verbindung
Das Ende der Geschichte

Von allen guten Büchern die ich gelesen habe, ist dieses Buch eine konsequente Zusammenfassung und Weiterführung. Ich zähle es zu den wichtigsten Büchern, die heute verlegt wurden. Ein **muß** für jeden, der Weiterkommen will.
Wir tauchen ins Struktur-Zeitalter ein. Ein Auftakt war das Buch "Zurück in die Zukunft", das mit seiner heiligen Geometrie einen Einstieg in die Strukturen ermöglicht hat. Auch die Spirale, über die wir schon oft berichtet haben, ist eine Struktur und wirkt deshalb ebenfalls Multi-Dimensional.
Das Besondere ist an diesem Buch, daß es in vollkommener Liebe die weitere Entwicklung der Menschheit und der Erde aufzeigt und Auswege und Lösungen anbietet.
Dieses Buch macht nicht Angst vor dem Wandel, sondern löst die Energiefelder, die von vielen grausigen Endzeit-Berichten geschaffen wurden, sanft auf.

Dieses Buch ist von der Art, welches beim Lesen den Wunsch erzeugt "das muß ich unbedingt auch Maria, Anton oder Horst zum Lesen geben".

B 29 Wege ins Licht; Teil 1 DM 34,80

Keman

Wege ins Licht Teil 2 Die Rebellion der Götter

Plejadische Schlüsselbotschaften zum Wandel der Zeit

Teil 2

Auf 256 Seiten übertrifft KEMAN mit dem zweiten Teil der Triologie den ersten. Die Themen sind wieder so vielfältig und gleich praktisch umzusetzen. Es werden zwei Übungen beschrieben, die Ihr Leben grundlegend ändern werden. **Sie können lernen zu materialisieren!**

Best. Nr. B 34 Wege ins Licht; Teil 2 DM 34,80.

Aus dem Inhalt:

Der Weg ist das Ziel
Fragen über Fragen
Eine kleine Übung
Mikro- und Makrokosmos
Noch etwas mehr „Mikrokosmos“
Ein neues Dilemma?
Was eigentlich ist Bewußtsein?
Wer ihr seid
Noch einmal: Was eigentlich ist Bewußtsein?
„Bewußt - Sein“ und Geist
Alles ist Bewußtsein
Bewußtseinsfilter
Die eine und einzige Liebe
Vergeben und vergessen
Das männliche Prinzip und das weibliche Prinzip
Die Manipulation durch die „Bösen“
Die Scheidung der Geister
Der Blockadebrecher oder Angst als Mittel zum Zweck
Das morphogenetische Feld
Das Paradoxon bewußter Manifestation
Manipulation
„Chi“ oder weitere „Irrtümer“ eurer Sprache
Links und rechts oder das Phänomen eurer Gehirnhälften
101 oder der erste „Knackpunkt“ des morphog. Feldes

Weiter aus dem Inhalt:

Die Zeit und die dritte Dimension
Die Manipulation durch die Wesen der Dunkelheit
Massenbewußtsein
Das Gefängnis der dreidimensionalen Muster
Die Götter sind unter euch
Die Geometrie eures Selbst
Wie entsteht ein Problem ?
Ihr und die Götter, die Götter und ihr
Wollen, Haben, Besitzen
Das Phänomen der Hologramme
Das Spiel mit den Energien
Warum ihr auf dem Planeten seid
Die erste, zweite und dritte Welle
Erkennt die „Aufgabe eurer Erkenntnis“
Die Zeit des Vergessens
Die subjektive Objektivität
Konstruktive und destruktive Gefühle
„Verwirrende“ Spiele mit Zahlen- und Geometriebewußtsein
Das Wesen eures „ICH BIN“
Noch etwas mehr „Verstand“
Der Photonengürtel
Schwingung und Doppelhelix
Das System der Chakren
Eure Angst vor dem Dimensionswechsel
Wer ihr nun tatsächlich seid
Die Rebellion der Götter
Die „Kunst“ der Manifestation